本书系重庆市社科规划一般项目

长征文化
国际传播研究

刘海鑫 侯金亮◎著

中国财经出版传媒集团

经济科学出版社

Economic Science Press

·北 京·

图书在版编目（CIP）数据

长征文化国际传播研究／刘海鑫，侯金亮著.
北京 ： 经济科学出版社，2024. 10. -- ISBN 978 - 7
- 5218 - 6409 - 0

Ⅰ. K264. 407

中国国家版本馆 CIP 数据核字第 2024L2S460 号

责任编辑：戴婷婷
责任校对：刘 昕
责任印制：范 艳

长征文化国际传播研究

刘海鑫 侯金亮 著
经济科学出版社出版、发行 新华书店经销
社址：北京市海淀区阜成路甲 28 号 邮编：100142
总编部电话：010 - 88191217 发行部电话：010 - 88191522
网址：www. esp. com. cn
电子邮箱：esp@ esp. com. cn
天猫网店：经济科学出版社旗舰店
网址：http：//jjkxcbs. tmall. com
北京季蜂印刷有限公司印装
710 × 1000 16 开 14 印张 210000 字
2024 年 10 月第 1 版 2024 年 10 月第 1 次印刷
ISBN 978 - 7 - 5218 - 6409 - 0 定价：58. 00 元
（图书出现印装问题，本社负责调换。电话：010 - 88191545）
（版权所有 侵权必究 打击盗版 举报热线：010 - 88191661
QQ：2242791300 营销中心电话：010 - 88191537
电子邮箱：dbts@ esp. com. cn）

前　言

　　长征是中国共产党领导红军谱写的壮丽史诗，它不仅是中国近代史上的大事件，也是全人类长征现象中最具影响力的壮举，其影响穿越时空、跨越国界，成为人类命运共同体的历史记忆和精神财富。围绕长征逐渐形成了饱含中华文化底蕴，彰显全人类共同价值追求的长征文化，是马克思主义中国化过程中产生的重要内容。长征文化将以更加鲜活的文化形态演绎长征，以更加厚重的文化形态传承长征，以更具穿透力的文化形态向世界传播长征。中国共产党是中华文化的坚定传承者和弘扬者，是长征文化国际传播的坚定推动者和引导者。90年来，长征文化国际传播从未间断，中国共产党坚定文化自信，具有宽广的国际视野和世界眼光是长征文化国际传播的重要保证。

　　中国特色社会主义已经迈入了新时代，中国共产党是最具有时代感知能力和时代担当的政党，始终牢记和勇于担负实现中国梦的历史使命和准确把握推动中华文化"走出去"的时代要求，坚定文化自信，推动社会主义文化繁荣兴盛。长征文化被赋予新时代的内涵，中国共产党担负起新的文化使命，那就是推进国际传播能力建设，提高国家文化软实力，向世界展示真实、立体、全面的中国。长征文化的不断丰富和发展是中国共产党坚定道路自信、理论自信、制度自信、文化自信的有力印证，推动长征文化国际传播可以让外界借助长征文化更好地读懂中国。中国共产党推动长征文化国际传播是长征文化参与国际间文化交流、交锋、交融的重要途径。在复杂多变的国际文化环境中，努力使长征文化等中华优秀文化在国际交流和博弈中占据主动地位，形成与世界大国形象和地位相称的国际影响力。在新时代发挥长征文化"宣言书、宣传队、播种机"的国际性作用，这对于提升中国的综合国力具有重要的理论和实践意义。

长征文化饱含的中华文化底蕴和彰显顽强拼搏、坚忍不拔等人类共同价值是推动其国际传播源源不断的内生动力。长征文化的传播范围十分广泛，包括亚洲、欧洲、北美洲、拉丁美洲、非洲和大洋洲，影响受众包括这些国家和地区的社会各阶层人员，他们都对长征文化有着高度的评价，这是持续推进长征文化国际传播的良好基础。总体来看，尽管长征文化在不同国家和地区的传播情况不尽相同，但也存在一些共同的问题。因此，在推动长征文化国际传播过程中既要认真地总结传播经验，也要清醒地认识到传播中的不足，不仅要巩固好长征文化国际传播的现有成果，也要不断提升传播的广度和深度。

长征文化国际传播是一项持久性、复杂性和系统性的工程。当前推动长征文化国际传播面临着新形势与新问题，尤其是在互联网时代，长征文化国际传播环境相比以前更加复杂，国际间的思想文化交流日益频繁，世界各国综合国力竞争日趋激烈。在这种新形势下，如何努力通过推动长征文化国际传播使长征文化在国际间文化交流中处于并保持主动地位，是亟须深入思考和不懈努力的新课题。影响长征文化国际传播的因素主要有长征文化国际传播的体制机制不完善，长征文化国际传播队伍能力不强，长征文化国际传播方式需改进，长征文化国际传播平台需打造，这些都是在推动长征文化国际传播中亟待解决的现实问题。

面对当前长征文化国际传播的新形势，要始终坚定文化自信，坚持社会主义文化发展方针，我们认为可以从以下这些方面进行思考：首先要在长征文化早期国际传播的路径中获取启迪，充分分析长征文化早期国际传播的经验，借鉴早期国际传播路径。然后针对影响长征文化国际传播的因素分别对构建长征文化国际传播新的体制机制，培育长征文化国际传播队伍，改进长征文化国际传播方式，练就长征文化国际性表达方式，打造长征文化国际传播平台这些方面展开思考，在新时代发挥好长征文化"宣言书、宣传队、播种机"的国际性作用。

长征文化国际传播不仅在向世界提供中国方案、介绍中国经验，也在传播彰显人类共同价值观的中国精神。长征文化国际传播的前景是光明和广阔的，因为中华文化"走出去"战略为其提供持续的政策保障，"道路自信、理论自信、制度自信、文化自信"为其提供坚实的后盾。在新的发展机遇方面，习近平同志倡导的打造人类命运共同体已经得到世界上众多国家的广泛支持，饱含人类共同价值的长征文化将为其贡献中国智慧、中国力量。

本书一共分六章，第1章为绪论，主要介绍长征文化国际传播的选题背景和研究意义、选题的研究现状、研究思路、研究内容、研究方法和主要创新；第2章为长征文化国际传播的基本理论，主要介绍长征文化国际传播的主体、原则、基础等；第3章为长征文化国际传播的洲际概况及评析，主要介绍长征文化在亚洲、北美洲、欧洲及其他大洲传播概况，总结长征文化国际传播的特点与意义；第4章为影响长征文化国际传播的因素分析，主要从体制机制、队伍建设、传播方式、传播渠道等方面探究；第5章为推动长征文化国际传播的对策，先是借鉴长征文化早期传播经验，然后从构建长征文化国际传播新的体制机制、培育长征文化国际传播队伍、改进长征文化国际传播方式、打造长征文化国际传播平台等方面进行探索；第6章为结语，主要是对长征文化国际传播进行展望。本书的1~6章由刘海鑫负责撰写，侯金亮对本书进行统稿，本书在写作过程中查阅和收集许多资料，学习、借鉴、吸取了许多专家学者的研究成果，部分成果目录已列入书末参考文献。在此，我们表示衷心感谢！

长征是永远也讲不完的故事，长征文化国际传播也是长征文化的长征。长征文化国际传播是学理性、战略性、实践性很强的研究课题，我们需要共同努力，不断深化相关研究，争取推出更多具有影响力的成果。由于作者学识、水平有限，本书可能存在疏漏和错误，敬请各位专家学者批评指正。

刘海鑫

2024 年 10 月

目　录

第 1 章
绪　　论

1.1　选题背景和研究意义

1.1.1　选题背景

1934～1936 年，中华大地上发生了一件人类历史上的伟大奇迹——中国共产党领导的中国工农红军长征。多年来，长征故事仍在讲述着，长征精神在坚定地传承着。长征是举世瞩目的大事件，伴随着中国的大国形象逐步树立，长征的世界影响日益扩大。长征文化是围绕着长征而产生的，是以长征为主题的一系列文化活动。其实早在长征尚未结束时，关于长征的各种报道就已经出现，长征文化国际传播从此拉开帷幕。长征结束后，关于长征的报道风靡全球，尤其是从 20 世纪 30 年代开始，一大批外国记者在采访长征的亲历者后相继进行报道，他们整理和出版了关于长征的著作，这些著作有力地推动了长征文化在世界范围内的深远传播，世界上许多国家和地区的人民都受到长征精神的熏陶和感染。被长征所吸引的各国学者从不同的角度研究长征，围绕长征的研究开始成为一种国际性的文化现象。伴随着长征文化活动的展开，长征文化逐步形成并且内涵不断丰富，并产生了世界性的影响。长征文化作为中华文化最绚丽的篇章之一，各国受众围绕长征展开的一系列文化活动成果不仅有效地推动了长征文化传播，提高了长征文化的国际影响力，也对中华文化的国际传播起到一定的积极作用。目前中国的学者大部分从中国的角度来研究长征文化，从中国自身来寻求推动长征文化传播的动力，深入探索提高长征文化国际影响力的途径，这不免带有一定的局限性。因为在中华文化"走出去"的战略背景下，长征文化"走出去"是必然的，推动长征文化国际传播的动力来自多方面，既来自国内又来自国外，所以只有将长征文化放到国际文化交流中才能找准长征文化国际传播的动力。有些国内学者虽然研究了国外学者关于长征的著作，但是他们仅仅简单介绍著作的名称和内容，将其作为研究长征的借鉴和印证资料，但是对这些著作如何传播长征文化以及如何提高长征文化的国际影响力并没有做进一步探讨，有些学者缺乏对长征文化国际传播的国际环境等方面的研究，目前还没有发现学者从国际视野下对长征文化的传播进行研究。鉴于此，本书站在中华文化"走出去"的时代背景下，从国际传播视角研究长征文化，充分分析长征文化在国际上传播的历史与现状，探求推动长征文化的国际传播的有效路径，进而提高长征文化的国际影响力，扩大中华文化的国际影响，提升中华文化软实力。

1.1.2　研究意义

习近平同志在十九大报告中强调"加强中外人文交流，以我为主、兼收并蓄。推进国际传播能力建设，讲好中国故事，展现真实、立体、全面的中国，提高国家文化软实力"①。长征文化不仅是中华文化中绚烂的篇章之一，也是世界人类文化宝库中瑰丽的珍宝。在国际间文化交流日益频繁的新形势下，大力推动长征文化的国际传播，扩大长征文化在世界上的吸引力和感召力，彰显长征文化的世界意义。中国共产党历来高度重视文化对外传播，中华文化"走出去"已经成为一种趋势，长征文化"走出去"

---

① 习近平．决胜全面建成小康社会　夺取新时代中国特色社会主义伟大胜利——在中国共产党第十九次全国代表大会上的报告［M］．北京：人民出版社，2017：44．

也是一种必然。站在国际的高度和运用世界的眼光研究长征文化,将长征文化放到人类历史文化的长河中去研究,这将有利于我们更加准确地把握长征文化,更加有力地弘扬长征文化,更加富有成效地提高长征文化的国际影响力。本书的研究成果不仅可以为长征文化"走出去"战略的实施建言献策,而且可以为提高长征文化的国际影响起到一定的推动作用;不仅可以增强中华儿女的民族自尊心和自豪感,提升海外侨胞的祖国认同感,而且有利于凝聚中华儿女的力量助推实现中国梦;提高长征文化的国际影响力有助于中国树立光辉的大国形象,有利于促进中国同其他国家的国际交流。我们要将长征文化打造成为一张中国进行国际交流的闪亮文化名片。长征文化是马克思主义中国化过程中产生的重要内容。研究长征文化的国际传播,是在提供中国方案、介绍中国经验、讲好中国故事、传播好中国声音、阐释中国特色的新形势下,马克思主义中国化进程中的新课题。

1.2 选题研究现状

1.2.1 国内研究综述

1. 国内关于长征文化内涵和当代价值的研究

近年来,国内学者研究长征的角度不断拓展,其中许多学者开始从文化的角度解读长征,既充分挖掘长征中的文化创作和宣传活动,又深入分析长征文化的精神特质,不断推动长征研究的深化和拓展。长征文化是人类文化炫丽的一页,长征文化内容丰富、题材多样,包括毛泽东等红军将领在长征中创作的诗词、长征亲历者在长征途中的日记、红军战士在长征中为了鼓舞部队战斗士气创作的长征歌曲、为丰富长征行军生活编排的长征舞蹈、为宣传红军宗旨的长征话剧、红军将领在长征途中即兴创作的书画作品等，长征途中虽然充满艰难险阻，但是红军将士以苦为乐，坚定革命信仰，满怀革命乐观主义精神，他们在长征途中的文化创作成为艰难历程中耀眼的文化光芒。

关于长征文化内容的界定：国内学者对于长征文化内容有着不同的看法。有学者认为长征文化的内容十分丰富，不仅包括中国共产党领导的人民大众的反帝反封建的文化，以马克思主义为思想指导的民族的科学的大众的革命文化，还是中国先进文化的组成部分①；有学者认为长征文化包括长征中发生的真实故事，红军长征所体现的长征精神，在长征中和长征结束后，人们关于长征详细记述的文艺作品，长征途中和胜利结束后人们围绕长征主题展开的一系列文化活动等，侧重从文化载体的角度理解长征文化。② 有学者认为长征的艰苦实践所熔炼出来的文化不是单一线状的，而是纵横交织的立体式全方位的丰富多彩的文化宝库。长征文化的丰富内涵涉及哲学、政治学、文学、军事学、伦理学乃至生命科学方面的思想形态③；有学者认为长征文化有以下几个方面：有关长征的历史故事和历史遗迹（包括各种档案资料），有关长征的研究和评论，有关长征的文章、小说、电影和电视剧等，有关长征的探索体验（重走长征路），围绕长征路线的红色旅游活动，以长征为题材举办的学术论坛和刊载长征题材文章的学术刊物，从红色长征到绿色长征等。④

关于长征文化的内涵，有学者从长征文化的历史特质对长征文化进行深入发掘，即坚持真理是长征文化的灵魂，坚定信念是长征文化的精髓，开拓创新是长征文化的特色。⑤ 有学者将长征文化与当前经济社会发展联系起来，挖掘出长征文化的当代价值：树立坚定的理想信念是长征文化最

---

① 李安葆. 长征与文化 [M]. 北京：党建读物出版社，2002：1.
② 张巨成. 论长征文化的历史启示及其意义 [J]. 学术探索，2001（1）：92.
③ 王熙兰. 长征文化的深度挖掘与理论思考 [J]. 世纪桥，2010（7）：9.
④ 张正春. 长征精神与长征文化 [EB/OL]. http://blog.ent.ifeng.com/archive/914995_201209-4.html.
⑤ 陈季君. 试论长征文化形成的历史特质和当代价值 [J]. 学校党建与思想教育，2014（1）：72.

基本的思想内核；反对教条，务实求真，这是长征文化的精华所在；"人民军队爱人民"是长征文化的另一重要内核；长征取得胜利正是依靠中国共产党率领的中国人民军队具有钢铁般的意志和严明的纪律；长征的胜利离不开广大人民群众的鼎力支持，反映出中国共产党和人民群众鱼水情深。[①]

通过综合分析以上专家学者关于长征文化的相关论述，笔者认为长征文化不仅仅局限于长征行军中发生的文化活动，长征结束后关于长征的文献记载和文学作品，及所体现出的长征精神，而且包括国内外关于长征的报道、著作、影视作品；国内外开展的一列以长征为主题的纪念活动，围绕长征开展的一系列文化交流活动，包括研讨会、交流会、学习会等；践行长征精神主要是重走长征路活动或者类似于长征情景的探险活动等；围绕长征路线申请世界文化遗产展开的一系列文化活动等。在坚定文化自信、推动社会主义文化繁荣发展的新时代要求下，长征文化必定结合时代要求不断继承和创新，其内容必然得到充实，展现长征文化的时代风采和世界意义。

2. 国内关于长征历史研究的代表性成果

近年来，国内专家关于长征的研究范围不断扩大，他们对红军长征这一伟大史诗的研究视角不断创新，研究内容不断深入，研究成果不断丰富，不断将真实感人的长征历史源源不断地呈现出来，不断丰富着人们对于长征历史的认识。

大陆地区关于长征历史的主要研究成果：近年来，大陆学术界十分关注红军长征历史的研究与考证，因为长征历史展现出中国共产党逐渐走向成熟的过程，大陆的专家学者相继推出一系列关于长征历史研究成果，基本覆盖了长征历史的各个方面。他们的成果大致可以分为四类：一是通史著作。比如中央党史研究室编著的《红色铁流——红军长征全录》，军事科学院军事历史研究所编著的《中国工农红军长征全史》，朱少军等著《红军长征纪实丛书》等一系列著作。二是针对长征历史中具有代表性的

---

① 王熙兰. 长征文化的深度挖掘与理论思考 [J]. 世纪桥，2010 (7)：10-11.

专题研究著作,如石仲泉的《长征行》、杨炳卓的《从革命到政治:长征与毛泽东的崛起》(中译本)、文显堂的《是非曲直——长征中的政治斗争》。三是对长征中重大历史事件发生始末进行研究的著作,如陈宇的《谁最早口述长征》、徐占权的《解读长征》、刘统的《北上》等。四是将长征史与文化结合起来,研究长征中的文化活动历史,比如李安葆的《长征与文化》等。这些专著都从不同的角度研究长征惊心动魄的历史史实,非常具有参考价值。

关于长征的真实资料:一是长征亲历者关于长征的回忆录,整理长征亲历者在长征中的日记等,如李海文主编的《中国工农红军长征亲历记》,中央文献研究室编的《红军长征记——亲历者说》,成仿吾的《长征回忆录》等。二是对长征的资料进行全面收集和整理后出版的具有档案性质的著作,如郭德宏主编的《长征档案》。三是一些权威性的刊物刊发关于长征的文章,如《中共党史研究》《历史研究》《近代史研究》《党的文献》《社会科学研究》《党史研究与教学》《毛泽东思想研究》等,持续登载了一些回忆长征的文章,不断充实长征文化。

港澳台地区关于长征史的主要研究成果,总的来说,近年来港澳台的部分学者由于资料缺乏、史观等局限,关于红军长征历史中具有代表性问题的研究没有大陆学术界的研究成果可观,在其广度和深度上和大陆的研究成果存在一定的差距,但是有些成果所采取的独特视角也为大陆学者深入研究长征提供了不少可取之处。

3. 国内研究长征文化国际传播的代表性观点

目前关于长征文化国际传播的专著和博士论文还未出现,关于长征文化传播的期刊论文主要是从文化传播学的视角研究长征文化,有些文章将长征文化作为党史文化或者红色文化中具有代表性的文化进行研究,但是这些研究成果大多并未深入研究长征文化的国际传播,只局限于在国内的传播,侧重发挥红色文化教育功能的研究。红色文化传播研究中具有代表性的成果有朱伟(2014)、周宿锋(2014)的博士毕业论文,他们的论文较为全面地阐述了红色文化传播的现状、问题和策略,但是在论文中未发现关于推动红色文化国际传播的相关论述，主要论述红色文化传播的国内影响，尚未提及红色文化传播的国际影响，彰显其世界意义。有学者从文化自觉、文化自信、文化自强三个角度研究如何推动红色文化的科学传播①，但是对红色文化在国际上如何传播着墨甚少，这是长征文化研究的薄弱之处。总体来看，国内专家学者对于红色文化国际传播尤其是长征文化国际传播的研究关注较少，研究成果比较稀少。

4. 国内研究长征精神的代表性观点

国内专家学者关于长征精神的研究比较全面，在长征精神的内涵方面：江泽民同志在纪念红军长征胜利 60 周年大会上的讲话中对长征精神作了更精辟的概括总结，长征精神"就是把全国人民和中华民族的根本利益看得高于一切，坚定革命的理想和信念，坚信正义事业必然胜利的精神；就是为了救国救民，不怕任何艰难险阻，不惜付出一切牺牲的精神；就是坚持独立自主，实事求是，一切从实际出发的精神；就是顾全大局、严守纪律、紧密团结的精神；就是紧紧依靠人民群众，同人民群众生死相依、患难与共，艰苦奋斗的精神"②；胡锦涛同志和习近平同志分别在纪念红军长征胜利 70 周年和 80 周年大会上的讲话中沿用和重申了这一基本内涵。有学者认为，把长征精神的核心概括为"坚持信念，逆境奋斗"是十分准确的，体现了长征精神的独特性。③ 长征精神是中华民族精神的最高体现，必须坚定地弘扬和传承。

关于如何弘扬长征精神，赋予长征精神时代价值方面：有学者建议将长征精神与社会主义核心价值体系结合起来，发挥长征精神在新时期的精神指引作用。在当前社会，需要我们继续挖掘，大力弘扬长征精神的深刻内涵④；有学者将弘扬长征精神与建设社会主义文化强国联系起来，他们认为长征精神是建设社会主义文化强国的优质文化资源，弘扬长征精神可

---

① 张月萍. 论红色文化的科学传播 [J]. 新闻大学，2014 (5)：40.
② 江泽民文选 (第 1 卷) [M]. 北京：人民出版社，2006：590.
③ 郭德宏. 关于红军长征史研究中的若干问题 [J]. 安徽史学，2007 (1)：68.
④ 李琳. 把长征精神融入社会主义核心价值体系 [J]. 毛泽东思想研究，2012 (4)：16.

以为建设社会主义文化强国提供精神养料①；有学者认为弘扬长征精神，对于正在建设具有中国特色的社会主义强国——新的伟大长征的人们，具有现实而深远的意义，让长征精神在新的历史条件下代代相传，化为我们开创中国特色社会主义文化事业新局面的精神力量，不断推进中华民族伟大复兴的历史进程。②

5. 国内研究长征路线申遗的代表性观点

四川省的专家学者首先发起长征线路申遗倡议后，围绕这项倡议的研究不断深入，成果层出不穷。呼吁长征申遗的专家学者们一致认为长征路线申报中国和世界文化遗产可以彰显我们坚持走中国特色社会主义文化发展道路，建设社会主义文化强国的坚强决心，可以有力促进长征沿线区域经济文化发展。③

有些学者通过对长征中具有代表性红色文化遗址进行研究，进而推动长征路线申遗。有些学者认为红四方面军木门军事会议革命遗址作为红军革命斗争的重要产物，具有极其重要的历史价值、文化价值、艺术价值、教育价值，从长征路线申遗视角对红四方面军木门军事会议的战略地位和作用进行系统认识，将会更加有利于木门军事会议遗址的精神挖掘和保护，对于长征路线申遗具有一定的推动作用。④ 长征路线申遗是一项系统工程，专家学者要加深这一课题研究的广度和深度。长征路线申遗在目前仍处于理论宣传阶段，需要专家学者积极呼吁，不断加大宣传力度，相关部门要提高对其重视程度，助推这一重大工程早日成功。

6. 关于国内长征文化研究成果的评价

综观以上研究成果，目前国内主要从长征文化的内涵和当代价值、长征史、长征文化传播、长征精神和长征路线申遗等几个方面研究长征文化，虽然近些年来关于长征文化的研究成果不断丰富，但是现有研究存在

① 李后强，侯水平等．弘扬长征精神建设文化强国［J］．毛泽东思想研究，2012（1）：1.
② 杨智勇．论长征精神的"三个坚持"［J］．党史文苑（下半月），2014（11）：71.
③ 李后强，侯水平等．弘扬长征精神建设文化强国［J］．毛泽东思想研究，2012（1）：3.
④ 王强，罗大明等．从长征路线申遗看木门军事会议的战略地位与作用等［J］．毛泽东思想研究，2012（5）：20.

许多薄弱和不足之处，为此，需要在这些方面进行深入研究，增强对薄弱处的充实和对不足之处的深入发掘。针对长征文化的深化研究，具体应该从以下几点进行考虑：

第一，对长征文化的研究要全面深化。目前关于长征文化的研究主要集中和侧重于在长征历史和长征精神的研究，但这并不能完全代表长征文化，长征文化的内容十分丰富。对于长征文化传播方面，长征文化的当代发展等方面研究均比较薄弱，应加强这些方面的研究，凸显长征文化的时代价值和世界意义。

第二，要进一步加强对长征文化国际影响的研究。目前关于长征文化的研究成果主要集中于如何利用长征文化进行思想政治教育，进行爱国主义教育，发挥文化育人的功能。但长征文化的时代价值和独特魅力远不止于此，长征文化在国际上一直备受关注，具有一定的国际影响力，是提升中华文化软实力，增强中国综合国力的重要引擎。国际间文化交流日益频繁的新形势下，应当注重研究如何提高长征文化国际影响力。鉴于此，应该加强长征文化的国际影响研究，为推动长征文化国际传播提供智力支持。

第三，要重点研究如何推动长征路线申遗这项工程。目前关于长征路线申遗的主要倡导者和推动者为四川省的部分专家学者，他们呼吁其他兄弟省份共同推动长征路线申遗，长征路线申遗是一项重大的系统工程，其中许多问题亟待深入研究，例如长征文化遗址考证，长征申遗路线设计等问题都需要众多学者的建言献策，既需要长征沿线省份的学者又需要其他兄弟省份的专家齐心协力，提供智力支持，将长征路线文化串联起来，共同下好一盘文化大棋，充分保护和利用长征文化遗产。长征路线申遗意义重大，既可以在申遗过程中保护长征文化资源，又可以在申遗成功后更好地保护、开发、利用这些资源。

第四，创新发展长征文化的研究视角和研究方法。拓展长征文化研究的国际视野，将长征文化与国外其他相似类型的文化进行比较研究，推动长征文化兼收并蓄、博采众长。站在国际的高度和运用世界的眼光研究长征，将长征文化放到人类历史文化的长河中去研究，以便于我们更加准确地把握长征文化，更加有力地弘扬长征文化，更加富有成效地增强长征文化的国际影响力。

1.2.2 国外研究综述

1. 国外关于长征事件研究的代表性成果

长征是举世瞩目的伟大历史事件，这也是长征在世界上得以持续不断传播，世界影响日益扩大的重要原因。国外专家学者对长征的关注度很高，并且相继推出了一定数量和高质量的研究成果，这不仅有利于国外受众全面的了解长征，而且对于我们深入发掘长征文化起到重要的佐证作用。

国外长征亲历者的代表性著作有：首先通过介绍瑞士籍英国传教士勃沙特《神灵之手》，这部著作是迄今为止发现的最早向西方世界真实介绍红军长征的一部回忆录，难能可贵的是该书作者亲身参与了长征，是国外作者中少有的长征亲历者，本书是他对长征事件的真实再现。他在书中高度评价中国共产党带领中国红军不畏艰难险阻，他在中国红军身上看到了他们对共产主义的坚定信仰，并且他们为实现这一伟大理想信念执着地奋斗着。这本著作在 1936 年由伦敦哈德尔—斯托顿公司出版，英文版计二百八十八页，译成中文合十多万字。该著作在第一版印行后很受欢迎，因而被抢售一空，所以很快就又再版了。1937 年被译成法文，由瑞士艾莫斯出版社出版。该著作在四十年后又修订重印了英文版、法文版，这部著作经久不衰的原因主要是它在内容上紧扣长征这部伟大的史诗，是介绍红军长征的首创之书。作者亲历长征，在这本书中记述他与红军战士们同食同行的过程，因此这本书的真实性和新鲜感是不言而喻的。这本书对于当时国际上正确认识红军长征以及正视中国共产党都起到了积极的推动作用，这对于弘扬长征精神、传播长征文化、推动长征文化国际传播起到了不可言喻的作用。

国外学者在长征事件结束后的相关著作：长征事件结束后，国外的一些记者和作家陆续对长征进行报道，出现了一批有较大国际影响力的文艺作品。其中，比较有国际影响力和代表性的著作有：美国记者斯诺的《红星照耀中国》和《两万五千里长征》。《红星照耀中国》一书是作者斯诺在长征胜利后不久进入苏区进行实地采访，根据采访记录撰写并出版的，这本书对红军长征的经过进行了全面的记述，并且首次向全世界披露。这本书在国际上引起了强烈的影响，被翻译成 10 多种文字向世界传播长征。

美国著名女记者艾格尼丝·史沫特莱所著的《伟大的道路》，这本著作是根据她在陕北苏区采访后创作而成的。她在获知毛泽东领导中国工农红军长征胜利到达陕北的消息后，感到十分振奋，只身前往陕北苏区，去深入了解这一伟大壮举。中共中央的领导同志和广大红军将士对她的到来感到十分高兴，对她英勇的行为感到非常敬佩。史沫特莱对红军长征的英勇事迹非常感兴趣，她对毛泽东等参加长征的领导人进行采访，同参加过长征的红军将士进行深入交谈，最终在此基础上写成《伟大的道路》一书。她在这本著作中专门单列一章来描写红军长征，史沫特莱在书中高度评价长征，她认为长征不仅是革命战争历史上的伟大奇迹，也是人类历史上的伟大史诗，长征将会产生更加深远的影响。①

德国友人王安娜著《中国——我的第二故乡》，在这本书中，王安娜系统而全面地记述了对红军长征和中华人民共和国成立之后中国发展变化的感触。在这本书中，王安娜评价"长征是人类历史上一个伟大的业绩"②。这部书在出版后被翻译成多种文字在世界上传播长征，在国际上具有一定的影响力。

美国中国学研究的著名学者费正清，在中国实地考察了中国共产党的长征活动路线后出版了《美国与中国》一书。费正清在这本书中表达了他

① ［美］艾格尼丝·史沫特莱. 伟大的道路——朱德的生平和时代［M］. 梅念译. 北京：生活·读书·新知三联书店，1979：351-398.
② ［西德］王安娜. 中国——我的第二故乡［M］. 李良健，李希贤校译. 北京：生活·读书·新知三联书店，1980：140-143.

对于中国红军长征的独特思考，但他把长征同中共党内的权力斗争紧密结合起来加以分析，这是片面的，也是不准确的。此外还有欧文·拉铁摩尔、F. V. 菲尔德等中国学研究的专家，同样对红军长征的研究十分感兴趣，并且相继出版一系列研究著作。

英国的中国学研究专家迪克·威尔逊所著《一九三五年长征》，这本书是记录中国工农红军长征的学术专著。在这部著作中，他对红军长征进行了全面和系统的介绍。他多次强调"长征是中国人民重要的精神财富""长征已经在各大洲成为一种象征，人类只要有决心和毅力就能达到自己的目的"。这本书可以说是研究长征的经典专著，不少国外的中国学研究专家都将这本书作为研究长征的必读书目和必备参考书目之一。

美国学者本杰明·杨所著《从革命到政治：长征中的中国共产党》，这部著作对长征进行了深化和拓展研究。作者在书中运用了许多鲜为人知的资料，针对之前研究成果中的错误进行纠正，对一些模糊问题加以明确，这部著作具有很高的学术参考价值。美国记者索尔兹伯里所著《长征——前所未闻的故事》，在这本书中，作者把中国红军长征同中国社会主义建设的"新长征"结合起来进行描写，突出了长征与新长征之间的传承关系。索尔兹伯里重走了部分长征路线，认真采访了长征的经历者、长征的知情者，咨询和请教了有关长征研究的专家，查阅相关档案资料，并结合自己的所感所想，完成了这部著作。英国的历史学博士李爱德等所著《两个人的长征》，这本书是作者与朋友历经艰难，徒步走完红一方面军的长征路线后合著的，此书一经出版就引起了广泛的关注。美国军事史学家塞缪尔·格里菲斯所著的《中国人民解放军》，在这部著作中，他称赞红军长征是一次伟大的战略转移，并且将其同希腊历史上的万人撤退进行比较，突出长征是一次更加成功、更加雄伟的壮举，是人类战争史上的伟大奇迹。①

根据目前掌握的资料来看，国外关于长征研究的专著较少，比较有代

---

① 中国人民解放军：研究解放军如何发展壮大 [N]. 解放军报，2006 – 09 – 19.

表性的更是少见，但是在国外学者的研究成果中仍是存在大量涉及长征的描述，长征是国外学者研究中国历史绕不开的伟大历史事件，其中关于中国共产党历史、中华人民共和国革命史、老一辈无产阶级革命家的传记著作中，仍旧可以找寻到不少关于长征的论述，这些都成为国外受众了解长征文化的重要来源。

2. 国外研究长征文化资源的代表性观点

国外学者关于长征文化资源的研究涉猎较浅，因此目前所能收集的资料较少，他们大多关注长征史、长征文化和长征精神的研究。目前收集到国外关注长征文化资源的是《中国——长征》这本画册。该画册是为纪念中国红军长征胜利 50 周年而出版的摄影集，世界著名的摄影师们踏上红军长征路线拍摄沿途的长征遗迹、遗址，沿线的风土人情，并配以相关长征历史事迹的解说，全面展现这片土地的历史和现状，并且将两者进行对比，突出这片土地的巨大变化。这部画册让国内外受众了解长征路线的文化资源，为他们重走长征路，感受长征文化提供了路线指导和主要内容介绍。这本画册由中国和澳大利亚合作出版，该画册被译成十几种文字进行出版，其运用图文并茂的方式展现长征文化，一经出版就在世界上引起了广泛关注。

2012 年，中国与澳大利亚再度合作出版《中国——新长征》画册。为纪念中国红军长征胜利 75 周年，再次征集国内外著名记者和摄影师重走长征路，用文字和图片再次展现长征路沿线在改革开放以来的重大变化。这部画册以多种语言出版，向全世界发行，这本画册被国外出版社赞为"了解中国西部社会形态和中国精神世界的窗口"。《中国——长征》和《中国——新长征》两部画册的出版体现出国外开始关注中国长征文化资源开发和利用的巨大潜力，这对于中国相关部门开展这方面工作具有很好的启示。

3. 对国外关于长征文化研究的评价

综观国外关于长征的著述，可以看出以下特点：第一，国外学者注重长征史的研究，在前期的成果中主要以对中国共产党领导人和红军将领采访后整理形成的访谈录为主，这在很大程度上还原了真实的长征，成为国外受众了解长征的重要资料来源。在中华人民共和国成立以后，国外学者倾向于重走长征路，将史实与实地考察相结合，将长征的历史与现实相结合，他们将在重走长征路途中的所见所闻所想进行详细描述，让国外受众有身临其境之感。第二，国外专家学者在著作中都对长征精神评价很高。国外著作中无不流露出对长征精神的赞赏之情，认为长征精神不仅是中国人民更是全人类的精神财富。因为长征精神不仅鼓舞着中国人民勇往直前，取得了新民主主义革命的胜利，而且激励着中国人民朝着实现中华民族伟大复兴的中国梦勇敢迈进，还为世界人民争取民族独立和解放提供精神指引。第三，不少国外学者充分肯定了长征在中国乃至世界历史上的地位。他们认为长征是一个大熔炉，不仅锻造了毛泽东等领导人物，建立了中华人民共和国，而且对世界前途都产生了深远的影响。长征的胜利也对世界上其他国家摆脱殖民主义的枷锁、实现民族独立和解放提供精神指引和丰富的战斗经验，体现出长征的世界意义和时代价值。

综合分析国外学者对于长征的研究情况，客观来讲，可以看出他们的研究成果具有一定的广度和深度，其中不乏一些经典之作，这些有助于国外受众全面了解长征。但是国外学者的研究成果中有些著作对长征记述的有些偏离史实，甚至与史实相悖，这些研究成果不利于国外受众了解真实的长征，甚至会令他们产生误解，不利于推动长征文化国际传播。产生这种情况的主要原因是国外学者研究长征时具有一定的局限性，具体体现在他们因为客观条件的局限并不能完全掌握长征的原始资料，他们价值观和政见的差异也会影响他们对长征的整体、客观、全面的描述，甚至会出现错误的描述。针对这种状况，中国一定要牢牢掌握长征文化话语权，讲好长征故事，传播好声音，向国内外受众传播真实的长征，让国内外受众知晓真实的长征文化，做好长征文化国际传播方式的实用性，提高传播效果的实效性。但总的来看，他们的研究成果在一定程度上扩大了中国共产党和红军在世界上的影响，有利于推动长征文化的国际传播，增强了长征文化的国际影响力，也在一定程度上展现出中国的国家新形象，助力提升了中国的国际影响力。

1.3 研究思路和研究内容

1.3.1 研究思路

本书坚持以马列主义、毛泽东思想、邓小平理论、"三个代表"重要思想、科学发展观、习近平新时代中国特色社会主义思想为指导思想，以实现中华民族伟大复兴中国梦的理论与实践为重点，以国内外关于长征的研究为材料选取对象，从国际视野的角度研究长征文化的传播，致力于为增强长征文化国际影响力建言献策，具体研究思路有以下几点：

第一，以党的重要文献中关于提高文化国际影响力的重要指示为理论支撑，从中国共产党关于文化建设的理论与实践创新的角度，论述提升中华文化软实力尤其是长征文化国际影响力的重要意义。

第二，以文化全球化的时代背景要求为线索，紧跟时代发展潮流，从与时俱进的视角阐述文化全球化趋势下，大力弘扬长征文化，加强长征文化国际传播能力建设，最终实现文化强国梦的理论和实践发展。

第三，以历史上长征文化的国际传播为参考，探寻历史上长征文化国际传播的进程，为当前推动长征文化国际传播提供经验；以与国外其他长征类型文化的比较为线索，从相似类型文化的碰撞和交锋、现实国际战略的博弈等角度阐述长征文化国际传播的主要特点，并且借鉴其他类似长征文化的传播经验。

第四，以中华文化国际传播为参考对象，学习中华文化国际传播的优秀经验，结合长征文化特点，深入分析长征文化国际传播的新问题，探求长征文化国际传播的途径，探讨如何发挥出长征文化"宣言书、宣传队、播种机"的国际性作用。

第五，以中国现有的文化发展政策为基础，以实现"两个一百年"奋斗目标为战略节点，以当今时代文化发展机遇为契机，以促进世界和平为长远目标，准确把握长征文化国际传播走向，对长征文化国际传播的前景进行展望。

1.3.2 研究内容

本书总体分为6个章节对长征文化国际传播这一课题进行研究。

第1章为绪论。这一章首先介绍长征文化国际传播的选题背景和选题意义，其次综述国内外关于该选题的相关研究情况，继而对论文的研究思路、研究内容、研究方法，以及主要创新点进行介绍。

第2章为长征文化国际传播概述。首先对文化、长征文化、长征精神、文化软实力、国际传播、长征文化国际传播这些与本书研究相关的概念进行阐释，然后概述马克思主义文化相关理论。其次对长征文化国际传播主体展开分析，分析其作用发挥情况。再次阐述了长征文化国际传播的原则，即坚持以受众为本、坚持实事求是、坚持彰显人类共同价值、坚持推动文化交流这几方面。继而论述了长征文化国际传播的基础，即经济基础、政治基础、文化基础、传播基础。

第3章主要介绍了长征文化在亚洲、欧洲、北美洲、大洋洲、拉丁美洲、非洲六个大洲传播的历史和现状，并且分别对长征文化在各大洲传播的情况进行深入分析，充分认识在传播中出现的不足，挖掘长征文化在各大洲传播价值。最后对长征文化国际传播的总体特点进行总结，梳理长征文化国际传播的历史意义和时代意义，为寻求推动长征文化国际传播的路径做好准备。

第4章从长征文化国际传播的体制机制不完善、长征文化国际传播队伍能力不强、长征文化国际传播方式需改进、长征文化国际交流不通畅这几个方面分析影响长征文化国际传播的因素，对长征文化国际传播中出现的问题和挑战进行剖析，进而为破解这些障碍，推动长征文化国际传播做好准备。

第 5 章主要阐述了推动长征文化国际传播的对策。首先对长征文化早期国际传播的路径进行分析，充分借鉴长征文化早期传播的优秀经验。其次从构建长征文化国际传播新的体制机制进行思考，这点主要从做好长征文化传播的体制保障、提高长征文化开放水平、充实长征文化传播内容、丰富长征文化表现方式来进行论述。再次从培育长征文化国际传播队伍方面展开思考，从培育和发展多样化国际传播主体，着力打造国际化人才队伍两方面进行论述。继而是改进长征文化国际传播方式，这点主要从增强中国对长征文化的国际话语权，提高长征文化传播媒介国际影响力，提高长征文化产品国际竞争力，练就长征文化国际性表达方式，推动异质文化交往化解文化冲突，寻求共通点促进同质文化深入交流这几个方面进行思考。最后是打造长征文化国际传播平台，具体从搭建长征文化交流平台提升文化认同，推进长征路线申遗提高长征文化认同这两个方面进行阐述。最后从以下若干方面对长征文化国际传播进行展望：在文化"走出去"战略支持方面；在历史机遇方面；"四个自信"将为长征文化国际传播提供坚实基础；打造人类命运共同体需要长征文化，将为长征文化国际传播提供新平台。长征文化国际传播是一项系统工程，需要多个部门的联合推动，习近平新时代中国特色社会主义思想将为其提供理论和实践指导，在新时代要求下，长征文化国际传播被赋予新时代的发展内涵，将为世界发展进步贡献中国智慧和中国价值。

第 6 章为结束语。

1.4　研究方法和主要创新

1.4.1　研究方法

第一，文献分析法。目前国内外关于长征文化的研究成果颇丰，从长征史到长征诗歌再到绿色长征等。首先要对这些成果进行充分阅读进而总结归纳，凝练出关于长征文化的精神内涵，厘清长征文化国际传播的线索，其次要大量寻找和参阅国内外关于长征文化的研究和报道，探查长征文化国际传播的整体情况，为总结出推动长征文化国际传播的具体路径提供资料参考和支撑。

第二，比较研究法。长征一经报道，便在世界上传播开来，历史上的长征文化为何传播如此之快，范围如此之广，影响如此之大？这是一个值得深入探求的课题。故而需要将历史上长征文化国际传播与今天长征文化国际传播进行比较，学习历史上优秀的传播经验，突出历史上长征文化国际传播的借鉴意义，对今天长征文化国际传播的新问题进行深入分析。历史表明，长征并不是中国独有的，海外其他国家一样存在这样雄壮的战略转移行动，但是它们并没有形成文化现象，没有像长征文化那样引起广泛的国际影响，有些甚至已经湮没在历史的长河中，所以将中国的长征文化与国外其他长征类型的文化进行比较研究，探查它们之间的内在联系，寻求文化间的共通点，更有利于提高国外受众对长征文化的认知度、认可度和认同度。通过对长征文化横向和纵向的比较进而分析如何更加有效地推动长征文化国际传播。

第三，文本解读与问题研究结合法。长征文化国际传播是一项不断发展变化的动态工程，所以研究长征文化国际传播要用发展的眼光去深入探讨。研究该课题不仅局限于研究国内外对长征文化研究的现有文本资料，还要追寻这些文本资料的传播轨迹，探查其国际传播的效果及对国外受众的内在影响。国外对于长征文化的研究和传播都有一定的角度，因此要在充分分析长征文化国际传播效果的基础上探寻其中深藏的问题，长征文化传播内容丰富而且复杂，这就需要我们具备问题意识，深入分析影响甚至阻碍长征文化国际传播的因素，研究出切实有效的解决办法，为长征文化的国际传播扫清障碍。

1.4.2　主要创新

本书在研究角度上具有一定的创新。长征文化具有世界性，长征文化也是人类文化的一部分，研究长征文化就要将长征文化放到人类历史文化的长河中去分析。因此，本书拟从人类历史文化发展的角度对长征文化的传播进行研究，研究外国人眼中的长征文化，分析他们对于长征史的研究，对于长征的文化作品以及对长征精神宣传活动的看法，总结他们的认知习惯，不断调整、巩固、提高长征文化国际传播方式、策略、技巧等方面，进而推进他们对长征文化的认知、对长征文化的认可、对长征文化的认同，提升长征文化在世界上的话语权，继而增强中华文化在世界上的话语权。

长征文化国际传播是贯彻习近平新时代中国特色社会主义思想中关于文化建设的重要举措。习近平新时代中国特色社会主义思想对于推进国际传播能力建设有着创新性的论述。习近平同志在党的十九大报告中指出要推进国际传播能力建设，长征文化有着辉煌的国际传播历史，一直是中外人文交流中的一张响亮名片。在中华文化"走出去"的战略背景下，长征文化国际传播可以向世界展现真实、立体、全面的中国，是提升国家文化软实力的重要举措，但目前学术界关于长征文化国际传播方面的研究比较薄弱。目前的研究成果中虽可看到关于长征文化世界影响的文章，但是对于如何继续扩大长征文化国际影响的路径却没有进行深入探讨。尤其是关于如何推动长征文化国际传播的途径，影响因素等方面的著作甚是少见。为此，笔者决定从国际传播研究的视角研究长征文化，选题具有创新性，考虑到可以将马克思主义的文化理论与传播学相关理论创新性地结合起来，进而丰富长征文化研究中在国际传播方面的理论成果，具有一定的学术价值；在文化全球化的背景下，中华文化"走出去"是一种必然的趋势，长征文化作为中华文化优秀的篇章之一，深入研究长征文化国际传播不仅可以为有效地促进长征文化"走出去"提供理论指导。同时，推动长征文化国际传播将会是推动中华文化"走出去"的一个重要引擎。所以，研究长征文化的国际传播具有一定的理论价值和实际意义。

研究角度的创新决定了研究范围的广泛性。长征文化国际传播的目的就是扩大长征文化传播的范围，提升长征文化在世界的吸引力和感召力。本书主要研究长征文化国际传播，首先整理和分析长征文化在亚洲、欧洲、北美洲、拉丁美洲、大洋洲的传播概况，进而推动长征文化在各大洲的传播，提高长征文化在各大洲民众间的影响力。将研究长征文化的范围拓展到国际视野上，这是在长征文化研究领域中比较少见的。本书在研究范围上的创新不但可以突破现有长征文化研究的瓶颈，真正突出长征文化的当代价值和世界价值，而且可以为长征文化的国际传播的顺利推动提供有效的建议和参考意见。

第2章
长征文化国际传播的基本理论

2.1 长征文化相关理论分析

长征文化国际传播是马克思主义中国化进程中的重要课题之一，是推动中国特色社会主义文化繁荣发展重大课题中的重要组成部分，是习近平新时代中国特色社会主义思想中推进国际传播能力建设的具体实践。该课题中涉及一系列相关概念，准确把握文化以及具有中国特色的文化软实力和国际传播相关概念的内涵，尤其是准确界定长征文化的概念及其内涵，厘清在长征文化国际传播视域下这些所选取概念间的相互关系，尤其是与长征文化国际传播之间的内在联系，这是研究好本课题的重要前提。

2.1.1 文 化

中国关于"文化"的阐释在很早就开始了。在古代，"文化"这个词语最开始是分开来用的，"文"主要指文采，并且通纹理，还包括文字等用于沟通的符号，后来逐渐演变为指导人们行为操守的各种制度。"化"更多的是指人在成长过程中接受行为道德规范的过程。第一次真正意义上将文、化合用的就是西汉的刘向，他在《说苑·指武》中将文化与武功作为圣人治天下的两种方式，文化就是以文明的制度教化人的意思。晋代束皙在《补亡诗》中也提道："文化内揖，武功外悠。"我国古代就是在以武力相对的文治教化这个层面使用文化概念的。

中国进入近代以后，国学大师梁漱溟提出了"文化，就是吾人生活所依靠之一切"①，是"人类生活的样法"②。冯友兰认为文化的就是中国历史上的一些文化活动，"中国文化就是中国之历史、艺术、哲学……之总合体"③。

在当代，人们对文化的概念有了更新和更全面的认识和概括，有广义的文化和狭义的文化之分。从广义上看，文化是指世界上一切人类活动留下的物质上、精神上的痕迹；从狭义上看，文化特指人们在世界上创造的精神成果，更注重精神层面，比如法律法规、艺术创作产品等。长征文化同样属于文化范畴，长征文化又有其独特的内涵，因为长征文化是一个不断丰富发展的过程。长征文化的内容大致可以分为三个阶段，第一个阶段是长征开始前的文化活动，第二个阶段是长征进行中的文化活动，第三个阶段是长征结束后的文化活动。

2.1.2　长征文化

长征文化的永恒魅力和时代风采在于它的内涵处于不断丰富和发展的过程中，长征文化同样具有狭义和广义之分。广义的长征文化主要是指世界历史上人类的大长征，其中包括人类在长途迁徙和长途行军等活动中产生的文化行为、进行的文化创作等；狭义的长征文化主要指中国工农红军长征时期和长征结束后形成的一系列文化活动，既包括物质文化也包括非物质文化。

长征文化的内涵十分丰富，而且包含多种形式。笔者认为，从文化结构的角度来看，长征文化可分为长征物质文化、长征精神文化、长征制度文化三个方面，三者是不可分割的统一整体，共同组成长征文化丰富的内

① 梁漱溟. 中国文化要义 [M]. 上海：学林出版社，2000：1.
② 梁漱溟. 东西方文化及其哲学 [M]. 上海：上海商务印书馆，1929：53.
③ 转引自辛文斌. 新民主主义论与中国文化现代化 [M]. 北京：中央编译出版社，2007：6-7.

涵。长征物质文化是指长征文化的物质表现形式，是长征文化的载体，主要包括长征中的遗址、遗迹、遗物以及后来为纪念长征而修建的纪念建筑、体现长征的物质作品和产品、以长征命名的事物等；长征精神文化是长征文化的价值内核，主要指长征精神，包括体现长征精神的非物质性的文艺作品。长征制度文化是长征文化内在精神的外化表现，是指导人们行为的标准和准则，比如当前关于传承长征精神的号召，发挥长征精神的激励作用，展现长征精神的时代内涵。在新时代，长征文化的内涵定会在中国特色社会主义的发展中不断充实和丰富，长征文化也必将被赋予新时代的任务，展现出新时代的内涵，我们必须不断地进行创新性的补充和丰富。

习近平同志创新性地提出中国文化分为中华优秀传统文化、革命文化、社会主义先进文化三个紧密联系的组成部分。长征文化与这三种文化有着十分密切的关系。长征文化体现红色文化的时代特征，长征文化根源于革命文化，展现出革命先辈为实现民族独立和人民解放的英勇历史，又充分吸收了中华优秀传统文化，具有中华民族精神底蕴，并且又在社会主义先进文化建设中得到充分发展，推动长征文化的时代内涵不断丰富。因此，长征文化已经不能归结于传统意义上的革命文化，因为长征文化与中华优秀传统文化、革命文化、社会主义先进文化之间的归属问题已经无法明确，因为长征文化已经从他们中吸收了许多文化因子，同他们融为了一体。

长征文化同中华民族精神有着许多相通之处，其中最鲜明的就是蕴含了自强不息、顽强拼搏的中华民族优秀的品格。长征文化所蕴含的这种精神是世界各国普遍承认并且尊崇的共同价值观念，人类文明的发展进步正是需要人类共同价值来引导，长征文化国际传播就是要将其中蕴含的人类共同价值传播到世界各地，引起世界民众的强烈共鸣，这就是长征文化国际传播的深远意义。

2.1.3　长征精神

长征精神是指长征文化的精神内核，主要体现在五个方面，即"把全国人民和中华民族的根本利益看得高于一切，坚定革命的理想信念，坚信正义事业必然胜利的精神；为了救国救民，不怕任何艰难险阻，必须付出一切牺牲的精神；坚持独立自主、实事求是，一切从实际出发的精神；顾全大局、严守纪律、紧密团结的精神；仅仅依靠人民群众，同人民群众生死相依、患难与共、艰苦奋斗的精神。"① 长征精神是长征文化的核心部分，长征精神并不能取代长征文化，长征文化作品和产品中蕴含着长征精神。

2.1.4 文化软实力

我国文化软实力的概念是在聚焦时代发展要求，彰显中国特色的基础上提出的。中国学者沈壮海认为，"我们所强调的文化软实力，是在建设社会主义文化强国和中国特色社会主义的具体实践中提出的，带有鲜明的中国特色"②。

用中国话语阐释软实力理论，首先要搞清"软实力"是什么的问题，与约瑟夫·奈所论述的软实力理论不同，"我们所讲的文化软实力，它的基本内涵即'文化国力'，是中国特色社会主义建设整体布局中文化建设将产生的现实结果，这一国力具体体现为人民的基本文化权益是否得到更好保障、社会的文化生活是否更加丰富多彩、人民的精神风貌是否更加昂扬向上，也体现为中国文化在世界范围内是否树立良好形象从而产生相应的吸引力"③。文化软实力主要包括文化内聚力、文化外引力、文化向导力、文化生产力等四个方面的内容。④ 长征文化在国际传播中要通过不断提升这四个方面的能力来增强国际传播能力。

---

① 习近平. 在纪念红军长征胜利80周年大会上的讲话［N］. 人民日报，2016 – 10 – 22.
② 沈壮海，佟斐. 吸引力 影响力 文化软实力：中国特色社会主义文化建设［M］. 武汉：武汉大学出版社，2014：37.
③ 沈壮海. 文化软实力的中国话语、中国境遇和中国道路［J］. 马克思主义研究，2009（11）：123.
④ 沈壮海，佟斐. 吸引力 影响力 文化软实力：中国特色社会主义文化建设［M］. 武汉：武汉大学出版社，2014：41.

中国学者张国祚通过结合文化软实力对内对外的作用来分析其内涵，文化软实力对内可以发挥文化的吸引力、感染力、动员力、凝聚力、鼓舞力、谋划力、意识形态和政治价值观的引导力。文化软实力对外可以发挥道路和只读模式的吸引力，国家形象的亲和力，对国际规范、国际标准和国际机制的导向指定和控制能力，国际舆论的引导力，国际话语权的掌控力。他关于文化软实力内涵的深刻阐释同样对于推进长征文化国际传播能力建设具有很好的理论指导作用，长征文化国际传播作为增强中国文化软实力的重要引擎，需要深刻领会文化软实力的内涵，进而不断增强其国际传播能力。

2.1.5 国际传播

国际传播学界的著名学者莫拉纳认为国际传播是指"包括通过个人、群体、政府和技术在两国、两种文化或多国、多种文化间传递价值观、态度、观点和信息的研究探索领域，同时是对促进或抑制这类信息相关体系结构的研究"①。

《宣传舆论学大辞典》对国际传播界定为"指国家与国家之间的信息交流活动，尤指以其他国家为对象的传播活动。可通过人际传播或者大众传播的形式进行，但以大众传播为主"②。伴随着科学技术的不断发展，为各国之间的人员交往和文化交流提供很大便利，日益频繁的文化交流为文化在国家和地区之间的传播提供宽广的平台。长征文化国际传播的历史和现在充分体现出国际传播的内在要求和外在需要，正是因为借助国际传播，长征文化得以在世界上广泛传播，为世界人民熟知。中国特色社会主义进入新时代，长征文化被赋予了新时代的文化使命，同样需要借助

---

① Hamid Mowlana, *International communication Research in the 21st Century: from Functionalism to Postmodernism and Beyond*, in Cees J. Hamelink and Olga Linne, edited, Mass Communication Research: On problems and Policies The Art of Asking the Right Questions, Ablex Publishing Corporation, New Jersey, 1994: 353 −354.

② 刘建明. 宣传舆论学大辞典 [M]. 北京：经济日报出版社，1992：314.

国际传播的方式向世界展示中国精神，为世界人民谋幸福、求发展提供精神指引。

2.1.6　长征文化国际传播

长征文化国际传播主要是通过个人、群体、政府和技术在两国以上、两种文化间传播长征文化，传递全人类共同价值的活动。长征文化国际传播最早是从长征精神传播开始的，当长征事迹传播出去的时候，最令受众震撼的是体现中华民族自强不息民族品格的长征精神，所以长征文化在早期国际传播的核心内容是长征精神的传播。伴随着长征文化的不断丰富，长征文化国际传播内容不断扩大，既包括物质文化，又包括精神文化，还包括制度文化，长征文化国际传播从未间断过。时至今日，在实现中华民族伟大复兴中国梦的时代背景下，长征文化国际传播被赋予了新时代内涵，担负新时代任务，展现新时代魅力。伴随着中国经济实力的不断增强，中华文化"走出去"成为时代要求，长征文化是中华文化中耀眼的一颗明星，长征文化国际传播必然在中华文化"走出去"的战略下展现更好的前景，助力实现文化强国战略。

2.2　马克思主义文化传播相关理论

长征文化国际传播是马克思主义中国化进程中的重要课题之一，因此必须坚持马克思主义的根本指导地位，马克思主义关于文化传播的相关理论对于推动长征文化国际传播具有重要的指导作用，长征文化国际传播的进程体现了马克思主义文化建设理论的发展脉络和方向，马克思主义文化建设理论的丰富和发展又为长征文化国际传播的顺利推动提供智力支持。对于长征文化国际传播具有指导意义的马克思主义的文化相关理论主要有以下几方面。

2.2.1　马克思恩格斯精神交往理论

马克思主义的内涵十分丰富，马克思、恩格斯的理论研究不仅涉及多种学科领域，而且在许多领域实现了创新和突破。最能体现马克思主义理论创新和思想革命的是马克思、恩格斯所确立的以唯物主义历史观为核心的社会历史理论。其中文化理论在马克思主义社会历史理论中占据重要地位。① 本书从马克思主义的精神文化生产理论和精神交往理论中为长征文化国际传播寻求理论支撑。

马克思主义理论是 20 世纪思想史中最重要的一个组成部分，社会科学的所有分支学科都受到了它的影响——传播学自然也不例外。马克思和恩格斯关于传播的思想是现代传播学早期发展的一个重要环节，为人们后来的研究提供了丰富的思想给养。与弗洛伊德从个体意识出发去寻找对于行为的解释不同，马克思主义的历史唯物论着眼于社会的宏观层次，为人们提供的是一个更加广阔的视野，以此来观察人类社会的传播互动和传播关系——在本质上，马克思和恩格斯称其为精神交往。中国传播学研究学者陈力丹先生在经历了十多年的艰苦钻研后，将马克思主义的传播思想概括为"精神交往理论"，并为人们展示了一个博大精深的思想体系和理论图景。

马克思、恩格斯的传播理论是围绕着"精神交往"而展开的。虽然他们自身并没有将传播定义为"精神交往"，但在他们的思想中，对于人与人之间的精神交往理论和理论发现都恰恰表明"精神交往"是他们对于人类传播活动本质的高度抽象和理论揭示。马克思和恩格斯认为，精神交往是人与人通过"语言"进行社会关系交往，这与现在的传播——以信息为媒介的人与人的社会关系——在本质上没有差异。② 而当马克思主义理论

---

① 胡海波，郭凤志．马克思恩格斯文化观研究［M］．北京：中国书籍出版社，2013：124.
② 郭庆光．传播学教程［M］．北京：中国人民大学出版社，1994：268.

将精神交往放置于人类交往活动的大系统中去考察和把握的时候，使我们耳目一新。交往是一个体现人的总体活动之关系性的概括性范畴，它是马克思理论考察社会的重要视角，即在相互作用和普遍联系中把握社会的本质。马克思指出，社会生产方式决定了社会的本质，同时，构成生产方式的生产关系和生产力的矛盾是推动社会向前发展的根本动力。

马克思、恩格斯认为物质生产和精神生产是人类生产活动的全部。同理可得，人类的交往活动也分为物质交往和精神交往两种形式。他们把精神交往和精神生产联系在一起，这是对传播学研究的一个巨大贡献。因为，精神交往离不开精神生产，而精神生产和物质生产一样受制于生产力和生产关系的辩证运动，所以在考察传播时，要首先考察精神生产资料的占有方式等因素对于人类传播活动的影响和制约。可见，马克思主义理论对于传播的把握并不是孤立的，而是将其放置于人类生产和交往活动的整体中加以考察。它不是抽象地考察人与人之间的信息互动，而是把它放在具体的条件下，放在与其社会因素的普遍联系和相互作用中加以考察，这在传播学研究中是一个创造性突破。长征文化国际传播属于马克思、恩格斯所论述的精神交往的形式，但也表现出物质交往形式的一些特征。

马克思和恩格斯对于精神交往的揭示中还有一个重要观点，就是精神生产的产品，始终与特定的意识形态相联系，始终与一定的集团、阶层或阶级利益相关联，体现着他们各自的思想、观念、意识、宗教以及政治、法律和伦理道德。这种传播观对于后来的批判学派产生了重要影响。① 马克思、恩格斯在《德意志意识形态》中写道："思想、观念、意识的生产最初是直接与人们的物质活动，与人们的物质交往，与现实生活的语言交织在一起的。人们的想象、思维、精神交往在这里还是人们物质行动的直接产物。表现在某一民族的政治、法律、道德、宗教、形而上学等的语言中的精神生产也是这样。"② 长征文化作品和产品可以看作是马克思恩格斯

---

① 杭孝平. 传播学概论［M］. 北京：中国书籍出版社，2012：41 – 42.
② 马克思恩格斯选集（第1卷）［M］. 北京：人民出版社，2012：151 – 152.

所论述的精神生产的产品，因为它体现出中国共产党人的价值观，也彰显出顽强拼搏的全人类共同价值。

马克思、恩格斯科学地预见了精神文化生产和交往的全球化趋势。长征文化国际传播正是在全球化趋势背景下长征文化的生产和交往，在全球化视域下的深远发展。他们指出随着生产力的不断发展"过去那种地方的和民族的自给自足和闭关自守状态，被各民族的各方面的相互往来和各方面的相互依赖所代替了。物质的生产是如此，精神的生产也是如此"[①]。在全球化趋势日渐明朗的今天，世界上各种文化相互交流，互相借鉴，共同发展。长征文化国际传播正是体现了马克思恩格斯精神交往理论的内在要求，也将为长征文化国际传播提供理论支撑和指导。

2.2.2　国家文化软实力思想

中国共产党提出国家文化软实力思想对当前推动长征文化国际传播具有重要的指导意义。长征文化是中国文化中具有较大世界影响的一部分，长征文化国际传播可以将中国精神、中国声音更好地传播到世界，国家文化软实力思想可以为其提供理论指导。中国共产党时刻关注世界发展潮流，是敢于把握时代趋势而不断进步的政党，并且不断推动执政理念和治国理论与时俱新、与时俱进，在体现时代要求下不断提高执政能力和执政水平，推动中国特色社会主义事业繁荣发展。在当今时代，文化已经成为国家综合国力中实力强劲、润物无声的内在动力，成为世界上强国极力发展的软力量。中国共产党高度重视文化的力量，并且为加强文化软实力建设提出一系列新思想和新举措。

加强国家文化软实力建设是一项意义深远的战略决策。党的十八大报告强调了国家文化软实力的重要性，"全面建成小康社会，实现中华民族伟大复兴，必须推动社会主义文化大发展大繁荣，兴起社会主义文化建设

---

① 　马克思恩格斯选集（第 1 卷）［M］. 北京：人民出版社，2012：404.

高潮，提高国家文化软实力"①。长征文化国际传播的顺利推动正是体现了中国共产党高度重视文化软实力建设。

党的十八大以来，习近平同志领导中国共产党持续推动国家文化软实力建设，相继提出并制定了一系列新观点、新政策。党的十八届三中全会进一步对提高文化软实力进行了创新性的论述，报告指出"建设社会主义文化强国，增强国家文化软实力，必须坚持社会主义先进文化前进方向，坚持中国特色社会主义文化发展道路，培育和践行社会主义核心价值观，巩固马克思主义在意识形态领域的指导地位，巩固全党全国各族人民团结奋斗的共同思想基础"②。长征文化国际传播必须要坚持马克思主义为指导思想，坚持社会主义先进文化前进方向，推动长征文化中蕴含的全人类共同价值不断得到世界人民的广泛认可和接受。

在提高国家文化软实力的重要性方面，习近平同志强调"提高国家文化软实力，关系'两个一百年'奋斗目标和中华民族伟大复兴中国梦的实现"③。实现中国梦离不开文化的繁荣兴盛，"实现中国梦，是物质文明和精神文明均衡发展、相互促进的结果。没有文明的继承和发展，没有文化的弘扬和繁荣，就没有中国梦的实现"④。

中华文化是国家文化软实力的重要力量源泉，习近平同志强调"中华民族创造了博大精深的灿烂文化……把跨越时空、超越国度、富有永恒魅力、具有当代价值的文化精神弘扬起来，把继承传统优秀文化又弘扬时代精神、立足本国又面向世界的当代中国文化创新成果传播出去"⑤。

习近平同志指出国家文化软实力建设要融入社会主义核心价值观。"核心价值观是文化软实力的灵魂、文化软实力建设的重点。这是决定文

① 胡锦涛文选（第3卷）[M]. 北京：人民出版社，2016：653.
② 中国共产党第十八届中央委员会第三次全体会议文件汇编 [M]. 北京：人民出版社，2013：58.
③ 习近平谈治国理政 [M]. 北京：外文出版社，2014：160-161.
④ 习近平在联合国教科文组织总部发表演讲 强调让中华文明同世界丰富多彩的文明一道，为人类提供正确的精神指引和强大的精神动力 [N]. 人民日报，2014-03-28.
⑤ 习近平谈治国理政 [M]. 北京：外文出版社，2014：161.

化性质和方向的最深层次要素。一个国家的文化软实力，从根本上说，取决于其核心价值观的生命力、凝聚力、感召力"①。"提高国家文化软实力，必须努力传播当代中国价值观念。当代中国价值观念，就是中国特色社会主义价值观念，代表了中国先进文化的前进方向"②。

　　在提高国家文化软实力的途径方面，习近平同志指出，"提高国家文化软实力，要努力提高国际话语权，加强国际传播能力建设，精心构建对外话语体系，发挥好新兴媒体作用，增强对外话语的创造力、感召力、公信力，讲好中国故事，传播好中国声音，阐释好中国特色；……增强做中国人的骨气和底气"③。可见，中国的文化软实力理论是与中国国情的紧密结合，是聚焦时代发展潮流，是随着党和国家对文化软实力的重视程度不断增强而提出来的。在当前推动长征文化国际传播正是贯彻落实国家文化软实力思想的重要举措，中国共产党提出的文化软实力思想为推动长征文化国际传播提供了源源不断的智力支持和政策保障。

2.3　长征文化国际传播的主体分析

　　国际传播的主体是指开展和实施国际传播活动的实体。④ 长征文化国际传播主体是指开展和实施长征文化国际传播的活动的实体，它们是推动长征文化国际传播的主要力量，通过梳理长征文化国际传播资料，总结出推动长征文化国际传播的主要有国家、企业、社会组织、个人四类主体，下面分别对这四类主体进行介绍。中国共产党作为长征文化国际传播的有力倡导者和支持者，这四类主体由中国共产党进行统一引导，才能发挥好它们的作用。

---

① 习近平谈治国理政 [M]. 北京：外文出版社，2014：163.
② 习近平. 青年要自觉践行社会主义核心价值观——在北京大学师生座谈会上的讲话 [M]. 北京：人民出版社，2014：4.
③ 习近平谈治国理政 [M]. 北京：外文出版社，2014：162.
④ 郭可. 国际传播学导论 [M]. 上海：复旦大学出版社，2004：35.

2.3.1　国家主体

国家作为推动长征文化国际传播的基本主体，它的传播职能和职责主要由政府行使和承担，以中国政府为主导的各国政府不但通过大众传播媒介向国内和国际传播长征文化，而且还担负着长征文化国际传播控制者与管理者的职责。主要体现在"它决定本国是否加入和如何加入国际传播过程，采取什么样的信息接收方式，怎样建立自己的国际传播系统，在哪些方面加大投入力度等"[①]。长征文化国际传播的主体较为复杂，可分为中华人民共和国和其他国家，长征文化作为中国文化的重要组成部分，从发挥作用的强弱作为标准，所以中国共产党领导的中国政府作为长征文化国际传播的国家主体。中国政府作为长征文化国际传播的国家主体，主要作用表现在制定并实施一系列推动长征文化国际传播的发展政策，指导各级政府相应部门团结协作，中国政府扮演着双重角色，既是长征文化国际传播的控制者又是传播主体，因此要正确认识其作用。

2.3.2　企业主体

企业主体在长征文化国际传播中扮演着重要角色，鉴于长征文化国际传播内容的确定性，这里所讲的企业主要是指文化企业。首先必须要明确企业的本质，它是营利性的组织，作为长征文化国际传播主体的企业按照属性可以分为媒体企业和非媒体企业，按照企业参与国际传播的范围和程度来划分，媒体企业可分为国内媒体企业、跨国媒体企业；非媒体企业可以分为国内非媒体企业和跨国非媒体企业。[②] 在中国，按照企业性质可以分为公有制企业和非公有制企业，在中国国内的非媒体企业和媒体企业统

---

① 程曼丽. 国际传播学教程［M］. 北京：北京大学出版社，2006：50.
② 杭孝平. 传播学概论［M］. 北京：中国书籍出版社，2012：36.

称为文化企业，长征文化国际传播中走出国门业主要依靠这些文化企业。公有制企业和非公有制企业自身都有着独特的优势，因此，它们作为长征文化国际传播主体要做到相互协调，共同推进长征文化国际传播。通过回顾长征文化国际传播的历史和现在，这些不同类型的文化企业在推动长征文化国际传播中发挥了不可替代的作用。

2.3.3　社会组织主体

伴随着文化全球化的不断加强和深入，中国经过 40 多年的改革开放促进了中国特色社会主义文化不断繁荣和发展，意在推动文化交流的社会组织如雨后春笋般出现，并且成为推动长征文化国际传播中不可或缺的主体。社会组织主要是指不以营利为目的组织机构和团体。社会组织按照活动范围可分为国际性和主权国家内的社会组织，推动长征文化国际传播的社会组织主要包括国内和国际上成立的以推动长征文化国际交流为目标的协会、学会、研究会、联合会等，这些社会组织通过定期和不定期举办长征文化为主题的活动来推动长征文化的交流和传播。社会组织主体分布广泛性既有效扩大了长征文化国际传播的范围，又可以有效增强长征文化国际传播的效果，但作为一些国际性的社会组织，尤其是注册地不在中国境内的社会组织，中国政府要派遣专业人员加入，并且进行适当地引导，以便更好地发挥其国际传播主体作用。

2.3.4　个人主体

在互联网还未兴起和普及之前，个人作为长征文化传播主体还有许多可以拓展的空间。长征文化国际传播历史上作为比较有影响力的个人主体主要有：国际性知名新闻媒体的记者，如埃德加·斯诺；在国际上具有较高知名度的专家学者，如美国中国学研究专家费正清；在国际上具有较高声望的国家领袖，如毛泽东。这些个人主体有的掌握丰富的媒介资源，有的具有较高的知名度，有的具有深厚的魅力。互联网的兴起和普及在一定程度上减小了个人主体作为长征文化国际传播主体的局限性，给普通个人主体传播长征文化的机会。普通个人主体的影响力虽然有限，但他们也具有不可小觑的力量，因为普通个人主体来源于普通民众，所以他们更懂得普通民众的接受习惯，他们会采用更有效的传播方式推动长征文化国际传播。

以上这些传播主体是长征文化国际传播必不可少的因素，中国共产党作为长征文化国际传播的主导者，如何最大限度地发挥出这些传播主体的作用是中国共产党需要通盘考虑的课题，尤其在国际传播环境日益复杂的今天，长征文化国际传播主体亦呈现出诸多新特点，中国共产党要准确把握时代内涵，沉着应对长征文化国际传播过程中出现的挑战，强有力地引导这些传播主体围绕有效推动长征文化国际传播的主题。

2.4　长征文化国际传播的原则

长征文化国际传播的原则是推动长征文化国际传播的所要遵循的基本准则。重视并遵循长征文化国际传播的原则可以为推动长征文化国际传播的效果起到事半功倍的作用。曾担任中央精神文明建设指导委员会主任的李长春同志提出了对外传播的"三贴近"原则，即"要深入研究国外受众心理特点和接受习惯，贴近中国和世界发展的实际，贴近国外受众对中国信息的需求，贴近国外受众的思维习惯……增强对外传播的吸引力和影响力"①。长征文化国际传播的原则在吸收和遵循此"三贴近"原则的基础上，还要结合长征文化自身的内在要求。

2.4.1　坚持以受众为本

在传播学领域，美国传播学家 H·拉斯韦尔首次提出了构建传播过程

---

① 李长春. 努力构建现代传播体系　提高国内国际传播能力［N］. 光明日报，2008 - 12 - 23.

的五种基本要素，包括"谁""说了什么""通过什么渠道""向谁说"
"有什么效果"。其中"向谁说"就是涉及传播受众，并且把它列为基本要
素之一。在传播过程中，要十分重视受众的相关问题，尤其是受众的定位
问题，它对传播目的的实现具有很大的影响，与传播效果的强弱同样关系
密切。受众定位是指以机构或组织宗旨为条件，明确自身的服务对象。受
众定位的范围不受限制，但是必须明确受众本身的年龄层次、文化水平、
经济状况、欣赏品位、基本需要、集体倾向等方面的问题。它以受众本位
为思想基础，确定目标接受人群，在传播活动中，以受众为中心，满足群
众获取信息的需要。① 准确把握受众定位这一传播学的基本原则，并将其
运用到长征文化国际传播中，而且要贯穿其始末。笔者将以受众为本作为
长征文化国际传播的一项重要原则，长征文化在国际传播过程中首先要对
受众进行准确定位，充分剖析受众对长征文化的喜好程度、对长征文化传
播的偏好方式、长征文化对其传播的效果等方面，并根据掌握的受众情况
不断调整传播策略，提高传播技巧，增强传播效果。

2.4.2　坚持实事求是

"实事求是"是我们党克敌制胜的重要法宝之一，长征文化国际传播
必须要遵守实事求是的原则，这是提高长征文化国际传播效果的重要原则
之一。斯诺的《红星照耀中国》一书之所以引起世界性的影响，那就是他
在撰写这本书时坚持实事求是的原则，真实地将他的所见所闻记录下来。
正如费正清在《红星照耀中国》一书的引言中这样评价，"尤为值得注意
的是，《红星照耀中国》一书，不仅首次介绍了毛泽东与他的同事们的有
关历史及其出身，而且还指出了这一鲜为人知的运动的未来前景。更难能
可贵的是，埃德加·斯诺的这部书作为历史的记录和一种大趋向的预示，

① 杭孝平. 传播学概论［M］. 北京：中国书籍出版社，2012：464.

都经得起时间的检验"①。只有真实的历史才能经得起时间的检验，在推动长征文化国际传播中坚持实事求是标准就是将生动感人的长征故事、脍炙人口的长征诗词、朗朗上口的长征歌曲、色彩纷呈的长征舞蹈、丰富多样的长征画作、苍劲有力的长征书法等将长征文化真实地展现出来，让长征文化的国际受众真正感受到长征文化丰富而深刻的内涵，体验到长征文化中所蕴含的中华文化魅力，感受到中华民族的坚强不屈、顽强拼搏的民族性格，进而提高长征文化的国际影响力和感召力。

2.4.3　坚持彰显人类共同价值

人类共同价值是指得到世界各国普遍承认并且遵从的共同价值观念，而且可以推动人类文明进步的精神指导力量。为什么长征一经报道，便产生了世界性的影响？长征文化为什么能够在灿烂的人类文化中脱颖而出，璀璨夺目？习近平总书记给出这样地回答，"国际社会越来越多的人认为，红军长征是 20 世纪最能影响世界前途的重要事件之一，是充满理想和献身精神、用意志和勇气谱写的人类史诗。长征迸发出的激荡人心的强大力量，跨越时空，跨越民族，是人类为追求真理和光明而不懈努力的伟大史诗"②。长征展现出了人类不畏艰难险阻，勇于追求理想信念的崇高品质。围绕长征形成了丰富的长征文化，它的精神内核——长征精神，具有普遍的人类学意义。长征精神不仅是中华民族精神的最高体现，更体现出人类追求高尚信仰的精神、人类坚持伟大理想的精神，长征体现的义无反顾、勇往直前、艰苦奋斗等精神是人类共同的精神财富，是人类共同的价值追求，这就是长征文化能引起世界性影响的原因。

长征文化国际传播的重要原则之一就是彰显人类共同价值，只有坚守这个原则才能真正体现出长征文化国际传播的意义。因此，在推动长征文

① ［美］埃德加·斯诺. 红星照耀中国［M］. 李方准，梁民译. 石家庄：河北人民出版社，1992：3.
② 习近平. 在纪念红军长征胜利80周年大会上的讲话［M］. 北京：人民出版社，2016：8.

化国际传播要深入发掘长征文化的精神内涵，彰显出长征文化所蕴含的人类共同价值，这样才能广泛地引起国外受众的共鸣，长征文化不仅是中华民族的，也是世界人民共同的精神财富。事实证明，长征文化不仅可以为中华民族提供强大的精神力量，助力中国人民实现中华民族伟大复兴的中国梦，也可以为世界人民在追求理想信念中提供强有力的精神支撑。因为我们生活的世界充满希望的同时也充满挑战，世界民众在勇于追求理想的时候需要精神指引，长征文化可以给他们带来精神力量。由此可见，长征文化的世界意义非同凡响。因此，长征文化国际传播必须要以彰显人类共同价值为导向，充分发挥出长征文化的精神指引和精神动力作用。

2.4.4 坚持推进文化交流

中国需要了解世界，世界也需要认识全面的中国。在文化全球化背景下，国际传播为不同类型的文化提供了交流和博弈的平台，极大地促进了长征文化国际传播。在国际传播主体多样化背景下，国际传播的目的比较复杂，不同的传播主体带有不同的目的诉求，因而也就会对受众国家和地区的文化带来多重影响。事实证明，一些西方国家凭借其雄厚的经济力量和强大的文化力量，利用其发达的媒介技术向世界输出他们的文化价值观念，对于经济落后的国家和地区甚至采取文化灌输的侵略方式，将自己的文化价值观强加给这些国家和地区，这对他们一直传承的民族文化带来不可修复的伤害，导致这些国家和地区逐渐丧失自己的民族文化，最终在文化上丧失自主权，沦为西方文化的附庸。

长征文化国际传播是以推进文化交流为目标的，不同于西方国家别有用心的国际传播目的，长征文化国际传播虽然会给受众国家和地区的文化带来一定的影响，但是这些影响是正面的、有利的，因为长征文化国际传播内容的核心就是彰显全人类共同价值。长征文化国际传播可以将长征文化同受众国家和地区文化进行深入交流，这不仅有利于充实受众国家和地区的文化内容而且有助于丰富受众国家和地区的文化内涵，助力于他们提升本民族的文化影响力，助力激发出它们的文化软实力对其经济社会发展的能动作用。长征文化国际传播有利于长征文化在交流中博采众长，兼收并蓄，不断增强自身的生命力和发展力，提升长征文化的吸引力和感召力，帮助长征文化在国际交流和博弈中占据主导地位，并且助力保持主导地位的稳定性。

2.5　长征文化国际传播的基础分析

2.5.1　长征文化国际传播的经济基础

推动长征文化国际传播是提高国家文化软实力的一项重要举措，坚实的经济基础可以为推动长征文化国际传播进而提高国家文化软实力提供有力地保障。正如恩格斯指出："直接的物质的生活资料的生产，从而一个民族或一个时代的一定的经济发展阶段，便构成基础，人们的国家设施、法的观点、艺术以至宗教观念，就是从这个基础上发展起来的。"[1] 精神文明的发展要以物质文明的发达为基础。国家文化软实力建设要以不断向前发展经济为基础。恩格斯进一步指出，"不论在法国或是在德国，……经济发展对那些领域也具有最终的至上权力"[2]。

约瑟夫·奈本人也承认经济在国家政策实行方面的基础性作用，他认为"强劲且不断增长的经济为各种权力手段提供了基础"[3]，"一个在经济、军事上走下坡路的国家，损失的不仅是硬实力，同时受损的还有影响国际

---

① 马克思恩格斯文集（第3卷）[M]. 北京：人民出版社，2009：601.
② 马克思恩格斯文集（第10卷）[M]. 北京：人民出版社，2009：599－600.
③ [美]约瑟夫·奈. 权力大未来 [M]. 王吉美译. 北京：中信出版社，2012：113.

议程的能力和自身吸引力"①。中国提出提高国家文化软实力的这一重大战略决策是基于经济稳定发展，经济实力不断增强后提出的，因为物质文明的稳健发展为精神文明的发展提供了雄厚的物质基础，精神文明的发展也会对物质文明的发展起到很好的带动作用。长征文化国际传播也是基于我国经济持续稳定增长的基础上的，2016 年以来，中国的 GDP 总量稳居世界第二，经济增长率为世界第一，坚实的经济基础为长征文化国际传播提供强有力的物质保障。中国特色社会主义进入新时代，习近平新时代中国特色社会主义思想中关于文化建设的理论正是基于中国经济快速稳定发展基础上提出来的，具有深厚的现实基础和深远的时代意义。

2.5.2　长征文化国际传播的政治基础

中国共产党高度重视文化发展，制定并实施了很多促进中华文化大发展大繁荣的政策，进而为推动中华文化国际传播，提高中华文化国际影响力提供政策支持。习近平新时代中国特色社会主义思想更是对文化建设做出了全面的论述，要深入学习和研究习近平新时代中国特色社会主义思想对于推动长征文化国际传播的理论指导作用。长征文化作为中华文化的重要部分，这些政策的制定对推动长征文化国际传播发挥着重要的作用。关于文化发展有比较系统的政策基础，关于文化发展的目标："借鉴吸收人类优秀文明成果，实施文化走出去战略，不断增强中华文化国际影响力"②，"着眼于推动中华文化走向世界，形成与我国国际地位相对称的文化软实力，增强中华文化国际影响力"；在文化传播媒介方面：不断增强社会主义先进文化的传播力和影响力，加强国际传播能力建设，打造国际一流媒体③；在文化产业方面："振兴文化产业，在加快经济发展方式转变

①　[美]约瑟夫·奈. 软实力 [M]. 马娟娟译. 北京：中信出版社，2013：13.
②　推动社会主义文化大发展大繁荣学习参考 [M]. 北京：中央编译出版社，2011：2.
③　推动社会主义文化大发展大繁荣学习参考 [M]. 北京：中央编译出版社，2011：15.

中争取未来竞争的主动权，努力提高文化产品的国际竞争力"①；在文化发展的动力方面：使我国文化走在世界的前列的主要着力点是增强"三个力"，即增强中华文化的凝聚力、竞争力和影响力②；在文化发展途径方面：主要通过深化国际交流，增强中华文化国际影响力。具体通过"提高国家文化软实力，要努力提高国际话语权，要加强国际传播能力建设"③。从这些政策文件中可以看出中国共产党对推动长征文化的国际传播制定了强有力的政策支持，这是长征文化国际传播强有力的政治基础。

2.5.3 长征文化国际传播的文化基础

长征文化国际传播的文化基础主要是以长征文化内容为主的，长征文化内容是长征文化国际传播的文化基础来源。长征文化内容十分丰富，这不仅包括长征途中涌现的成果，也包括长征结束后至今日人们关于长征题材的文学艺术作品等。长征文化内容丰富多彩，它包括诗歌、音乐、美术、戏剧、舞蹈、画作等，其中，尤以参与撰写长征日记的人居多，从张闻天、董必武、林伯渠、谢觉哉、关向应、陈伯钧等，上至领导干部，下至红军战士，都在记录着长征经历。长征中的诗歌十分丰富，既有伟大领袖毛主席的诗词，又有长征战士即兴创作的诗歌。长征中的歌曲脍炙人口，既有传唱至今的《长征歌》，又有战斗中鼓舞士气的《过乌江》等。这些丰富的长征文化内容会为长征文化国际传播提供源源不断的文化基础来源，这需要我们进行深度的挖掘和思考。长征文化国际传播中要将中国的优秀传统文化与长征文化更好地结合起来，不断丰富长征文化的内涵，增强长征文化的吸引力，提高长征文化的感召力。

---

① 推动社会主义文化大发展大繁荣学习参考［M］. 北京：中央编译出版社，2011：64.
② 推动社会主义文化大发展大繁荣学习参考［M］. 北京：中央编译出版社，2011：107.
③ 习近平谈治国理政［M］. 北京：外文出版社，2014：162.

2.5.4　长征文化国际传播的媒介基础

随着中国经济社会的稳定发展和传播技术的日新月异，中国对外传播的媒介成为长征文化国际传播的传播基础，为长征文化国际传播提供技术支持和渠道保障，国外其他媒介只是起到辅助作用，因此不作为媒介基础来论述。长征文化国际传播的媒介主要分为印刷媒介、电子媒介、网络媒介等，长征文化主要借助这些媒介开展国际传播，并且取得了不错的传播效果。尤其是在互联网时代，这些媒介与互联网有效地结合起来，这将大大提升长征文化国际传播效果。

印刷媒介主要包括期刊、报纸、书籍等，其中影响范围最广泛、传播效果最好的就是报纸。在中国报纸方面：《中国日报》是中国第一份也是唯一一份全国综合性英文日报，它创刊于 1981 年 6 月 1 日。它创办的宗旨就是为了增进国外人士对中国的了解、树立中国在国际上的正确形象。该报面向全国和国外发行，目前已经发行到 150 多个国家和地区，发行量超过 30 万份。《中国日报》问世的当年年底，英国主要报纸《泰晤士报》上刊有文章评论说《中国日报》已经成为懂英语的人们早餐上的必读物。目前，中国日报已经成为一个报系，拥有 8 个出版物。① 伴随互联网媒体的迅速兴起，《中国日报》也加强与网络媒体的合作，建立了中国日报网，进一步增强中国报刊媒体的对外传播能力。《中国日报》和中国日报网相继推动送了一系列长征文化活动，为了扩大长征文化的世界影响，建议该报刊开设专门介绍长征文化的栏目，有力推动长征文化国际传播。为了在海外传播中国的情况，《人民日报·海外版》于 1985 年 7 月 1 日与读者正式见面，同样有效地推动了中国的对外传播事业。《人民日报·海外版》在纪念长征胜利 70 周年和 80 周年时相继推出一系列文章向国外受众展示真实的长征，为了增强长征文化国际传播的影响力，建议《人民日报·海外版》开设长征文化专

---

①　陈日农. 中国对外传播史略［M］. 北京：外文出版社，2010：194 - 195.

栏。目前中国对外传播体系中的地方级具有较大影响力的报纸有上海的《新民日报·海外版》、江苏的《今日江苏》、广州的《新快报》等，相关部门要尽快在这些报刊开设长征文化专栏，增强长征文化国际传播力度，中国报纸对外传播正在不断发展中，这些报刊将会有力地推动长征文化国际传播。

在印刷媒介中，期刊和书籍的作用也不容小觑，具有较大国际影响力的期刊和书籍同样在推动长征文化国际传播中发挥着重要作用，比如我们一提到长征，在国内外读者脑中涌现的第一本书就是斯诺的《红星照耀中国》，这本书成为国外读者了解长征文化的重要媒介。在期刊方面，国内外学者关于长征文化研究的成果会发表在具有较大国际影响力的期刊上面，期刊自身受众广泛的优点同样不断扩大长征文化的国际影响力。印刷媒介虽然是比较传统的媒介，但在互联网时代，它同互联网紧密联系起来，借助互联网的传播速度快、传播范围广泛等优点不断弥补自身劣势。比如许多报纸、期刊、书籍等纸质媒介通过与互联网结合，相继推出电子报纸、电子期刊、电子书籍等，广大受众在连接互联网后就会获得数量多、质量好甚至是免费的长征文化的新闻、研究成果、书籍等，这将为长征文化国际传播插上更具有时代特色的翅膀。

广播和电视是两种主要的电子媒介，在中国广播电台方面：1978 年 5 月，中国对外广播机构正式更名为中国国际广播电台。截至目前，根据中国国际广播电台官网数据，中国国际广播电台已经使用 64 种语言向全世界广播，已经成为仅次于美国之音和英国 BBC 国际广播电台的国际广播电台。2009 年 7 月 16 日，中国国际广播电台移动"国际在线"正式发布，与手机互联网紧密结合起来，扩大国际传播的范围。中国国际广播电台以及"国际在线"在长征胜利周年纪念期间相继推出一系列长征文化节目，为了推动长征文化国际传播，应该常设长征文化专栏节目。地方对外广播主要有广西对外广播电台、福建《对华侨广播》等，其中最有影响的是由31 个省级电台分别制作，通过国际台向全球播出的《中国之窗》，还有一些地方电台与国外媒体合作，共同推动中国的对外传播事业。建议这些传播媒介增设并常设长征文化节目，推动长征文化国际传播。

在中国电视台方面：1984 年，中央电视台正式成立对外部，在一年后开办《英语新闻》。为了扩大中国在国际上的影响，中央电视台与 1992 年创办了中文国际频道（CCTV－4），2000 年创办了英文国际频道（CCTV－9）。2004 年，中央电视台积极同国外的电视公司合作，比如与美国的卫星电视公司——"回音之星"合作，推出中文"长城平台"套装，截至目前，根据中央电视台官网数据显示，中央电视台已经包含了北美平台、亚洲平台、加拿大平台和拉美平台。在地方台，比较有影响力的有东方卫视、中国黄河电视台、福建海峡电视台、江苏卫视国际频道、湖南卫视国际频道、厦门卫视、广东卫视和南方电视台、重庆电视国际频道、广西电视台国际频道等多个传播平台。长征文化国际传播需要借助这些电视平台的力量达到落地效果。

互联网媒介是伴随互联网的不断普及而逐渐成为传播媒介中的后起之秀，互联网媒介相较于印刷媒介和电子媒介有很多优势，主要体现在可以为传播主体和受众之间搭建起相互沟通的桥梁，其他两种媒介只能单向传播，并且不能接受传播效果的反馈，互联网媒介正好可以突破传统传播媒介的局限性。互联网媒介对于提升长征文化国际传播效果非常明显，可以为长征文化国际传播提供便捷、快速的通道，依托互联网媒介还相继成长起来一系列新媒体平台，比如 Facebook、推特、微博等，这些新媒体平台结合互联网的优势实现了传播主体和受众之间的信息交流和反馈，大大提升了传播效果。在当今时代，互联网媒介已经成为推动长征文化国际传播的重要媒介，我们要促进两者的有效融合，更好地提升长征文化国际传播的效果。

如五洲传播中心，它隶属于国务院新闻办公室，成立于 1993 年 12 月，1994 年 4 月正式运营，是一个以对外宣传品制作为主要特色的多媒体、综合性对外传播机构，其宗旨为以试听的手段构筑传播与沟通的平台，让世界了解中国，让中国走向世界。① 可以看出，中国在推动国际传播方面已经构建了比较完善的传播机构，中国的国际传播能力将会依靠这些基础平台得到长足发展，他们会成为推动长征文化国际传播的媒介基础。

---

① 陈日农. 中国对外传播史略［M］. 北京：外文出版社，2010：198.

第 3 章
长征文化国际传播的洲际概况及评析

3.1 长征文化在亚洲传播

在亚洲，许多国家和地区同中国有着相同或相似的文化背景，长征文化在这些地区能够更有效地进行传播，但是我们也要清醒地认识到长征文化毕竟不同于他们的文化，绝对不能忽视跨文化传播的事实。总体来看，长征文化在这些国家和地区的传播取得了很好的效果。在历史上，长征文化在亚洲的传播促进了亚洲人民的觉醒，鼓舞他们为实现民族独立和人民解放进行艰苦卓绝的斗争；在当前，促进长征文化在亚洲的传播可以有效促进文化交流，增强文化认同，共享文化发展成果。

3.1.1 长征文化在亚洲传播的概况

笔者从历史和现状两部分来阐述长征文化在亚洲传播概况，以中华人民共和国成立作为历史和现状的时间节点。中华人民共和国成立前，长征文化在亚洲传播主要以在中国传播为主，中华人民共和国成立后，长征文化在亚洲其他国家和地区传播开来。长征文化在亚洲地区传播的内容十分丰富，需要我们认真梳理和总结。

1. 长征文化在亚洲传播的历史

长征文化通过报刊在亚洲早期的传播。《满洲评论》杂志是伪满洲国时期重要的时事评论周刊，它的重要特色之一就是对无产阶级以及共产主义的关注。该刊中的评论文章和资料栏，对中国共产党、红军长征、陕北根据地等都有详细追踪报道。经过长征磨炼的中国红军展现出惊人的毅力和战斗力，这令当时侵略中国的日本军队感到前所未有的压力。日本关东军曾经有一份情报中这样描述中国红军，他们有着坚定的信仰，这是他们战斗力强大的根本原因，他们具备世界上其他军队所不能比拟的艰苦奋斗精神，这也是中国近代以来其他军队没有的珍贵品质。他们的政策获得民众的广泛拥护，如果任由他们发展下去，将成为我们统一中国的强大对手①，这也从侧面反映当时红军长征的影响力非常大。关于长征文化的资料还有很多，有待于我们去发现和挖掘。

长征文化早期对亚洲人民的影响。中国红军长征的事迹在亚洲传播后，亚洲民众感到非常振奋。中国红军长征胜利体现出中国人民为争取民族独立和解放的斗争中不畏艰险、英勇奋斗的精神，红军长征中的战斗经验也非常丰富，具有非常大的借鉴意义。中国共产党带领中国人民正是以长征精神为精神动力，实现了国家独立民族解放的目标。亚洲其他国家和地区的民众深深体会到这一点，他们认真学习和研究中国红军长征胜利的经验，推动本民族的解放。比如朝鲜、越南等亚洲国家通过借鉴红军长征中的宝贵经验，相继取得了民族独立战胜的胜利②，长征文化早期在亚洲的传播为亚洲民众实现民族独立提供了许多借鉴的经验。

印度医生柯棣华也是受到长征胜利的鼓舞毅然来到中国，援助中国人民的民族解放事业，长征文化对亚洲地区的人民革命带来了积极的影响。长征文化早期在亚洲传播的事例还很多，有待于我们进一步的挖掘和整理，这不仅可以见证长征文化在亚洲地区传播的历史，而且对于以后推动长征文化国际传播具有很好的借鉴意义。

---

① 郭晨. 钢铁连队 [M]. 北京：农村读物出版社，1995：72.

② 世界眼中的长征和长征精神 [EB/OL]. http://news.xinhuanet.com/politics/2016 - 10/18/c_1119742600.htm.

2. 长征文化在亚洲传播的现状

亚洲学者继续推动长征文化传播：中华人民共和国成立后，中国学者对长征文化的研究逐步展开并呈繁荣之势，相继出版一系列研究长征的成果，研究成果十分丰富。这些成果既包括长征亲历者的回忆录，其中很多经历长征的开国将领的回忆录，又包括专家学者对长征的整体著述，这些成果从不同的角度描述长征，对长征进行了全方位的解读，这些成果都是长征文化国际传播必不可少的传播内容，必须要好好利用。

在日本，研究中国问题的专家竹内实对长征也颇有研究，竹内实的研究成果在日本的影响力很大。竹内实对毛泽东诗词情有独钟，他在评析毛泽东的《长征》时，他认为毛泽东和他率领的红军不仅经受住了身体上的考验，而且克服了政治上的困难，完成了举世闻名的长征。他关于毛泽东长征诗词的研究著作在日本吸引了一大批长征文化爱好者。

1955 年，史沫特莱的《伟大的道路》一书最先是以日文译本出版问世，面世当时就在日本引起轰动，这部著作又先后被译成英、德、俄、法、西班牙、孟加拉、丹麦、意大利八个语种在全世界发行，成为各国民众了解长征，了解中国的必读书目之一。

日本学者对长征展现出浓厚的兴趣，先后出版了许多长征方面的著作。比如宾户宽的《中国红军——困难与险峻的二万五千里》《毛泽东的大长征》，安藤正士的《遵义会议》，今井等著的《遵义会议与共产国际》，这些著作以长征中的具体事件为切入点进而研究长征。日本学者冈本隆三称"长征的成功是二十世纪的一大奇迹"，他的《长征——中国革命锻炼的记录》一书由日本弘文堂出版，同时代出版社出版了他的另一著作《中国革命长征史》，潮出版社出版了他的《长征秘话》，在其著作中有不少关于长征的描述。以中国红军长征为题材的漫画《长征》（上、下两册）是日本漫画家横山光辉根据作家冈本隆三同名小说创作，他曾于 1973 年 3 月至 12 月期间在小学馆漫画杂志上连载了一部以长征为题材的漫画，用漫画的方式向读者讲述这一史诗般的故事。可以看出，在日本学界，关于长征的研究比较丰富。

韩国高丽大学金俊烨博士是韩国中国学研究的知名专家，金俊烨先生是韩国研究中国历史的重要学者，被称为韩国的"费正清"。金俊烨著有《中国共产党史》《中国近代史》《中共与亚洲》《长征》等著作，其中都对长征有了细致的描写，此外还有一批译著。他在《我的长征》一书中叙述他曾经被日本军队捉住并出逃的过程，因为他深受中国长征事迹的鼓舞，是长征精神支撑他成功出逃。可以看出，长征精神对他的影响很深，给他带来了巨大的精神鼓舞。

亚洲人民践行长征精神推动长征文化传播。在中国，2002 年 7 月，德籍重庆画家张奇开启动了在全世界传播"长征精神"的新长征活动，让红军路穿越全球，一群侨居海外的知名艺术家，借助中国红军这一鲜明的历史符号，回归到一种"小米加步枪"的状态，他们从欧洲出发，开始了一场浩浩荡荡的"国际新长征"。张教授说："组织这次活动，首先是一种强烈的宣扬中国革命文化的使命感，选择红军长征这一题材作为活动主题，是为了对红军长征成功的纪念，强烈的民族使命感激励艺术家们把伟大的红军长征精神传播到世界各地，红军长征精神代表了中国人的革命精神，他希望这种精神在世界上发扬光大。"①

2007 年 1 月初，《我的长征》节目组织 26 名志愿者通过重走长征路的特殊方式纪念长征胜利 70 周年，这批志愿者不畏艰难，历时 8 个月，穿越 9 个省份，路程 6200 多公里，最终顺利到达甘肃会宁，完成这次意义深远的"长征"。他们的英勇行为获得了沿线群众的广泛关注，他们利用此次机会筹集善款资助长征路沿线的学校，慰问退伍的老红军。一个志愿者说："这条伟大的道路让我们学会了感恩，学会了分享，学会了团队，最重要的收获是学会了责任。"其中几名志愿者打算筹办一个以"重走长征路"的社会组织，让更多的人参与重走长征路活动，感悟长征精神，更好地传承长征精神。②

---

① 重庆画家启动在全世界传播"长征精神"的活动［EB/OL］. http：//news. sina. com. cn/c/2002 - 07 - 31/0224654698. html.

② 26 名长征志愿者拟成立长征公司［EB/OL］. http：//news. sina. com. cn/c/2007 - 01 - 07/100510941871s. shtml.

中国长征精神研究院 2012 年 1 月 12 日创立，创始人是罗范懿，其创立目的就是开展一系列长征文化交流活动，更好地研究和弘扬长征精神。该研究院自创立以来，围绕长征主题相继举办一些具有较大影响力的文化活动，不断扩大长征文化的影响力。

在中国大连市金普新区有一个颇具特色的展览馆——三长精神（长江、长城、长征）传统教育展览馆，创办人为杜地。他决定要通过举办国际长征运动会，来推介长征、感悟长征，把长征精神传承下去。他认为长征精神不仅是中国的，更是世界的。长征是人类历史上挑战极限、挑战心理、挑战自然的伟大壮举。他决心要把国际长征运动会办成科学长运会、廉洁长运会、低碳长运会、环保长运会、世界参与的长运会、和平的长运会，不断丰富长征文化的表现方式。举办国际长征体育运动会旨在解读挑战极限的内涵，是实现人体自身价值的极限运动，为不同地区、国家、语言、肤色、信仰的人，架起和平的桥梁。2014 年 1 月 19 日，首届"国际长征体育运动会"在长白山举行，来自清华大学、北京大学、上海交通大学、东北师大等全国 22 所高校的 25 支代表队、300 多名学生在冰天雪地中挑战身体和意志的极限。杜地希望国际长征运动会可以让更多的青年通过运动会的形式了解伟大的长征精神，通过中国青年人的努力将国际长征运动会真正推向国际化。国际长征运动会已成功举办六届，于 2014 年十二月中旬在乌干达举行，这也是国际长征运动会第一次走出国门。国际长征运动在弘扬中国文化的同时，也为更多人了解长征精神提供了平台和机会。①

在新加坡，2008 年 6 月 15 日，18 名新加坡男女 7 天跑完 250 公里，完成"沙漠长征"。共 18 名新加坡人都完成了他们的个人壮举——在新疆克孜勒苏柯尔克孜自治州大戈壁上跑过 250 公里。这次类似长征的活动就是为了磨炼他们自己的意志。2013 年，新加坡国立大学 Tembusu Globe Trekkers 徒步团队的七名学生和一名讲师，参加被《时代》杂志列为世界

---

① "中国好人"杜地将国际长征运动会带出国门［EB/OL］. http：//www. dzwww. com/xinwen/guojixinwen/201710/t20171018_16548392. htm.

最艰难步行竞赛之一的中国新疆极地长征国际徒步游活动。他们在艰难考验中克服障碍，以坚持不懈的决心勇往直前，一心为帮助贫困学生，不断用长征精神激励自己。

2005 年 5 月 17 日，由马来西亚华人组成的"长征"旅行团一行 15人，乘坐 5 部小汽车从福建厦门风尘仆仆赶赴红都瑞金，踏出了重走长征路的第一步。据悉，这是该市迎来的首批重走长征路的海外华人。马来西亚华人"长征"旅行团是由马来西亚巴生光华校友会组织的，15 位成员年纪均在 50 岁左右。他们以四轮驱动车为代步工具，沿着当年红军长征行走路线，计划用一个月时间走完全程。为了实现旅行目的，他们进行了两年多的精心筹备，还专门花 30 多万元请来专业摄影师同行，以便拍摄到更多更好的图片。旅行结束后，他们将在马来西亚、新加坡等华人聚居地进行图片和资料展示，让更多的海外华人了解祖国历史，受到革命教育。

在日本，日本青年长谷川彻深受红军长征精神感染，以冒雨骑行 1100公里的方式来抗议佐藤政府扣留他们的旅行护照，反映他们斗争的决心，因为一部分日本青年要持这本护照来中国参加第二届中日青年友好大联欢活动[①]。定居在日本的爱国老华侨蔡世金高度赞扬长征精神，他讲道："革命是爬雪山过草地战胜那么多大风大雨才胜利的，现在建设国家也要不怕困难，战胜困难。"[②] 日本星火株式会社社长石川士郎先生对长征充满敬意，他认为长征可以给他带来很多启示，他曾多次带领员工重走长征路，感悟长征精神。他赞叹道，"红军依靠艰苦奋斗和不怕牺牲的精神实现中国革命的胜利。我在创办公司的最初也是很艰难的，我就用长征精神激励自己；现在年轻的员工对艰苦创业的精神意识淡薄，我带领他们沿着红军长征路线参观，给他们感悟长征精神的机会，增强他们艰苦创业的信心"[③]；2003 年 10 月，年仅 23 岁的日本姑娘小林和文也通过重走长征路的

---

①　人民日报 [N].1967 – 06 – 15.

②　光明日报 [N].1984 – 08 – 20.

③　费侃如. 红军长征的世界意义 [C].贵州省纪念红军长征胜利 70 周年学术研讨会论文集，2006，133 – 141.

方式真实地感受长征，她曾经从书上读过很多关于长征的故事，让她对长征充满了向往，为了实现自己多年来的梦想，考验自己的体能和毅力，沿着当年红军长征的路线徒步体验艰辛，感受中国风情。① 日本民众认为通过类似长征的活动或者通过重走真实的长征路可以增强他们战胜困难的信心。

在韩国，2008 年，韩国主要中央日刊新闻媒体之一的《韩国日报》，在迎接北京奥运期间，在 3 月 5 日至 5 月 15 日的 70 多天时间中，利用车辆和徒步相结合的方式，直接探访长征路，向韩国民众展示长征路的艰险，让他们从不一样的角度了解中国；2008 年 11 月，韩国老人朴良一背着行囊独自"重走"中国红军长征之路，长征路沿线群众被他的吃苦耐劳精神感染，老人虽然没有采用徒步的方式，但是他这种精神值得尊敬，他用这种方式真实地感受长征，感悟长征精神。他走完长征路后，自豪地说："我是毛泽东的粉丝，只有了解红军精神，才能远瞻中国的未来，我认为，红军长征是中国人民的精神力量所在。在企业经营中，也需要这种红军翻越雪山草地、克服千辛万苦的无畏精神。我认为，中国在改革开放 30 年来所取得的经济成就，也是翻越雪山草地的红军之精神力量所创造的。我也很想向韩国人宣传有关中国红军长征精神以及中国领袖毛泽东的惊人之举。"②

印度陆军上校阿尔温德·库马尔·潘迪这样理解长征精神，他说："长征精神就是一种牺牲精神，体现出中国红军不畏牺牲，信念坚定。"潘迪对红军长征中的故事非常感兴趣，他还熟知"金色的鱼钩"的故事，他说这则故事让他感受到了红军将士的大无畏精神，长征中还有很多这样感人的故事，红军将士用生命诠释了伟大的长征精神。不论是在以前还是在现在，这种精神在中国一直存在。③ 他从长征精神中看到了中国人民内涵

---

① 日本女孩独走长征路 [EB/OL]. http：//news. sina. com. cn/s/2003 - 10 - 24/1109981335s. shtml.

② 韩国老人背着行囊独自"重走"中国红军长征之路 [EB/OL]. http：//internal. dbw. cn/system/2008/12/13/051654578. shtml.

③ 信仰的力量——外国军人眼中的长征 [EB/OL]. http：//news. xinhuanet. com/politics/2016 - 10/20/c_1119755973. htm.

的精神力量，这是中国取得巨大发展成就的内在精神动力。

巴基斯坦国立科技大学中国研究中心主任哈桑·贾韦德讲道，"如今，长征一词已被广泛应用于全球英语中，象征着斗争、坚韧、决心、勇气和信念。历史证明，中国共产党带领人民走了一条正确的道路，中国建设、减贫等经验为发展中国家人民提供了重要而又宝贵的精神财富。世界上每个国家、每个社会都需要自己的长征精神来应对挑战，并将它们转化为发展机遇"①。

巴基斯坦空军准将穆罕默德·坦维尔·皮拉查对传承了长征精神的中国军人感到敬佩，他在年轻时就学习了中国红军艰苦卓绝的长征历史。作为一名飞行员，他高度赞扬了中国飞行员的技术，他认为在中国飞行员身上感受到了长征精神的力量，这种力量已经融入中国人民解放军的血液中，中国共产党带领中国人民正是依靠这种精神的指引推动中国快速的发展，这种精神将永远地镌刻在中国人民心中。②

举办长征为主题的文化活动推动长征文化国际传播。2015 年 9 月 7 日，将近三千名学生利用红色和黄色的雨伞巧妙拼接，呈现出"长征出发地江西瑞金"的图案，他们借助此次活动挑战纪念长征胜利，巨大的图案成为世界吉尼斯纪录历史上所记录的世界上最大的雨伞拼图，并且获得了吉尼斯世界纪录的官方认证。③ 他们用这一行动充分阐释了团结奋进的长征精神，提高了长征的国际影响。

厦门大学百人合唱团及交响乐团，在新加坡、马来西亚分别呈献了中国经典交响合唱组曲《长征组歌》。2013 年 6 月 19 日，《长征组歌》率先在新加坡滨海艺术中心唱响。据悉，这是《长征组歌》首次在新加坡的舞台上唱响，演出获得了热烈的掌声。2013 年 6 月 21 日，厦门大学百人合唱团及交响乐团在马来西亚吉隆坡呈献了中国经典交响合唱组曲《长征组

---

① 8 个老外眼中的长征原来这样 [EB/OL]. http：//www. sohu. com/a/117227962_162522.

② 信仰的力量——外国军人眼中的长征 [EB/OL]. http：//news. xinhuanet. com/politics/2016 –
10/20/c_1119755973. htm.

③ "长征出发地江西瑞金"雨伞拼图获吉尼斯认证 [EB/OL]. http：//news. xinhuanet. com/
politics/2015 –09/08/c_128207120. htm.

歌》。马来西亚中华大会堂总会长方天兴称赞其"是马来西亚近年来难得一见的高水平音乐盛宴"①。关于《长征组歌》演出的新闻播出后，马来西亚评论家同样对长征精神有着高度的评价，他们十分敬佩毛泽东带领中国工农红军不畏艰险，进行了震惊世界的长征，一致认为长征中练就的长征精神是中国共产党带领中国人民取得革命胜利的精神保证。②

军事博士馆在中国工农红军长征胜利 70 周年之际推出《伟大壮举 光辉历程——纪念中国工农红军长征胜利七十周年展览》，此次展览吸引了大约千余名国外民众进行参观，他们之中有的是各国驻中国的代表，有的是中国学研究的专家，还有一些对中国非常了解的国际友好人士。这些参观者对此次长征展览透露出浓厚的兴趣。他们对长征中的每一件展品都十分好奇，因为他们之前只是从书本上看到，有些参观者甚至可以说出这些展品背后的感人故事。参观者说通过这次展览，他们对长征有了更加全面的认识，对长征精神有了更加深刻的感悟。

2013 年，《长征》大型珍藏纪念邮册中英文版由中国邮政限量出版，这款邮册一共发行 5000 册，在国际上引起了一定影响，受到长征爱好者和集邮爱好者的广泛关注。此次发行《长征》纪念邮册是推动"长征路线申遗"工作的重要部分，目的就是扩大长征文化的国际影响力。邮品是国家名片，《长征》大型珍藏纪念邮册以中国工农红军长征路线为脉络，精心选取了红军长征时期重大历史事件、重要场景等为内容的珍贵图片，辅以中英文介绍，有助于长征从国内走向国外、长征文化从中国走向世界。③

亚洲地区播放《长征》电视剧引起强烈反响。中央电视台播映的电视连续剧《长征》，中国观众爱看，许多在华的外国朋友也爱看。一位在京的美国留学生说，《长征》拍得气势宏大，人物、场景、道具都十分逼真，许多情节让人落泪，给人力量和巨大的鼓舞。红军吹响的号角至今还在发

---

① 厦大合唱团交响乐团 21 日呈现《长征组歌》[N]. 马来西亚星洲日报，2013 - 06 - 21.

② 马来西亚评论家谢诗坚对毛泽东的评论 [EB/OL]. http://blog.sina.com.cn/s/blog_515e61630100qq8h.html.

③ 助推长征路线申遗：《长征》大型纪念邮册发行 [EB/OL]. http://scnews.newssc.org/system/2013/04/15/013760485.shtml.

出巨大的回声，那支戴八角帽的远征军的形象至今还被铭记于人们的心田，这一切对正在进行建设有中国特色社会主义的新长征的中国人民而言不难理解；发人深思的是众多外国友人对长征的崇敬之情未见丝毫消减，他们对长征的景仰与讴歌，既是由衷的情感流露，更是对历史事件的理性认知。正像索尔兹伯里先生所言，"长征将成为人类坚定无畏的丰碑，永远流传于世，人类的精神一旦唤起，其威力是无穷无尽的"①。

2005 年 8 月底，韩国的中华电视台开始播放中国拍摄的大型历史题材电视剧《长征》，这是该国电视台首次播放长征题材的电视剧。该电视台的相关负责人认为此次播放《长征》电视剧的意义重大，因为长征不仅是中国历史上的奇迹，更是世界人类发展历史上的奇迹，长征中塑造的长征精神是中国人民的内在精神体现，韩国民众通过观看《长征》可以更好地了解中国，促进两国交流。《长征》电视剧在韩国播出后引起了广泛的影响，韩国联合通讯社和《汉城新闻》《文化日报》《韩国日报》《京乡新闻》《先驱经济报》等 30 多家媒体相继对长征进行了比较全面的报道，并且高度评价长征在中国革命中的地位。他们认为长征是了解中国的一个窗口，通过这个窗口可以了解到中国共产党带领中国人民依靠长征中塑造的精神力量实现中国今天的发展成就。他们认为只有深入了解这种精神，才能同中国进行充分的交流。韩国民众在观看《长征》后对长征有了更加全面的认识。韩国国会前资深国会议员孙世一认为《长征》拍摄得很好，让人非常全面地了解这一伟大史诗；韩国一位出租车司机提到他看完《长征》后终于知道长征为什么可以在世界上产生这么大的影响；韩国一位官员说《长征》为韩国民众了解真实的长征提供了一个很好的途径，为了解中国革命历史提供了很好的素材，为了解中国人民的精神品质提供了很好的机会，也为促进中韩文化交流提供了窗口。②

① 林中雪. 美国友人看长征 ［N］. 人民日报海外版，2001 - 06 - 29.
② 人类历史坐标中的亮丽风景——走向世界的长征 ［EB/OL］. http://news. xinhuanet. com/2016 - 10/07/c_1119669627. htm.

3.1.2　长征文化在亚洲传播的评析

1. 长征文化在亚洲传播的范围需扩大

根据目前掌握的资料来看，中华人民共和国成立前，长征文化在亚洲传播的地区主要是在中国，因为中国是长征文化的发源地，当时亚洲其他国家正处于日本法西斯的侵略之下，社会环境混乱，再加上亚洲地区其他国家的经济能力较差，没有余力推动长征文化向其他国家和地区传播。中华人民共和国成立后，长征文化以中国为中心再次开始向外广泛传播，伴随中国综合国力的不断增强，长征文化逐步得到周边国家的认可，但是长征文化传播影响的范围大部分在东南亚，而中亚、北亚和西亚则较少涉及，因而推动长征文化在亚洲更广范围的传播必须要充分分析长征文化在中亚、北亚和西亚影响较小的原因，调整传播策略，提升传播效果。长征文化在扩大传播范围时还要注意提升在东南亚地区的影响力，充分借助当地华人的力量增强长征文化国际传播能力，真正推动长征文化在全亚洲范围的广泛传播。

2. 长征文化的内容有待丰富

长征中的故事、长征中的歌曲、长征中的歌舞、长征中的书画等长征中真实出现的文化活动和长征结束后关于长征的文化作品、艺术作品，这些都是长征文化中最具吸引力和感染力的内容，不断丰富这些内容才能让国外受众看到全面的长征文化。通过分析长征文化在亚洲传播的内容可以看出，无论是在中国还是在亚洲其他地区，传播的长征文化内容有长征著作、长征题材的影视作品、长征歌曲以及长征书画等，这些内容在一定程度上再现了真实的长征，但是真正的长征文化更像是一座文化宝库，长征文化的内容还有待进一步地发掘和充实，只有将璀璨多彩的长征文化呈现出来，提高长征文化的感召力和吸引力，这样才能更好地推动长征文化在亚洲的传播，提高长征文化的影响力。

3. 长征文化在亚洲的传播方式需要创新

通过分析长征文化在亚洲传播的资料可以看出，虽然利用书籍、报刊、新闻媒体等方式传播长征文化具有一定的成效，但也逐步暴露出传统传播方式在当前国际传播环境变化中后劲不足的趋势，只有不断创新长征文化在亚洲的传播方式，增强长征文化的生命力，才能更有效地推动长征文化的可持续传播。互联网时代的到来为长征文化传播提供了新的契机，利用互联网传播速度快、传播范围广泛、受众丰富等特点，探索长征文化与互联网结合成为创新长征文化传播方式的关键，打造好长征文化网络传播平台和交流平台。亚洲地区国家具有相同或相近的文化背景，创新长征文化在亚洲传播方式的关键就是将长征文化与亚洲地区的文化背景有效结合起来，不断打造出具有亚洲文化特色的长征题材作品，将长征文化生动地展现出来，提高长征文化在亚洲地区的传播效果。

4. 长征文化表现形式有待创新

长征文化内容十分丰富决定了长征文化表现方式的多样性，长征文化利用歌曲、诗歌等形式展现长征文化虽然取得了一定的成效，但是要想达到更深远的传播效果，就要深入研究传播地区受众的文化喜好，根据受众的喜好来创新表现形式，进而有效推动长征文化传播。例如日本是亚洲地区文化软实力较强的国家，借鉴和吸收这日本在传播本国文化上的举措，可以更有成效地推动长征文化在日本乃至亚洲的传播。日本作为动漫产业大国，通过发展和推广动漫产业来宣扬民族文化，提高本国文化的国际影响力。长征文化亦可和动漫结合起来，形成长征文化的动漫产业链，增强其吸引力和感召力。我们要分析亚洲地区其他国家的文化喜好，有针对性地创新长征文化表现形式，从而达到更好的传播效果。

5. 长征文化在亚洲传播缺乏持续性跟踪报道

新闻媒体是长征文化传播最有效的媒介之一，长征文化在国外传播的报道可以为制定长征文化传播策略提供参考，但是综观长征文化在亚洲传播的新闻缺乏持续性跟踪报道，参考价值并不突出。比如亚洲民众重走长征路结束后的感受、社会各界对于这项活动的评价等，这些都对增强长征文化的传播效果具有很大的参考性，主要是因为许多媒体对重走长征路的影响如何并没有持续地跟踪报道。相关媒体要进行全面的报道，既要包括本人在参与这次活动后的感受，又要包括其他观众对于这次活动的感想，只有将重走长征路体验者的真实体验报道出来，才能吸引更多的人去参与，进而推动长征文化的广泛传播。关于长征文化传播的报道只是阶段性出现，基本上以十年为一节点，因为恰好是长征胜利的周年纪念，有些媒介借此蹭热度，提高被关注度。他们要深刻认识到围绕长征的报道不仅仅是为了纪念长征胜利，而是为了更好地传播长征文化，为了让更多的人纪念长征，为了让更多的人感受长征文化魅力。所以，要对长征文化在亚洲传播的新闻进行持续追踪报道，将长征文化传播的始末厘清，推动长征文化有意义的传播。

3.1.3 长征文化在亚洲传播的价值

1. 长征文化在亚洲传播的历史价值

唤醒中国人民团结起来反抗日本法西斯侵略。中国作为抗击日本法西斯的主战场，中华儿女英勇抗击日本法西斯壮举为全世界所钦佩，中华儿女在战争中体现出的不畏牺牲、艰苦奋斗的精神就是长征精神。中国共产党领导中国红军始终坚持以民族大义为重，坚决主张抗击日本侵略者。长征是宣言书，长征是宣传队，长征是播种机。中国红军在长征途中宣传抗日思想，撒下革命的种子。长征文化的传播为团结全国各族人民，建立抗日民族统一战线，实现抗战胜利发挥着巨大的作用。

号召亚洲地区华侨支援中国的抗日战争。在中华民族生死存亡的时刻，长征文化在亚洲传播唤起了亚洲地区华侨同中国人民共同抗击日寇、报效祖国的决心。在长征精神的引导下，他们积极参与到保卫祖国的战斗中。毛泽东对于华侨在抗日战争中的作用曾给予积极肯定，"中国军队的广大官兵在前线流血战斗，中国的工人农民、知识界、产业界，在后方努力工作，海外华侨输财助战"①。亚洲地区以陈嘉庚为首的南洋华侨对抗日战争的贡献非常巨大，主要表现在：一是积极组建抗日团体，动员华侨为

---

① 毛泽东选集（第3卷）[M]. 北京：人民出版社，1991：1033.

抗日做贡献；二是为抗战踊跃捐款；三是回到祖国参加抗战；四是促进和维护国际反法西斯联合阵线；五是投身太平洋战争参加抗战。[①] 由此可见，亚洲地区华侨成为推动抗战胜利中不可忽视的一股力量，这支力量正是在长征精神的鼓舞下发挥出不可言喻的作用。

为亚洲人民争取建立独立主权国家提供精神动力。亚洲许多地区在近代沦为西方列强的殖民地，而后又成为日本法西斯侵略的主要地区，在第二次世界大战中，亚洲人民纷纷为建立独立主权国家做好准备，长征文化在亚洲传播为扩大长征精神在这一地区的影响力提供有利条件，长征精神为亚洲人民建立独立主权国家提供精神动力，正是在长征精神的鼓舞下，亚洲人民经过艰苦奋斗，相继成为独立的国家。长征文化在亚洲人民争取民族独立和人民解放的历史进程中发挥着十分重要的精神指引作用。

2. 长征文化在亚洲传播的现代价值

长征文化是中华文化中耀眼的一颗明星，长征文化不仅是中国宝贵的文化财产，也是世界的文化财富。长征文化蕴含的长征精神是中华民族精神的最高体现，也是人类精神的最好诠释，是全人类共同的精神财富。推动长征文化国际传播就是要将这一文化财富传播到世界各地，由世界人民共享。推动长征文化在亚洲的传播是促进长征文化国际传播的重要一步，在中国乃至亚洲具有十分重要的现代意义，具体表现在以下几点。

借助亚洲地区文化强国的传播力量，推动长征文化国际传播。日本和韩国可以说是亚洲地区的文化强国，他们的文化实力在亚洲地区乃至世界范围内都有一定的影响。这两个国家和中国有着相似的文化背景，对于长征文化来说有着良好的传播环境，中国相关部门在推动长征文化传播时要与两个国家的优势媒体开展密切合作，充分运用好"借船出海"的传播策略，将长征文化传播到亚洲和世界其他地区，提高长征文化在世界范围内的影响力。

提高亚洲地区文化国际影响力。虽然日本和韩国文化在世界上占有一席之地，但是与美国文化在世界上影响力相比还具有很大的差距，由于美

国文化在世界上有较大的影响，如果不提高亚洲地区的文化软实力，在与美国等文化强国的文化博弈中将长期处于劣势。长征文化有其独特的内涵，将会成为增强亚洲文化生命力的重要增长极。推动长征文化在亚洲的传播，可以促进亚洲地区文化多元发展，提高亚洲文化的整体实力，扩大亚洲文化在世界上的影响力。

3. 凝聚亚洲地区华侨力量

亚洲地区华侨众多，不论是抗战时期、解放战争时期还是社会主义建设时期，他们都在为祖国的发展贡献自己的力量，他们将为实现中华民族伟大复兴中国梦提供强大的支持。伟大的事业需要伟大的精神来指导，长征文化所蕴含的长征精神就是我们实现中国梦所需要的伟大精神之一。长征文化在亚洲地区的传播可以为广大华侨树立起长征精神的旗帜，燃起他们建设祖国的热情，激励他们勇往直前，助力实现中国梦。

4. 通过长征文化读懂中国

周边国家如何读懂中国，从长征文化开始，其所蕴含的长征精神是中华民族精神的最高体现，只有深入了解长征文化内涵才能深刻领会到中国取得的重大成就所依靠的精神力量。中国人民正是依靠长征精神的鼓舞和指引，不断创造出令世界瞩目的成绩，长征文化在亚洲的传播可以让周边的国家更好地读懂中国，看清中国发展的目的是推动世界各国合作共赢，共同进步，共同发展，而不像一些别有用心的国家所宣扬的那样会给周边国家的发展带来威胁。长征文化国际传播可以促进周边国家深入了解中国，同中国进行文化交流，提供一个全新的窗口。

3.2 长征文化在北美洲传播

3.2.1 长征文化在北美洲传播的概况

长征文化在北美洲地区传播的内容十分丰富，显示出长征文化的传播轨迹，本部分以中华人民共和国成立为时间节点对传播概况进行划分，中华人民共和国成立前为历史部分，中华人民共和国成立后为现状部分。长征文化在北美洲传播的传播主体丰富，传播形式多样，既推动了长征文化在该地区的传播，又推动了长征文化向世界传播。

1. 长征文化在北美洲传播的历史

长征报道从歪曲向真实的转变。在长征开始后，北美洲地区一些报纸关于长征的歪曲报道就散播开来。中央红军长征才开始一个月左右，美国《纽约时报》就已经对长征的情况展开报道，但是该报刊未经认真调查就草率地进行报道，而且报道中有许多歪曲事实之处，这与当时美国与国民党政权的有意抹黑不无关系，他们的报道对中国红军产生了不好的影响。[①]但是，中国红军长征的真实状况和伟大壮举是难以掩盖和歪曲的，一些北美洲民众对美国报刊的歪曲报道和国民党污蔑共产党的言论产生质疑，他们试图通过许多方式去了解真实的长征，揭露当时别有用心的错误报道。诺曼·汉伟尔，这位当时在中国工作的美国人对当时的报道产生质疑。他通过认真分析推测到如果中国红军正是他们报道所说，是一群不堪一击的残匪，那么国民党又何必在作战地图上翻来覆去的标记、筹划，这恰好说明了红军在长征途中采取的灵活政策与国民党进行周旋，那么《纽约时报》的报道确有不少失实之处。为了证实他的推测，他于 1936 年对红军长征途中的一些地区进行实地调查，认真咨询当地的民众，最后将调查结果编辑成系列文章发表在美国的《亚洲》杂志上，将真实的长征展现在世人面前，此杂志的编辑认为这些文章是目前已出版的有关中国红军长征最详尽、最可靠的报道。[②]他的报道冲散了笼罩在真实的中国红军长征上的迷雾，为北美洲乃至世界的民众了解真实长征提供了有力的证明资料。

长征文化以纽约为中心向世界传播。美国的《LIFE》杂志是最早对外宣传长征详细情况的杂志，1937 年 1 月 25 日，这期杂志出版了标题为

① 黎永泰. 毛泽东与美国 ［M］. 昆明：云南人民出版社，1993：70.

② ［美］肯尼斯·休梅克. 美国人与中国共产党人 ［M］. 简明译. 北京：吉林文史出版社，1989：34－35.

《中国漂泊的共产党人的首次亮相》的报道，报道中称长征为"英勇的长途跋涉"，向外界系统全面地介绍了红军长征的详细情况，首次刊印了红军长征路线图，并对行军路线和避难所都进行了详细的标注，这对于中国相关部门确认、保护和利用长征遗址起到了十分重要的作用。《LIFE》杂志报道称"长征的路程是一个巨大的 7000 英里的弧形穿过了中国 18 个省中的 7 个，这次行军把他们带到了中国西北，一支 10 万人的共产党军队在绝望中，从蒋介石的包围圈中进行了长征"①。这份杂志关于红军长征的报道有力地推动了长征的传播，毛泽东头戴八角帽的经典照片也是首次刊发在这个杂志上。

斯诺的《西行漫记》开始是以单篇报道与国外读者见面的。单篇报道发表最早的是美国《亚洲》杂志 1937 年发表的《来自中国的报告》（2 月号）、《毛泽东自传》（7～10 月号）以及《关于长征的报道》（10～11 月号）；同年，美国《美亚》杂志发表了《中共和世界事务——和毛泽东的一次谈话》（8 月号）；《新共和》也刊载了《中共为何要长征》（8 月号）。

1937 年 10 月，《红星照耀中国》一书正式出版，首次向全世界全面报道了中国工农红军长征的经过和到达陕北之后的生活状况，这本书是斯诺根据在苏区实地采访手记整理而成。斯诺在苏区进行了全面的采访，受访者包括参加长征的革命领袖、红军将领到红军战士，真实地记录他们的长征经历。在这本书中，斯诺向读者展示了经过长征洗礼的中国共产党，对中国红军在长征中的事迹作了真实的记录，有力地回击了国际上对中国红军的丑化宣传。由于这本书披露的内容极具真实性，此书一经出版便在国际上产生了广泛而轰动的影响，被译成 10 多种文字传向世界各地，成为当时最畅销的书籍之一。斯诺的夫人海伦·斯诺同样对这部伟大的史诗充满兴趣，她根据自己在延安的采访记录整理成《红色中国内幕》一书，并于1938 年在美国出版，该书被看作是《西行漫记》的补充之作。这两本著作

---

① 描述红军长征穿越 7 省 这本美国杂志最早报道长征 ［EB/OL］. http：//www. sc. xinhuanet. com/content/2006－04/18/content_6770346. htm.

是北美洲地区较早开始客观描述中国红军长征的著作，对于推动长征文化在北美洲的传播乃至世界的传播都起到了积极作用，进一步提高了北美洲民众乃至世界民众关于长征的认识。

北美洲中国学研究学者推动长征文化的传播。费正清作为美国中国学研究的开拓者之一，他对于红军长征具有浓厚的研究兴趣。红军长征期间，他正好在中国的大学任教，他利用此机会对中国共产党的活动进行调查和研究，并将研究成果以《美国与中国》为书名于 1948 年在美国出版，这部著作是他研究中国的第一部名著。因为作者较强的学术影响力，该书一经出版就在美国引起了强烈的反响，在这本书中他用了多段话语描述中国红军长征，但是他将长征同中国共产党的党内斗争联系在一起分析。费正清的研究思路和角度忽视了中国共产党自身在长征中将马克思主义理论与中国革命实际紧密结合的艰难探索，偏离了这条正确的主线，他的研究模式也给后来的研究者造成了一定的影响。费正清在《伟大的中国革命》一书中，专门谈到了长征，他将长征比作《圣经》中的"出埃及记"。他认为长征有两个重要结果，一是为中共"找到一个新的根据地""安定的地方整顿自己"，另一个是"促进了新的领袖的出现"——毛泽东，长征也为他找到了"最亲密的同事"——周恩来，这个"有伟大才能的、神奇般的人"[①]。他的研究成果虽然在很大程度上推动了长征文化的传播，但是他的研究方式对以后中国学研究的学者产生了一定的影响，这种影响不利于美国中国学研究者客观地研究长征，他的研究成果也不利于北美洲民众客观地认识长征。

2. 长征文化在北美洲传播的现状

北美洲中国学研究学者继续推动长征文化传播。欧文·拉铁摩尔、F. V. 菲尔德等北美洲中国学研究学者的著作也在持续推动长征文化在北美洲的传播，关于中国红军长征的研究成为他们研究中国必不可少的一部分。根据统计，20 世纪 50 年代至 70 年代末，关于中国共产党历史的著作

---

① 卢毅. 外国学者笔下的长征［N］. 人民日报，2016 – 10 – 24.

有 25 本。斯图尔特·R. 施拉姆在《毛泽东》一书中对红军长征的全过程展开叙述，并附有比较详细的中央红军长征路线图；他的《长征》一文发表在 1965 年第 22 期《中国季刊》，对长征进行了详细的讲述，但是他援引的资料中大部分来自西方的新闻报道，这在很大程度上降低了文章的真实性。①

20 世纪八九十年代美国学者推动长征文化传播的研究。1980 年，美国和加拿大两国共 8 所大学教授组成"北美洲中国革命史考察团"来到中国进行学术交流，他们不仅就中国革命和长征问题，而且就与长征有关的第五次反围剿等问题提出了深入性探讨，并在整理后出版一系列研究成果。

1984 年，70 多岁的美国著名作家索尔兹伯里踏上了重走长征路的征程，历经一年的艰难跋涉终于到达终点。他将这段经历写成《长征——闻所未闻的故事》一书并出版。他在书中将中国红军长征比作史诗，在书中这样写道："我想，长征将成为人类坚定无畏的丰碑，永远流传于世。阅读长征的故事将使人们再次认识到，人类的精神一旦唤起，其威力是无穷无尽的。"《长征——前所未有的故事》这部书是第一本研究长征的专著，它全面而系统地介绍了长征，于 1985 年在美国初次出版，该书还在欧洲和亚洲的主要国家以及许多小国翻印出版，其影响力很大。②索尔兹伯里的夫人夏洛特在跟随丈夫重走长征路后，将她在旅途中的所见所闻整理成《长征日记：中国史诗》一书并出版。

1988 年，美国企鹅出版集团出版了一部名为《中国的长征，6000 英里险途》的少儿图书，这部书的作者为美国著名儿童文学作家琼·弗里茨夫人，因为这本书是专门为少儿而著，所以出版后引起强烈反响。《纽约时报》曾发表过一篇评论文章，评论说："弗里茨夫人为少年读者写了这本叙述长征的书，同时完成了一件公益服务：当此中国及其亿万人民在世界舞台上的表现日益凸显之时，长征的历史是每一个美国人都应该了解并

---

① ［美］斯图尔特·R. 施拉姆. 毛泽东［M］. 北京：红旗出版社，1987：151.

② 人类历史坐标中的亮丽风景——走向世界的长征［EB/OL］. http://news.xinhuanet.com/2016 – 10/07/c_1119669627. htm.

加以思考的。长征是另一时空下，由另一些人在不同的旗帜下完成的类似于我们美国革命的史诗。讲述这些英勇传奇的是这样一些男女，他们为了一项他们认为胜过生命的事业进行了艰苦卓绝的斗争，饥饿、疾病、危险、严寒，难以通过的高山、河流和荒漠，强大的敌军，这些都不能阻挡他们前进。"①

　　莫里斯·梅斯纳在研究中华人民共和国史的著作《毛泽东的中国及其之后发展》中强调，"长征是一个充满政治上和心理上重要意义的事件"。在政治上，毛泽东通过长征重新获得党和军队的领导权，把革命队伍带到了一个相对安全的地区，这里可以"实现他们要对日本人作战的誓言"，从而"实现爱国和革命的目标"；在心理上，长征给了人们以极其重要的希望和信心，也孕育了"延安精神"的核心——"奋斗不息、英勇牺牲、自我克制、勤奋、勇敢和无私"等美德。"传记天才"特里尔在《毛泽东传》一书中也突出强调了长征的心理意义，"一切崭新的社会制度都是起源于理想""共产主义中国就诞生于长征的汗水、鲜血和冰雪之中，它激发了战士们对新社会的渴望，也培养了他们的使命感"②。

　　比较有代表性的著作还有美国学者本杰明·杨的《从革命到政治：长征中的中国共产党》一书，纽约城堡出版社出版了塔顿的《毛泽东的长征历险记》，美国俄勒冈大学出版社出版了杰南特的《长征》，这些著作都从不同方面讲述着长征故事，传播着长征文化。美国学者威廉·莫尔伍德惊叹"长征简直是将革命划分为公元前和公元后的一条分界线"；美国军事史学家格里菲斯在《中国人民解放军》一书中说，红军长征较之公元前400年1万希腊人从波斯到黑海的撤退，是一次更加雄伟的壮举；美国I. G. 埃德蒙兹在《毛泽东的长征：人类大无畏精神的史诗》一书中提到，如果没有长征，中国今天就不是共产党的天下；美国阿尔登·惠特曼曾说过长征"赋予中华民族以许多世纪以来所未曾见到过的异乎寻常的团结和非

---

①　他们让世界了解长征［N］. 人民日报，2006 – 10 – 17.
②　卢毅. 外国学者笔下的长征［N］. 人民日报，2016 – 10 – 24.

凡气概。在人们面前展现出国土之辽阔，揭示出民族精神遗产之博大"①。

在美国出版的《人类1000年》一书，公布了从公元1000年到2000年对于全人类影响最大的100件事，其中就包括中国红军长征。这本书这样描述长征："1934年，毛泽东带领10万名战士逃避着国民党在中国南部的势力，向北方进发。在12个月里，他们越过了18座山脉，越过了24条河流，把这次长达六千英里的艰难跋涉变成了有史以来最长的政治讲习班。当毛泽东到达陕西的时候，他的部队只剩下了8000人，但是对这些活下来的人来说，长征是光荣的象征。毛泽东震撼了亚洲和拉丁美洲，他使数以百万计的人们看到农民推翻了几百年来的帝国主义统治。"②

北美洲媒体推动长征文化国际传播。美国《时代》周刊评选出影响人类社会文明发展进程的100件事中，长征就是其中之一。《时代》周刊在1972年2月28日刊登《毛的哥伦布》一文，并在文中评论中国工农红军长征的胜利，与哥伦布对美洲大陆的发现一样，是震撼世界的成就；《美国在线》报刊，刊登大量关于长征的新闻，其中有对索尔兹伯里一书的介绍，以及其他多名记者所撰写的关于长征的文章。

2009年3月，中国纪录片《长征》在美国荣获CINE金鹰奖，因该奖项评奖范围涵盖美国公共广播公司、国营广播公司、国家地理、柯达影视、探索及维塔电视公司等众多主流频道的非剧情类节目，竞争十分激烈，作为来自中国的主旋律作品《长征》能获此殊荣实属难得。这部纪录片被美国历史频道购买了90分钟版本的播出权，并于黄金时段在美国历史频道播出，这是长征文化第一次以纪录片的形式走进美国的主流频道，进入美国民众的视野中。

长征文化对北美洲人民的影响。诺尔曼·白求恩深为毛泽东、朱德领导的红军长征事迹激励和鼓舞，不远万里来到延安，参加八路军中的医务工作。美国医生马海德也深为中国革命斗争所吸引，他在美国《工人日

① 刘利群.纪念埃德加·斯诺逝世［M］.北京：新华出版社，1984：79.
② 时代生活出版公司.人类1000年［M］.21世纪杂志社译.上海：三联书店上海分店，1999：86.

报》上发表介绍红军长征的文章，宣传红军英勇斗争的活动成为了他参加革命的第一步，后来他加入中国人民革命和抗日斗争的队伍中。"美国总统罗斯福也认真读过斯诺的《西行漫记》，时任内政部长哈罗德·伊克斯向他推荐这本书后，他很快成为斯诺迷，还曾三次与斯诺进行谈话"①。1975 年，美国国务卿兼总统国家安全事务助理基辛格，在中国外交部为他来访举行的宴会上，他在祝酒一开始就说了一段至为深刻的话，"今天是长征结束四十周年，这个日子对中华人民共和国，对今晚在座的参加过这一史诗般征程的人们具有深刻意义。这一事件也向全世界证明了那些参加长征的人们的勇气和眼光，他们的胜利证明了要取得伟大的成就，信心比物质条件更为重要"②。

2006 年 7 月 1 日，一批美国留学生观看山东淄博长征图片展，他们看完后写下了"中国的红军太勇敢了，太让人尊敬了！"的感言，美国学生欧茉莉（Omary）说："中国红军的长征精神值得我们尊敬，我的寄宿家庭里的爷爷就是一位老红军战士，他给我讲过很多红军长征的感人故事。今天看了图片展，让我们对中国的革命史有了更多的了解"；美国学生毛胜杰（Jason）表示："看了展览后，自己深深地被长征精神所感动。在那样艰苦的条件下，红军战士艰苦奋战，取得了最后的胜利，这种精神值得全世界的人学习。我们来到中国学习汉语和中国文化，这次图片展能是我们更广泛地了解中国的历史"③。可以看出，北美洲的年轻人对于长征精神有着高度的认可。

北美洲民众践行长征精神活动。北美洲民众怀着对长征的崇敬之情，想要通过重走长征路的方式来切身体验长征，更加真实的感悟长征精神。1981 年，美国前总统国家安全事务助理布热津斯基曾带领全家（妻子和儿女）一行 5 人，沿着红军长征的路线，访问了贵阳、遵义、娄山关、安顺

---

①　张注洪. 论《西行漫记》的国际影响 [J]. 国际政治研究，1990（3）：92.

②　费侃如. 红军长征的世界意义 [C]. 贵州省纪念红军长征胜利 70 周年学术研讨会论文集，2006，133 - 141.

③　红军长征精神感动美国学生　淄博长征图片展开展 [EB/OL] http：//news. 163. com/06/0704/07/2L60ECM40001124J. html.

场、泸定桥等地。他自称"是走长征路的第一批美国人"并引以为豪，他认为"要是对长征有更多的了解，我们对这个民族及其领导人的内心世界也就会有更多的了解"①。

2006年6月，美国哥伦比亚大学学生刘向晖单骑走长征，骑着越野摩托车沿着当年中央红军长征路线，花费一个多月时间，越过千山万水，最后顺利到达陕北。2011年，美国一些社会组织开展主题为《在美国的快乐长征，穿越美国之旅活动》，这项活动的路线始于西海岸的洛杉矶，止于东海岸的纽约，途经16个州，长达7600公里，培养参与者坚强的意志和独立生活的能力。2013年，24岁美国小伙潘亚当骑摩托重走红军长征路。他从红都江西瑞金出发，沿着当年红军的长征路线，经贵州、云南、四川、甘肃等省份，经过三个月的长途跋涉，行程8000多公里，最终到达革命圣地——延安。

北美洲的一些民众希望通过类似"长征"的行动来磨炼自己的意志，坚定自己的信心。在2012年7月8日，一位名叫利特的25岁加拿大牛仔从卡尔加利孤身上路，展开跨美洲之旅，全程只有2头马相伴。他打算在未来2年内轮流骑两匹马，完成全长大概16000公里，穿越北、中和南美洲12个国家的壮举，最终抵达他的出生地——巴西②。"2013年1月30日，加拿大《环球邮报》的驻华记者马凯和摄影记者约翰，结束了他们'重走长征路'的旅行后回到北京。马凯和约翰此行一共走了22天，总里程达7745千米，探访了14个城市和村庄"。"加拿大公民基恩·贝利佛到中年陷入了心态危机，迷茫地不知干什么好。一天，他突然对妻子说他要去进行环球长征，借此来磨炼自己的意志，为平淡的生活增添色彩。于是，他在历经十个春秋，长途跋涉约62000公里之后，他走到了为世界和平环绕地球长征的最后阶段"③。

---

① Zbigniew Brzezinski. 寻访毛泽东的长征路，（美国）生活杂志，1981 – 10.
② 加拿大青年将骑马长征1.6万公里穿越12国［EB/OL］. http：//news. sina. com. cn/w/2012 – 07 – 10/051924744094. shtml.
③ 一个加拿大人的环球长征［N］. 南京周末报，2010 – 04 – 30.

3.2.2　长征文化在北美洲传播的评析

1. 受众群体庞大

长征文化在北美洲传播的受众群体庞大，包括国家元首、普通民众，以及专门研究中国红军长征的专家学者等，由此可以看出长征文化在北美洲传播的受众群体丰富，这是长征文化在北美洲传播的群众基础，因为不同层次的受众也可以成为长征文化国际传播的主体，他们在感受到长征文化的内涵后，被长征文化所蕴含的为实现梦想而艰苦奋斗、百折不挠的长征精神所触动，被长征文化所体现的人类共同价值所折服，产生长征文化对他们的感召力，他们便主动传播这一有益于促进人类发展的文化，弘扬激发人类奋斗的长征精神，进而逐步提高长征文化在北美洲地区以至全世界的影响力。

2. 长征文化传播内容有待充实

根据目前掌握的资料来看，北美洲地区长征文化传播的内容主要有长征历史、长征诗歌、长征精神和参与长征的老一辈无产阶级革命家的采访记录等，这些内容在一定程度上展现出了真实长征，但是长征文化的内容远远不止这些，长征文化在北美洲传播的内容还有待充实，比如体现长征文化的舞蹈、戏剧、书画等。丰富的长征文化内容是长征文化传播的基础，只有丰富全面的文化内容才有利于展现出长征文化的内涵，有利于提高长征文化的竞争力，有利于引起北美洲地区民众对长征文化的广泛关注，有利于增强长征文化对他们的吸引力和感召力，有利于增强长征文化在北美洲的传播效果，推动长征文化在北美洲地区乃至世界的传播。

3. 长征文化传播方式有待探索

通过分析北美洲地区长征文化传播的内容，可以看出长征文化传播方式主要有报刊、书籍、影视，但是这对于推动长征文化的广泛而深远的传播还远远不够，如何将长征文化以最有效的方式传播，这是长征文化在北美洲传播需要解决的一个难题。探索长征文化传播方式，比如将长征文化与受众的兴趣相结合，让长征文化走进北美地区人民的生活中，利用北美洲先进的网络媒体推送以长征为主题的文艺作品，不断打造长征文化作品、长征文化精品，创新长征文化传播方式，比如以长征文化为主题设计游戏、动画产品等，这样不仅可以将长征文化的生动内涵表现出来，而且能够提高北美地区人民对长征文化的兴趣，为他们熟知长征文化拓宽渠道，提升长征文化在该地区的传播效果。为推动长征文化国际传播做好准备。

4. 长征文化传播载体有待拓展

传播载体是推动长征文化在北美洲地区传播的关键环节，根据目前掌握的材料来看，图书、报纸、杂志等传统印刷媒介在早期长征文化传播中发挥着巨大的作用，以《时代》周刊和《LIFE》杂志为主要代表，首次向北美洲地区的民众接触到长征。随着北美洲地区学者研究的深入，关于长征文化的研究成果以书籍的形式不断出现。伴随着科技的进步，与电子媒介相比，传统印刷媒介的局限性逐步体现出来，长征文化在北美洲地区传播过程中，以广播和电视为主的电子媒介开始扮演着重要的角色。但是这两种主要的传播媒介都只能单向传播，网络传播媒体的出现在传播的范围和效果上远远超过前两者，成为长征文化传播的新媒体。在北美洲地区，长征文化已经搭载网络传播媒体，但是长征文化网络交流平台受到限制，导致长征文化的网络话语权较弱。只有不断拓展长征文化传播的载体，拓宽长征文化传播的渠道，才能不断扩大长征文化的传播范围，进而提高长征文化的影响力，最终提高长征文化的网络话语权，增强长征文化的传播效果。

5. 长征文化传播效果由强转弱

毛泽东在红军长征尚未结束之际，便预见到长征将产生的国际影响，并为扩大这种影响进行了工作。1936 年 8 月，毛泽东等指示红军各部，为"在全国和外国举行扩大红军影响的宣传"，为"进行国际宣传"，"需要出版《长征记》"，强调"事关重要，切勿忽视"①。由此可见，推动长征文

---

① 丁玲. 红军长征记 [M]. 北京：解放军文艺出版社，2006：3.

化国际传播的初衷就是为了在全国和外国扩大红军影响，募捐抗日经费。1936 年 7 月到 9 月，适逢斯诺和马海德来到苏区采访，毛泽东抓住这一机会向他们讲述中国红军长征的故事。可以说，经过他们的报道，长征文化已经从中国偏僻的西北地区传播到当时的世界中心纽约，开始传播到世界各地，在世界范围内产生了巨大的影响。长征文化早期在北美洲的传播取得了很好的效果，扩大了长征文化在这个地区的影响力。长征文化不仅为北美洲人民所认知，而且受到长征精神的感化，发起了一系列以长征为主题的活动，提高长征文化在北美洲地区乃至全世界的影响力。但是在当前，长征文化在北美洲地区的传播效果已经大大减弱，长征文化并不像以前那样引起巨大的影响。我们要清醒地认识到，长征文化在这一地区的传播还有很长的路要走，长征文化要与北美洲地区的其他文化进行博弈，甚至融合，如何既保持长征文化的特点，而又有效地融入其他类型文化中，成为长征文化国际传播的一大难题。

3.2.3　长征文化在北美洲传播的价值

长征文化在北美洲传播的影响广泛，受到长征文化影响和传播长征文化的国家主要有美国、加拿大。这两个国家在长征文化历史和现代的传播中扮演着十分重要的角色。美国和加拿大都属于发达国家，他们自身的文化传播能力较强，因此他们在受到长征文化影响下，对提高长征文化传播效果上起到了十分积极的作用，并且有力地推动了长征文化的国际传播。

1. 长征文化在北美洲传播的历史价值

20 世纪初，在北美洲乃至全世界的一些国家对中国红军的认识都处于一种比较模糊的状态，尤其是北美洲的一些国家因为意识形态差异的原因，对中国共产党的报告是含糊不清的，对长征的报道更是掩其真实，盖其本质。美国的《LIFE》杂志最早客观和清楚地报道了长征，美国记者斯诺的《红星照耀中国》一书在北美洲风靡时，北美洲的民众密切关注到在贫穷的中国西北部，存在着一支信仰坚定、意志刚强的人民军队，那就是中国红军。更令人惊讶的是这支队伍刚刚才经历过一场长途跋涉的征程，其规模之大，困难之多，路途之险着实令他们叹服。长征文化在北美洲的传播是中国共产党向世界展示真实长征的开始，展现了中国共产党的真正形象。

长征文化在北美洲的传播攻破了北美洲一些国家散布的针对中国共产党和中国红军的谣言，自然也就打破了国民党对中国共产党的信息封锁。这让外界听到了中国共产党的声音，让外界感受到了令人折服的长征精神，并为之感染、传播，进而扩大中国共产党和中国红军在北美洲的影响力，不断提高长征的国际影响力，增强长征文化国际传播力。

长征文化在北美洲的广泛传播给当时的民众带来了积极的影响，蕴含的长征精神不断感染着北美洲的民众，他们对中国共产党和中国红军的英勇事迹感到敬佩和崇敬，他们看到了中华民族百折不挠的精神品质，这样的民族值得他们去帮助。正因为如此，他们伸出援助之手。正是因为长征文化承载着长征精神的广泛传播，在长征精神的感染下，北美洲的一些国际友好人士来到中国的西北部，发挥他们所长，去帮助历经磨难的中华民族，加入中国反法西斯斗争的阵营中。比如国际共产主义战士白求恩医生率领加拿大人和美国人组成的国际医疗队来到延安，不畏生活条件艰苦，无惧抗战前线危险，不辞劳苦地为中国的抗战事业忘我工作，却不幸以身殉职，长眠在孕育了长征精神的热土上，至今仍然受到中国人民的深深缅怀；美国马海德医生毅然决定来到中国延安，将自己的命运与中国人民的命运紧紧地联系到一起，帮助中国人民克服疾病困扰，并选择留在中国，成为中国人民的好朋友，他将自己的一生精力全部奉献给了中国。

2. 长征文化在北美洲传播的现代价值

北美洲地区的一些国家在历史上就极大地促进了长征文化国际传播，北美洲是目前全世界综合实力最强的大洲，可以为长征文化国际传播提供许多机遇，长征文化既可以在该地区广泛传播，又可以借助该地区的力量推动长征文化国际传播，具有十分重要的现代价值，可从以下这些方面体现。

借助北美洲地区文化强国的传播力量，推动长征文化国际传播。当前在北美洲地区，美国仍然是世界上综合国力最强的国家，与它为邻的加拿大的综合国力也是不容小觑的，这两个国家的文化实力雄厚，尤其是美国，是世界上文化软实力最强的国家，长征文化在该地区传播既有机遇又有挑战。相关部门在推动长征文化国际传播时要同该地区的文化强国进行密切合作，与该地区实力强劲的传媒公司开展合作，借助他们优秀的宣传平台，推动长征文化国际传播，不断提升长征文化国际影响力，进而提高中华文化软实力。

促进北美洲地区文化多元和谐发展。北美洲地区的文化主要是以美国的文化和价值观为主，并且不断向其他国家和地区强势侵入，这将会对该地区文化发展造成非常不利的影响。长征文化在北美洲的传播可以打破以美国文化为主导的文化发展格局，长征文化蕴含的人类共同价值观将为北美洲地区文化提供精神养料，更有利于促进该地区文化繁荣发展，同时长征文化也会从该地区文化中汲取营养，增强自身的吸引力，真正融入北美洲的文化发展格局中，营造该地区多元文化协调发展的氛围，进而促进该地区文化多元发展格局的形成，让北美洲民众感受多样的精彩文化。

继续携手北美洲地区国际友人共筑中国梦。北美洲地区的国际友人同中国人民建立了深厚的情谊，他们在中华民族争取民族独立和解放的艰辛历程中贡献自己的力量。实现中华民族伟大复兴的中国梦的宏伟蓝图已经打开，需要继续携手北美洲地区国际友人共筑中国梦，中国同该地区国际友人之间的友好合作历史还将要继续书写下去。推动长征文化在北美地区的传播，让北美地区的民众感受到长征文化，感悟到长征精神，并在长征精神的感召为助力中华民族实现中国梦无私奉献，携手中国人民共筑中国梦，继续编织友好合作的美好故事。

凝聚北美洲地区华侨儿女的力量，助力实现中国梦。北美洲地区的华侨儿女是助力实现中国梦的一支强大的力量，必须凝聚起来。长征文化作为中华文化最优秀的部分，对华侨儿女具有较强的吸引力、感召力和凝聚力，长征文化在北美洲地区的传播可以激发该地区华侨儿女内心的民族认同感和自豪感，进而凝聚他们的力量。长征精神会成为他们助力实现中国梦过程中不可或缺的精神力量，为他们提供精神指引，铸就他们的信心和决心。

3.3 长征文化在欧洲传播

3.3.1 长征文化在欧洲传播的概况

1. 长征文化在欧洲传播的历史

欧洲报刊和书籍对长征文化的传播。在法国，中国共产党在巴黎主办的《救国时报》和《全民月刊》在早期宣传长征中发挥了巨大作用，《救国时报》曾刊载杨定华的《雪山草地行军记》《从甘肃到山西》等文章，《全民月刊》曾刊载陈云的《随军西行见闻录》等重要文章。长征文化早期得以迅速传播，并且在欧洲甚至世界引起广泛深刻的影响，与这两个重要的报刊是密不可分的。通过这两份报刊的传播活动也可以看出中国共产党具有卓越的政治远见，利用在国外办报的平台对外发出中国共产党的声音，并且取得了很好的效果。

最早关注中国工农红军长征的是对中国革命形势密切注视的苏联。陈云所撰写的《随军西行见闻录》一文在 1936 年由莫斯科出版单行本，后来才在中国出版，得以更广泛地流传；署名施平的《英勇的西征》同样也是通过《共产国际》这份报纸开始对外传播的。这两篇文章在长征文化早期国际传播中发挥了巨大的作用。①

苏联非常重视对中国工农红军长征胜利消息的对外传播。苏联《真理报》根据反馈回来的消息对中国红军长征的进展情况进行跟踪报道，先后发表《中国红军的英勇进军》《司令员朱德》《中国人民的领袖——毛泽

---

① 姚群民. 红军长征最早报道文献考略 [J]. 党史文汇，2006 (1)：49.

东》《中国红军的作战活动》《中国红军的顺利推进》等文章。[①]《真理报》在国际上影响力有目共睹，正是因为苏联通过此报刊为重要平台，对长征进行重点和持续报道，长征在西方世界的关注度越来越大，有力地推动长征文化在欧洲乃至世界其他地区的广泛传播。

传播长征的消息得到许多国家共产党组织的鼎力支持，当红军到达川康地区时，《共产党人》这份报纸发表《中国红军的伟大胜利》，这份报纸是匈牙利共产党机关报。在文章中，他们高度赞扬了中国红军的英勇事迹，他们的报道不仅在本国产生了重大影响，也促进了长征文化在共产主义阵营中广泛传播。

英国伦敦的《每日先驱报》在得知斯诺在中国红军长征胜利后采访苏区的消息后，主动联系斯诺，并且在头版上连载了他关于苏区采访的报道，并将斯诺拍摄的照片高价买入同期刊登在报纸上[②]，这种图文并茂的方式给人耳目一新的感觉，吸引了众多读者。该报刊管理者独特的新闻嗅觉和敏锐的世界眼光使该报刊成为传播长征文化，引发众多读者关注的热门报刊之一。

具有较大国际影响力的《中国季刊》曾经刊发表过长征、遵义会议等专题论文，因为该刊物是国外研究中国历史的权威刊物，其刊发的文章成为学术性很高的研究成果，获得国外相关研究学者和长征爱好者的广泛关注，这对推动长征文化国际传播发挥了一定的积极作用。

斯诺的《红星照耀中国》一书一经出版便在世界引起巨大轰动，这部著作最先是由英国伦敦的戈兰茨公司出版。出版后，这部著作非常畅销，成为当时最抢手的一本书，这本书让斯诺一下子拥有众多读者，也让长征传遍了世界。这部介绍长征的经典著作多次再版，相继被译成法、俄、德、意、葡、日、荷、蒙古、瑞典、印地、哈萨克、希伯来、塞尔维亚等10多种文字。[③]可以说，这部著作是推动长征文化得以在全世界广泛传播

---

①　他们让世界了解长征［N］.人民日报，2006 – 10 – 17.
②　张注洪.论《西行漫记》的国际影响［J］.国际政治研究，1990（3）：88.
③　张注洪.论《西行漫记》的国际影响［J］.国际政治研究，1990（3）：89.

的经典著作之一,斯诺凭借这部著作成为全世界报道长征的著名记者之一。

英国出生的瑞士籍传教士薄复礼所著《抑制的手》一书同样在世界上引起了广泛的影响。因为这本书的作者亲身经历过长征,他是一名外籍传教士,在贵州境内被红六军团当做间谍扣留,并跟随红军长征一年半左右,他将与红军相处的这段经历整理后以《抑制的手》为书名出版。薄复礼在书中客观公正地描述了红军在长征中的行动,并对红军将领和战士进行了详细的描写,刻画了真实的中国共产党和中国红军,有助于破解外界对于他们的误解。

2. 欧洲人民早期关于长征的评价

在苏联,中国红军第一方面军和第四方面军会师时正值共产国际第七次代表大会召开前夕,当参会的代表获知该消息后高度评价了这一重大历史事件,他们一致认为红军长征的胜利对中国革命将产生重大的影响。他们高度赞扬了英勇的中国红军,对中国共产党的领导能力十分肯定①。当长征胜利的消息传到苏联时,共产国际第七次代表大会主持人威廉·皮克讲道,"长征的胜利充满宝贵的经验,英勇顽强的中国红军值得全世界处于殖民统治下的劳动人民去学习",他进而号召其他国家的共产党要认真学习中国共产党的革命经验,领悟中国人民顽强拼搏、艰苦奋斗的精神,推动本国共产主义事业的发展②。斯大林十分赞赏中国红军长征的英勇行为,长征胜利的消息传到莫斯科,他听闻后高兴地说:"中国共产党与国民党蒋介石斗争了十几年,经过长征到了陕北根据地,这是件可喜的历史事件。"1937 年,王稼祥去苏联治病,受到斯大林的接见,斯大林同他交谈时了解到中国红军经过长征后仅剩下三万多人,但这位大国领袖仍热情赞扬红军并对中国革命充满了信心,"你们红军在毛泽东同志领导下,是

---

① 世界眼中的长征和长征精神 [EB/OL]. http://news.xinhuanet.com/politics/2016 - 10 - 18/c_1119742600.htm.
② 共产国际、联共(布)与中国革命文献资料选辑(1931 - 1937)[M]. 北京:中共党史出版社,2012:88.

一支胜利的军队，请把我的话转告给毛泽东同志，并祝他身体健康！他是一位久经考验的马克思主义者，是中国共产党的领袖"。① 斯大林对于中国共产党和中国红军的高度评价正是基于他看到了中国人民蕴含的百折不挠、艰苦奋斗的精神力量，这是中国革命取得成功必不可少的精神力量。

红军长征的胜利具有深远的世界意义，给世界上其他处于殖民统治下的人民带来巨大的精神鼓舞和丰富的革命斗争经验。比如红军长征胜利就为意大利人民反抗法西斯斗争带来巨大的精神鼓舞，该国共产党领导人巴叶塔表示通过感悟中国红军长征精神"使我们的抵抗意志变得更加坚强了"②；二战时期，西班牙人民反法西斯战争陷入艰难时期，毛泽东写信给西班牙人民激励他们英勇抗争法西斯侵略者，保卫自己的祖国，西班牙战士说中国红军在长征中艰苦奋斗的精神非常值得我们学习，我们要以他们为榜样，为保卫自己的祖国浴血奋战。在长征精神的鼓舞下，许多西班牙战士参加共产国际支队，来到中国援助中国人民的抗战事业。③ 长征所展现出的英勇顽强的精神为欧洲乃至世界参加反法西斯斗争的民众给予了极大的精神慰藉和精神动力，这也是长征文化得以产生世界性影响的直接原因，因为它内含的精神力量是推动人类进步发展的强大动力。

3. 长征文化早期在欧洲的影响

长征事迹在早期传到欧洲以后，极大地激励了欧洲人民反法西斯斗争的意志。长征胜利结束时，西班牙人民还深陷反法西斯的艰苦斗争中，并且斗争的形势不容乐观，战士的士气十分低落，毛泽东了解到这一情况后，当即写信给西班牙的民众，用中国的长征来鼓舞他们，帮助他们振奋起来。他在信中这样写道："我们知道你们及你们的军队也在经历着我们所经历过的这些困苦，我们相信你们一定会胜利的。"④ 毛主席的话语极大

---

① 外国人看长征：无可匹敌的英雄主义史诗 [EB/OL]. https：//www. dswxyjy. org. cn/BIG5/n1/2016/0808/c396980 - 28619516. html.

② 世界眼中的长征和长征精神 [EB/OL]. http：//news. xinhuanet. com/politics/2016 - 10/18/c_1119742600. htm.

③ 全世界优秀青年代表一致同情中国人民的解放斗争 [N]. 救国时报，1936 - 09 - 18.

④ 毛泽东 1937 年 5 月 15 日给西班牙人民及武装同志们的信 [N]. 国际通讯，1937 - 12.

地鼓舞了西班牙人民反法西斯斗争信心。南斯拉夫反法西斯游击队在深山密林中同法西斯侵略者进行战斗，曾经多次印刷中国红军长征事迹的宣传册，进而从中吸取战斗经验和汲取精神力量。① 他们认为："中国红军奋斗的故事，激起了我们国民的巨大热情。"当欧洲人民深陷反法西斯战争泥潭中，中国红军长征胜利的消息令他们精神高涨。年轻的战士们从长征中学习革命斗争经验，深刻领会长征精神，重新燃起斗志，团结一致英勇抗击侵略者。② 红军长征胜利消息在欧洲传播，不仅为欧洲民众留下了宝贵的战争经验和长征精神，帮助中他们树立战胜法西斯侵略者的信心，而且获得了欧洲民众对中国共产党的舆论支持，他们利用本国的传播媒介向世界传播长征文化，同世界人民共享这一精神财富。

4. 长征文化在欧洲传播的现状

欧洲报刊继续推动长征文化传播。英国《泰晤士报》在 1986 年刊发了题为《一个英国英雄的"长征"》的一篇报道，这位英雄的名字叫乔治·霍格，他是一名英国人，在中华民族危急存亡的关头，带领一群中国儿童摆脱日军魔爪，他的这一英雄举动将永远被世人铭记。在乔治·霍格的墓碑上刻着这样一首诗，"彩色绚丽的生命啊，光辉而又温暖，为了它，人们一直奋发向前。他已逝世了，从此不再奋战，在战斗中，逝者的生命，却更辉煌灿烂。"这是人们对这位英雄的真切缅怀。③

英国《泰晤士报》刊登的讣闻在国际上具有一定的影响力，该报在 2004 年 10 月 27 日发表一篇关于一位逝世的中国老红军的讣闻，这位老红军就是女战士陈琮英，他是任弼时的妻子。这篇讣闻的作者用精练的笔触对陈琮英的一生经历进行了描述，其中对她参加革命并进行长征的传奇经历感到非常敬佩。④ 法国女学者西蒙娜·戴博瓦尔在来到中国沿着长征路

---

①② 世界眼中的长征和长征精神 [EB/OL]. http：//news. xinhuanet. com/politics/2016 – 10/18/c_1119742600. htm.

③ 一个英国英雄的"长征" [EB/OL]. http：//news. sina. com. cn/w/2007 – 03 – 06/090111348651s. shtml.

④ 世界上最古老最受尊敬的报纸之一《泰晤士报》 [EB/OL]. http：//news. sina. com. cn/o/2004 – 10 – 27/10264050728s. shtml.

线参观之后，将她在中国的所见所闻整理成《长征》并且出版，她在书中赞叹道"长征已经在各大洲成为一种象征：人类只要有决心和毅力，就能达到自己的目的。"[①] 半个世纪前，《长征》一书在法国轰动一时，在相当一段时间里，它是研究中华人民共和国的必读书之一。作者具备敏锐的眼光，既看到了长征在中国留下的深远痕迹，又看到了长征的世界意义。

欧洲学者推动长征文化的传播。欧洲的中国学研究学者同样对中国革命中长征部分十分感兴趣，出版关于长征的书籍主要有：在法国，1981年，法国巴黎政治学院国际关系研究所的中国史教授胡继熙曾来中国了解红军长征和几次反"围剿"斗争的情况，以及探究红军的战略战术等。他编写并出版了一本名为《毛泽东领导的长征》彩色连环画册，该画册文字叙述部分由他执笔，法国著名连环画家迪皮伊根据文字描述进行配画，运用图文并茂的方式描绘长征。他随后撰写了一本关于长征的专著：《他们曾是十万人》（1934—1935），这部著作对人类历史上的伟大史诗进行了全面系统的描写；法国中国学研究学者吉耶马在他的著作《中共党史（1921—1949）》中称赞长征"保证了整个中国共产主义运动的生存"。

在苏联，苏联军事出版社出版了尤里耶夫的《中国红军》（1927—1937）和《中国人民历史上的英勇篇章》；苏联军事出版社出版希基良斯卡娅的《中国红军的长征》；世界出版社出版了布瓦·克利夫兰的《长征》等关于长征的书籍。

德国的王安娜所著的《中国——我的第二故乡》，这本著作是作者将自己在延安生活的经历进行整理而成的。这本著作初版于1964年，先后被翻译成多种文字，成为在国际范围内介绍中国社会伟大变革的生动记录，这本书在出版后同样引起广泛关注。

在英国，具有代表性的是迪克·威尔逊，他的著作在国际上具有相当大的影响力，许多读者都是根据他的著作了解中国。他在《毛泽东传》

---

① 人类历史坐标中的亮丽风景——走向世界的长征［EB/OL］. http：//news. xinhuanet. com/2016 - 10/07/c_1119669627. htm.

《周恩来传》《亚洲的觉醒》《人类的四分之一》等著作中都对长征进行了详细描述。其中最有影响力的就是他关于长征的专著《一九三五年长征：中国共产主义生存斗争的史诗》，由伦敦瓦伊金出版社出版。在这本书中，他高度赞扬了中国红军长征。此外还有奥巴兰斯著的《中国红军》，格尔德所著《向自由长征》，由伦敦哈钦森大学图书馆出版，英籍女作家韩素音的《清晨的洪流》，由英国乔纳森·凯普公司出版，赫尔顿教育出版社出版了 J. G. 吉廷斯和 R. W. V. 吉廷斯的《毛泽东和长征》，安松·劳伦斯的《中国：长征》画册等书籍中对长征都做出了高度评价。①

旅英女作家孙书云所著《长征》于 2006 年 3 月在英国出版，她在书中写道，"每个国家都有其建国传奇。对现代中国而言，这便是长征"。她认为长征是一次伤亡惨重但意义非凡的漫长行军，对毛泽东和中国革命，更是一次重大的宣传胜利。孙书云讲道"我就是在长征的故事中长大的"，长征胜利 70 年之际，她兴奋地踏上当年红军长征走过的道路，她在自己童年时代的一个个关于长征历史的英雄画面逐渐展现出来。英国二战名将蒙哥马利在《三大洲》一书中评价红军长征"是一次充分体现人类坚韧不拔精神的伟大史诗"。

欧洲民众高度赞扬长征。俄罗斯人民友谊大学教授塔夫罗夫斯基表示，"正是长征精神帮助中国人民克服了革命和建设道路上的一次次困难。令人欣慰的是，名为'改革开放'和'中国特色社会主义'的新长征正在中国继续，长征精神将传递到新一代中国人手中"②。

英国著名学者马丁·雅克评价道，"长征不仅是中国历史上的史诗，也是世界历史上的伟大壮举，长征这项壮举将永远被人们铭记。它显示了勇气和献身精神。当人们呼唤奉献和刚毅时，长征将永远是一种激励"③。他还讲道"作为 20 世纪最勇敢的行为之一，长征精神不仅适用于中国，

---

① 梁怡. 国外研究中国革命史的历史考察——英国部分 [J]. 北京联合大学学报，1997（4）：40.

② 8 个老外眼中的长征原来这样 [EB/OL]. http：//www. sohu. com/a/117227962_162522.

③ 世界眼中的长征和长征精神 [EB/OL]. http：//news. xinhuanet. com/politics/2016 - 10/18/c_1119742600. htm.

也适用于世界"。英国一些中学生非常崇拜毛泽东，他们认为毛泽东是中华人民共和国的建立者，是中国革命军队的领袖，是伟大的军事家和政治家，其中更为重要的是领导了长征①，长征成为他们认识中国最好的一个窗口。

法国政府原文化部长安德烈·马尔罗评价长征甚至比亚历山大的远征还要让人惊叹，因为长征留下了长征精神，亚历山大的远征只留下他的名字。20 世纪 70 年代末期，吴富善将军到法国访问，法国国防部长听说他参加过长征，伸出大拇指说："了不起，了不起，比法国到中国的距离还要远。"

在意大利，一位名叫 B. 瓜格里尼的诗人，怀着对长征的无比崇敬，写下了一首关于长征的诗歌：

夜沉沉，

朦胧的黎明前时分，

遥望辽阔而古老的亚细亚莽原上，

一条觉醒的金光四射的巨龙在跃动、跃动，

这就是那条威力与希望化身的神龙！

他们是些善良的，志气高、理想远大的人，

交不起租税走投无路的农家子弟，

逃自死亡线上的学徒、铁路工、烧瓷工，

飞出牢笼的鸟儿——丫环、童养媳，

有教养的将军，带枪的学者、诗人……

就这样汇成一支浩荡的中国铁流。②

在德国，约翰—阿内·瓦尔纳·弗里德里克·尼曼，是一名德国海军中校，作为一名军人，在他眼中，"长征是一个与众不同的大事件，时间跨度长，参与度广，而具体到一支部队、一个连队乃至一艘渡船上，就需要大家团结合作，互相支持，相信领导者并积极完成使命。"在谈到长征

---

①　肖梦. 英国中学生崇拜毛泽东 [J]. 世界中学生文摘，2007（7）：6 - 7.

②　意大利诗人笔下的长征 [EB/OL]. http://blog.sina.com.cn/s/blog_4d3f082b0100b546.html.

精神时，他说长征精神可以凝聚中国人民的力量，因为长征精神已经融入到中国人民的血液中，他在中国人民身上看到甘于奉献、团结一致、互相帮助、同甘共苦的优秀品质，这就是长征精神的内涵。①

在瑞典，著名国际评论员维克托·文德的夫人丽泰访华后写道，"我参观了巨大的革命博物馆，它使人们对中国以长征为中心的现代史有很好的了解。"②

丹麦中国近现代史学者何铭生讲到，"在以埃德加·斯诺为代表的西方学者、记者的关注下，长征得以被西方世界所熟知。我记忆中第一次听到长征是在孩童时期。时隔多年，在一个与中国相距万里的西方国家，八九岁的孩子都知道长征是什么，足以证明长征在世界范围内的知名度。长征不仅是中国人独有的珍贵历史，更是全人类共有的精神财富。"③

西班牙东亚问题专家圣地亚哥·卡斯蒂约评价道，"长征胜利是中国历史上最重要的转折点之一，也是 20 世纪世界史上令人振奋的篇章。在建设中国特色社会主义的进程中，长征精神一刻也未曾消失"④。

军事博物馆在中国工农红军长征胜利 70 周年之际推出《伟大壮举 光辉历程——纪念中国工农红军长征胜利七十周年展览》，吸引了千余名国外民众进行参观，他们之中有的是各国驻中国的代表，有的是研究中国问题的专家，还有一些对中国非常了解的国际友好人士。这些参观者对长征展览透露出浓厚的兴趣，他们对长征中的每一件展品都十分好奇，有些参观者甚至可以说出这些展品背后的感人故事。⑤

欧洲民众践行长征精神活动。在英国，英中了解协会前主席彼得·西勒，早年即为红军长征不怕艰苦、不畏强暴、自我牺牲的英雄主义精神所感动，对中国人民产生了敬仰之情。他在 1955 年便积极筹创英中了解协

① 信仰的力量——外国军人眼中的长征 ［EB/OL］. http：//news. xinhuanet. com/politics/2016 - 10/20/c_1119755973. htm.

② 参考消息，1966 - 01 - 13.

③④ 8 个老外眼中的长征原来这样 ［EB/OL］. http：//www. sohu. com/a/117227962_162522.

⑤ 外国人看中国长征展 感触颇深称应更好维护和平 ［EB/OL］. http：//news. xinhuanet. com/politics/2006 - 10/20/content_5227529. htm.

会，为建立和发展中英两国人民的友好情谊而奋斗。英国广播公司（BBC）驻中国记者站首任站长菲利普·肖特两次重走长征路，遍访韶山、吉安、瑞金、遵义、延安等地，目的就是追寻伟人毛泽东的足迹，从他的自己的足迹中去寻求伟人的魅力。① 怀着对红军长征的崇敬，英国人李爱德、马普安决定重走长征路。这件事情发生在 2002 年，他们决定体验最原汁原味的长征，采取的方式为步行，沿着当年红一方面军的长征路线简装前行。在 10 月 16 日他们从于都出发踏上征程，经过近 390 天的徒步前行，终于在 2003 年的 11 月份到达长征的终点站——延安。他们两个人将每天在行程中的见闻整理后出版了《两个人的长征》，这部著作引起很大反响，因为作者是真正采用徒步方式重走长征路。

在法国，福莱德里克·皮耶莱决定以骑自行车的方式从法国巴黎到中国北京，他计划用时 6 个月，经过 11 个国家，全程行程 12000 多公里，在总行程上与中国的长征行程相当，他将其称为他的"两万五行千里长征"。皮耶莱的职务为法国的一个省的副省长，正是因为对中国长征的兴趣浓厚，他想体验一下长征一样的旅程，借此来磨炼他的意志。皮耶来的行动在当时引起了很大的反响，人们自发地为他践行。②

2005 年，以色列武退伍军人武大卫，本名大卫·本·乌泽勒怀着崇敬之情重走长征路，去真实体验长征，去感悟长征精神。在这次行程中，他同张小艾一路同行，张小艾是张爱萍将军的女儿，她从小就听父亲讲述他的长征经历，这次重走长征路就是踏着父辈们的足迹，去缅怀革命先烈。他们从江西出发，沿着红军当年长征的路线，花费将近五个月的时间，总行程近两万五千里。武大卫真正体验到了红军当年行程的艰辛，他感叹道即使在和平年代，重走长征路依旧艰难，他们在这段长征路上步行大约一千两百公里，当年红军可是仅仅凭靠双脚走完全程的。他在重走长征路上

---

　　① 环球人物：毛泽东身后的国际影响力［EB/OL］. http：//news. china. com/zh_cn/news100/11038989/20060911/13618133_1. html.

　　② 只身二万五千里长征　法国一副省长蹬自行车来华［EB/OL］. http：//sports. sina. com. cn/s/2004 - 12 - 20/0936447588s. shtml.

说：“以后没有人可能再成为红军。走完长征路后，我要当一个宣传红军的宣传员。”①

2018 年 5 月 11 日晚，丹麦 10 人旅游团来到贵州，重走长征路。丹麦旅游团是在马克思诞生 200 周年之际来到贵州的。因为著名作家、记者埃德加·斯诺写的《红星照耀中国》勾起了丹麦人对红军长征的兴趣，他们在贵州停留两天三夜，重点参观遵义会议会址、遵义会议纪念馆等。

2017 年 7 月 3 日，来自西班牙的华裔大家族祖孙三代一行 19 人从江西瑞金出发，沿着红军长征路线，经过十余天的跋涉到达遵义。在旅途中，孩子们不仅要学习长征相关知识，进行长征知识竞赛，还要写心得体会。红军革命先烈的事迹深深震撼着他们，让他们了解到祖籍国的光辉历史，传承长征精神，坚守一颗中国心。②

在长征胜利 70 周年之际，法国电视台以《中国的面孔》为片名拍摄纪录片，借此纪念红军长征胜利 70 周年。该纪录片的摄制组来到于都县进行实地拍摄。他们采访当年帮助红军渡河的老船工，拍摄当时根据地旧址和周围的新变化，记录长征这一伟大壮举。③ 这部纪录片一经播出便产生了不错的反响。

文艺作品对于长征文化的宣传。2011 年 4 月，长征题材画作亮相欧洲著名拍卖行，在众多拍卖品中，一幅《长征第一关》的画作引起广泛关注，这幅作品最终由一名德国人进行收藏。相关负责人表示，近些年来关于长征题材的书画作品逐渐成为热门拍卖品，因为世界上对长征有着高度的评价，这些作品展现出了长征内含的长征精神，具有振奋人心的作用，收藏价值非常大。④ 以长征为题材的艺术创作是扩大长征文化国际影响力

① 以色列老兵武大卫：红军的领导力就是“中国魂”［EB/OL］. http：//news. xinhuanet. com/2016 – 10/20/c_129331201. htm.

② 西班牙华裔祖孙三代重走长征路　学习红色精神［EB/OL］. http：//jinbaonet. com/newsd. php？pid ＝11882.

③ 法国电视台摄制组来于都　聚焦长征 70 年［EB/OL］. http：//news. sohu. com/20040822/n221663494. shtml.

④ 长征题材画作亮相欧洲著名拍卖行［EB/OL］. http：//collection. sina. com. cn/hwdt/20110428/080224538. shtml.

的重要方式之一。

3.3.2　长征文化在欧洲传播的评析

1. 传播主体较为复杂

长征文化最早就是在欧洲开始传播的，时至今日，综观长征文化在欧洲传播的历史和现状，可以看出，长征文化在欧洲传播的主体较为复杂，包括国家传媒机构、跨国传媒企业、社会组织、个人等。这些传播主体在推动长征文化在欧洲乃至世界的传播都起到了巨大的作用，这是长征文化在这一地区甚至在世界范围内开展传播的基础。但是我们也要认识到这些传播主体的复杂性，因为长征文化毕竟是跨文化传播，如何巧妙引导这些传播主体正确传播长征文化是要认真对待的课题。

2. 受众群体庞大

长征文化在欧洲传播的受众群体庞大，包含了各行各业的民众，这充分说明了长征文化在欧洲地区传播得到了很好的传播效果。受众群体的庞大很好地推动长征文化国际传播，欧洲中国学研究的学者关于长征的著作层出不穷，欧洲民众向往重走长征路，他们包括政府的高级官员、充满活力的青年，甚至年逾古稀的退伍军人等，勇敢地开启了重走长征路的行程，去真正感受红军长征的艰辛路程，借此磨炼意志。这些民众既是长征文化的受众，也会成为长征文化国际传播真诚的倡导者、积极的推动者，这就需要我们积极引导这些受众传播好长征文化。

3. 对重走长征路活动缺乏持续跟踪报道

通过分析长征文化在欧洲传播的现状，我们可以发现欧洲民众热衷于重走长征路活动，获得更为真实的长征体验。但是在整理这些材料也会发现，其中缺乏对这些民众重走长征路过程的采访和报道，并没有将这些民众在重走长征路的真实情况记录出来。比如说在重渡大渡河时的感受、对当年红军强渡大渡河的评价等，这些报道更有利于引起国外受众的共鸣，提高长征文化的传播效果。对此，应该加强这方面的持续报道，持续扩大重走长征路活动的吸引力和影响力，让更多的受众参与到这项活动中，发挥他们对长征文化国际传播的推动作用。

4. 缺乏优秀的长征文化产品

优秀的长征文化产品是吸引国外受众传播长征文化的有效途径，是推动长征文化国际传播最有影响力的载体，因为这些文化产品可以充实长征文化的内涵，体现长征文化丰富多彩的内容。综观长征文化在欧洲传播的概况，可以看出制作精良的长征文化产品较少，长征文化大多还是依靠传统的方式进行传播，这在很大程度上降低了长征文化的吸引力和影响力。将长征文化与受众地区的文化背景、生活习惯等结合起来，打造一批具有长征文化内涵、受众喜爱的文化产品、文化精品，逐渐扩大长征文化的吸引力和感召力，让国外受众接受长征文化的时候可以深入地了解长征文化，提高他们对长征文化的认同，进而自觉传播长征文化，这样才能更有成效地推动长征文化在欧洲地区甚至其他大洲的传播。

3.3.3 长征文化在欧洲传播的价值

在欧洲，受到长征文化影响和传播长征文化的国家有很多，不论是在历史上还是在当代，欧洲地区的民众对于长征文化有着一定程度的认同，他们认为，正是在长征精神的指引下，中华民族这个古老的民族焕发生机，不断创造着奇迹，并取得了今日令全世界瞩目的成就。他们在推动长征文化国际传播的过程中发挥着十分重要的作用。

1. 长征文化在欧洲传播的历史价值

将真实的中国共产党展现给欧洲民众。在 20 世纪 30 年代，全世界对于中国共产党及其领导的中国红军的印象较为模糊，因为当时中国共产党"对外发声"较为困难，加之国民党反动派对共产党进行恶意的丑化宣传，欧洲民众认为中国共产党和中国红军都是"恐怖"的，从此也可以看出国民党的恶意宣传带来巨大的负面影响。瑞士籍的传教士勃沙特在最开始被萧克的红六军团捉住时感到十分害怕，因为在他所知道的关于红军的宣传中，红军的形象是"恐怖"的。勃沙特在与红六军团一起长征的过程中，逐渐看到了真实的中国共产党和红军，他们并不像外界所宣传的那样"恐怖"。经过18个月的随军长征，勃沙特被释放了，他将这段难忘的经历写成回忆录《抑制的手》。在书中，他将真实的中国共产党和红军客观地展现给世界民众。在长征胜利后，欧洲的一些记者通过深入到延安采访，不断将真实的中国共产党、真实的长征向外界报道。他们有效地推动了长征文化国际传播，这对于促进外界了解红军长征的真相，了解延安的真实情况，了解中国共产党的主张和政策，为促进抗战统一战线的形成营造国际舆论支持等方面发生的作用是不容忽视的。

获得国际社会的肯定和支持。陈云是长征文化国际传播的最早推动者，陈云在去莫斯科汇报中国红军长征的情况后，引起了苏联方面对中国革命的高度关注。中国红军取得长征的胜利是在大革命低潮后一个重大的转折，这不仅重新燃起了中国共产党人的斗志，也让苏联的共产国际看到了中国红军的英勇顽强的革命精神，获得了苏联领导人对于中国共产党的肯定和支持，中国共产党在共产国际中的地位大大提高。苏联通过《真理报》积极宣传中国红军长征胜利的事迹，相继刊登了一系列关于中国红军长征的报道，并号召其他国家学习中国共产党的革命经验，支持中国的共产主义运动。苏联的高度肯定和支持帮助中国共产党打破对外发声困难的窘况，一些西方的报纸也开始关注中国共产党，开始报道中国红军长征，长征文化的国际传播才慢慢展开。

激起欧洲人民反法西斯斗争的意志。长征发生和结束时正值第二次世界大战，由于德国法西斯准备充分，发出强劲的进攻态势横扫欧洲大陆，一些欧洲国家因为准备不足，抵挡不住其猛烈攻势，导致节节败退，欧洲民众反法西斯斗争的信心受到极大的挫折，导致反抗意志逐渐消沉。欧洲国家深陷反法西斯斗争的泥潭中，中国红军长征胜利的消息为欧洲民众的反法西斯战争带来巨大的精神鼓舞。当时欧洲地区老牌资本主义国家如英、法等国的文化传播能力较强，还有一些国家将中国红军长征的事迹印成宣传册，旨在激起本国民众反抗法西斯斗争的信心，也在一定程度上推动了长征文化国际传播。欧洲民众以英勇的中国红军为榜样，以中国红军长征中展现的英勇顽强、不怕牺牲、艰苦奋斗的精神为信念支撑，不断抗击法西斯侵略者。长征文化国际传播激起了欧洲民众的反法西斯斗争的意志，同时欧洲民崇尚长征精神的行为也在一定程度上推动了长征文化国际传播。

2. 长征文化在欧洲传播的现代价值

长征文化国际传播的早期在欧洲地区引起广泛影响，同时这一地区也有力地推动了长征文化的国际传播。时至今日，推动长征文化在欧洲地区的传播，进而对于推动长征文化国际传播仍有重要的现代意义。

借助欧洲地区优势媒体的传播力量，推动长征文化国际传播。不论是长征文化国际传播早期，还是当前推动长征文化国际传播，欧洲地区的优势媒体一直以来都扮演着十分重要的角色。目前，欧洲国家如英国、法国、德国等发达国家不仅拥有雄厚的经济实力，而且他们的文化实力也相当强劲。长征文化在欧洲地区的传播要与这些国家的优势媒体开展合作，为长征文化在欧洲地区的传播搭建好平台，扩大长征文化在欧洲地区的影响力。

促进欧洲地区文化多元和谐发展。欧洲地区的文化主要以西方文化价值观为主，并且一些强国将这种文化价值观灌输到其他经济社会发展落后的国家和地区，进而掌控对这些国家和地区的文化领导权，长征文化在欧洲地区的传播可以打破这一地区由西方一元文化独占的格局，更多地传播人类共同的价值观念，促进欧洲地区文化多元和谐发展。

塑造和维护中国在欧洲的国际形象。近些年来，西方一些国家不顾事实地抛出"中国威胁论"，这对中国的国际形象造成一定程度的损害，长征文化在欧洲地区的传播可以让欧洲国家通过长征文化消除中西方的文化隔阂，更好地了解中国，更深入地读懂中国。长征文化所展示的是中华民族自强不息的民族品格，所展现的是全人类共同的精神追求，推动长征文化在欧洲的传播可以塑造和展示中国良好的国家形象。

为"一带一路"倡议做好文化引领。"一带一路"倡议是中国倡导的以期积极与共建国家实现互利共赢，共同发展，增强经济文化交流，共同对抗和解决发展难题的，这项倡议对于缓解欧洲的经济危机具有重要的意义。"一带一路"不只是经济路线，还是文化路线，更是为中外文化交流提供宽广的平台。长征文化是中华文化比较有代表性的文化，长征文化中蕴含的团结合作，不畏艰难的精神在欧洲地区的传播可以为"一带一路"倡议做好文化引领，凝聚"一带一路"共建国家和地区合作发展、共同奋斗的共识，"一带一路"倡议的顺利实施也将为长征文化在欧洲的传播打好经济基础。

3.4　长征文化在其他大洲传播

鉴于历史上传播技术等原因，所以长征文化早期在大洋洲、非洲、拉丁美洲的传播能力有限，也因为这些地区的国家自身发展原因，关于长征文化的关注和研究起步较晚，根据目前资料收集渠道和掌握的资料收集方法，长征文化在这三个大洲传播的资料不是很丰富，为了更深入地了解和研究长征文化在这些地区传播的情况，资料收集渠道有待拓宽，收集方法有待创新。通过分析目前所掌握的资料，同样可以总结出长征文化在这些地区的传播情况，因为资料丰富程度低于其他大洲，所以笔者将长征文化在这三个大洲的传播情况综合起来加以分析。

3.4.1　长征文化在大洋洲传播的概况

1. 长征文化早期对大洋洲受众的影响

新西兰的国际友人路易·艾黎正是在长征精神的鼓舞下，来到陕北苏区援助中国人民的抗战事业，当他回忆起这段经历时说："当我得知中国共产党领导的中国红军取得长征的胜利，并且在陕北建立抗日根据地的时候，我的内心是无比激动的。"①

---

① 路易·艾黎. 我所经历过的中国革命［N］. 人民日报，1981 - 06 - 20.

2. 大洋洲受众推动长征文化国际传播

1985 年 9 月，一位中文名为魏华德的澳大利亚人带着相机和 700 多卷胶卷，与 20 名中外摄影家历时两个多月，沿着赣、湘、贵、云、川、宁、甘、陕等红军长征经过的地方拍摄了大量珍贵照片，出版了《中国—长征》画册，并以 7 种语言在全球 40 个国家同步发行。在中国共产党建党90 周年及中国长征胜利 75 周年之际，他重走长征路，用相机记录下 26 年来所发生的沧桑巨变，并出版了《中国—新长征》大型画册，这部相册同样被译成多种语言在全世界发行，向世界人民展现中华民族蓬勃向上、与时俱进的崭新风貌和时代精神，以一个外国人的视角告诉世界一个全新的中国。①

大洋洲中国学研究学者推动长征文化的传播。澳大利亚中国学研究专家 C. P. 菲茨杰拉德（费子智）和尼克·奈克是该国研究中国的代表人物，他们对中国革命历史的研究不断深化。费子智的《中国革命》一书和奈克对中共党史的研究，其中有涉及长征的研究。② 总的来说，澳大利亚的专家学者关于中国革命史研究才刚起步，但是他们的研究成果已经证明他们有着不容小觑的实力。虽然他们在研究队伍的人数、资料收集的能力、研究成果的影响上与欧洲和北美洲的一些国家有差距，但在这么短的时间内，他们的研究范围基本涉及了中国革命史发展的各个时期，这也正好说明了他们研究能力不容小觑。③ 2006 年，纪录片《长征》已被澳大利亚的SBS 购买了 90 分钟版本的播出权。④

3.4.2　长征文化在拉丁美洲传播的概况

长征文化对拉丁美洲民众的影响。长征文化的传播为拉丁美洲人民实

---

① 一个澳洲人的新长征路　时隔 26 年再次登上宝塔山 ［EB/OL］. http：//www. sn. xinhuanet. com/2011 - 08/03/content_23380727. htm.

② 胡再德. 澳大利亚中国学研究 ［D］. 上海：华东师范大学，2005：39 - 45.

③ 梁怡. 国外研究中国革命史的历史考察——澳大利亚部分 ［J］. 北京联合大学学报，1999（2）：33.

④ 纪录片《长征》海外热卖　西方学者曾参与制作 ［EB/OL］. http：//ent. sina. com. cn/v/m/2006 - 11 - 07/12351317246. html.

现民族独立和人民解放的斗争提供了丰富的斗争经验和精神力量。在拉丁美洲的一些丛林中，一些争取民族独立而奋斗的战士认真阅读着印有中国红军长征事迹的宣传册，他们对中国共产党领导的长征十分赞赏，充分吸收中国革命的经验，他们将中国红军作为他们的榜样，并且通过阅读长征事迹不断增强他们的斗志。古巴革命领导人菲德尔·卡斯特罗曾经高度评价长征不仅在中国革命历史上而且在世界军事史上都是一项伟大的奇迹。古巴革命者以中国红军将士为榜样，学习他们丰富的革命斗争经验，为古巴革命者提供源源不断的精神动力。①

长征是世界军事史上的经典案例，早就成为各国军事教材中必须学习的内容。巴西空军上校吉安卡洛·弗兰卡·阿普佐说他早在军校学习时期就从课本上知晓了中国红军长征的事迹。他认为长征中最核心、最能引起共鸣的就是坚定信仰，只要坚定信仰，没有什么不能完成的事情，没有什么不能成功的壮举。他还说从中国军人身上看到了坚定信仰的优秀品格，长征精神在他们身上一代代流传，长征精神从不会消失。②

阿根廷学者毛利西奥在"聆听历史回响、思考中国奇迹"——纪念红军长征胜利 80 周年中外学者交流座谈会上这样评价，"长征是人类独有的精神、是敢于超越和敢于求生的精神，是面对千难万险却依然信念不倒的精神。这种精神支撑着中共领导下的红军在争取人民自由的路上永不止步。这同样也是历史上各民族人民对抗不公的抗争精神，是在坚持信仰的路上努力求生的人类精神，是最伟大的人类品质——坚强的品质和毅力的美好象征。"在他看来，长征精神不仅是中国人民的精神财富，更是全世界人民共同的精神财富。

---

① 世界眼中的长征和长征精神 ［EB/OL］. http：//news. xinhuanet. com/politics/2016 – 10/18/c_1119742600. htm.

② 信仰的力量——外国军人眼中的长征 ［EB/OL］. http：//news. xinhuanet. com/politics/2016 – 10/20/c_1119755973. htm.

3.4.3　长征文化在非洲传播的概况

尼日利亚空军上校萨姆森对中国红军长征有着非常深刻的认识。他在观看《从未远去的长征》这则纪录片后对长征的认识更加全面了。他认为中国今天所取得的一切成就都可以从中看到长征的影子，长征所蕴含的精神在中国一直延续着。他以长征中比较悲壮的湘江战役为例来称赞红军将士大无畏的英雄品质，勇于牺牲的优秀品格，他在这些红军将士身上感觉到他们坚定革命的理想和信念，这也是他们能够取得长征的胜利的重要因素。他对重走长征路非常感兴趣，希望通过这种方式更好地感受长征，感悟长征精神。他认为长征精神在中国从未消失，而且很好地传承下来，因为他在中国人民身上看到了这种精神，中国今天所取得的成就是最好的证明。①

南非前总统曼德拉也是长征迷，他非常喜欢阅读关于中国革命的书籍，尤其对毛泽东领导的长征感兴趣。②

在埃及，古奈姆认为红军长征是中国革命历史上的伟大事件，当毛泽东领导中国红军长征取得胜利的消息在西方世界引起了重大轰动，西方各界民众感到十分惊奇，当他们通过报纸和书籍了解长征的全部内容时，无不为之赞叹。③

在刚果共和国，毛泽东领导中国红军长征的事迹为刚果民众所熟知，刚果前总统恩古瓦比对此十分肯定，他说中国红军所带来的影响是世界性的，这一伟大史诗具有无比巨大的穿越力。④

坦桑尼亚前驻华大使查尔斯·桑加提到他作为坦桑尼亚建国之父朱丽叶斯·尼雷尔的私人助理时，尼雷尔在生前这样评价中国工农红军长征，

① 信仰的力量——外国军人眼中的长征 [EB/OL]. http：//news. xinhuanet. com/politics/2016 - 10/20/c_1119755973. htm.

② 南非驻华大使：曼德拉和毛泽东同样伟大 [N]. (新加坡) 联合早报，2013 - 12 - 12.

③ 默罕默德·穆斯塔法·古奈姆：中国的新人 [N]. (埃及) 消息报，1971 - 11 - 28.

④ 崔金戎. 长征记 [M]. 北京：商务印书馆，1989：113.

"在坦桑尼亚的我们，能理解如此决心和牺牲的意义。我们对中国人民及其领导人取得的成就表示诚挚的敬意。如果我们的独立受到任何形式的威胁，相信中国的事例将帮助我们找到同样的勇气……"① 尼雷尔和桑加都对中国的长征十分赞赏，并且从长征中汲取力量和勇气来保卫自己的国家。

3.4.4　长征文化在大洋洲、非洲、拉丁美洲传播的评析

虽然长征文化在大洋洲、非洲、拉丁美洲传播的效果不如其他大洲，但是长征文化在这三个洲的影响仍是不容低估的，因为这三个州尤其是大洋洲的一些国家关于长征文化的研究才刚起步，拉丁美洲和非洲地传播技术也在不断发展。因此，长征文化在这三个大洲还有很广阔的传播空间。

1. 长征文化在这些地区传播受众较少

因为历史上的原因，长征文化在这三个大洲传播的受众较少，而且呈现出较为集中的特点，这三个地区中政府工作人员和一些中国学研究的学者接触长征文化较多，普通民众却很少谈及长征文化。对此，应该不断扩大长征文化传播的受众范围，长征文化在这三个大洲的传播要注重与影响范围广泛的传播媒体进行结合，扩大长征文化传播的广度和深度，推动长征文化在这些地区普通民众之间的传播。提高普通民众对于长征文化的关注度，增强他们对长征文化的认识程度，促进他们感悟长征文化中蕴含人类精神，提高对长征文化的认同。

2. 传播主体相对单一

相比于其他大洲，这三个大洲长征文化传播的主体相对单一，国家层面的传播机构并没有起到很大的作用，既需要中国国家层面的传播机构做好传播工作，在这些地区建立分支机构，提高传播的落地率，又需要同这些地区的国家层面的传播机构建立有效的合作机制，共同推进长征文化在

---

① 坦桑尼亚前驻华大使赞中国"绝对是真正的朋友"［N］. 人民日报，2014 - 10 - 28.

这些地区的传播。在社会组织方面，长征文化在这些地区没有引起一些跨国的传媒组织广泛注意，要采取有效传播办法增强长征文化在这一地区的影响力。目前所掌握的资料中，只有澳大利亚的一个国际传媒公司相继推出《中国—长征》和《中国—新长征》两本画册，以此纪念长征，虽然画册在世界上引起了不错的反响，但仍需要继续与他们合作扩大长征文化影响力。在企业方面，作为传播主体的能力仍需加强，充分发挥文化企业的作用。在个人主体方面，并没有充分调动普通民众传播长征文化的积极性。要深入分析传播主体相对单一的原因，着力解决好这一问题。

3. 传播前景光明

依目前的情况来看，虽然长征文化在这三个大洲的传播效果不如其他大洲，但是也可以看到在这些大洲中有些关于长征文化的研究才刚起步，关于长征的报道也在逐渐展开，可能因为传媒技术的相对落后，这些地区尤其是非洲地区民众关于长征文化的感受并不能有效地表达出来和传播出去，这些都在一定程度上制约着长征文化国际传播的影响力，对长征文化传播的范围和传播的效果会大打折扣，但我们要用发展的眼光看待长征文化在这些大洲的传播，长征文化必定会在这些地方广泛传播，这就要求我们推动长征文化在这些大洲传播的时候更加注重提高传播技巧，比如在巴西也出现了"普列斯特斯纵队"长征，但是它在世界上的影响却没法和中国的长征相比，我们就要分析其中的缘由。我们必须要不断充实长征文化的内涵，创新长征文化的表现形式，提高长征文化的吸引力和感召力，逐步扩大长征文化在这些地区的影响，从而推动长征文化国际传播。

3.4.5 长征文化在大洋洲、非洲、拉丁美洲传播的价值

1. 长征文化在大洋洲、非洲、拉丁美洲传播的历史价值

历史上这三个大洲都是资本主义强国的殖民地，在二战时又成为法西斯国家侵略的对象，长征文化在这三个大洲的传播可以将红军长征胜利的革命经验和长征精神传达给他们，激起他们抗击法西斯侵略者的斗志，同

时为这些国家和地区的民众摆脱殖民统治,争取民族独立和民族自由民族解放斗争提供了强有力的精神支撑。

2. 长征文化在大洋洲、非洲、拉丁美洲传播的现代价值

时至今日,这三个大洲中尤其以大洋洲国家的发展最为迅速,大洋洲中的澳大利亚早就已经成立中国学研究机构,并且关于中国历史的研究正在不断向前发展。拉丁美洲中部分国家的发展势头比较强劲,并且拥有具有一定影响力的传播媒介,非洲地区的发展要相对落后。长征文化可以与这三个大洲中比较有影响力的媒体合作,推动长征文化在这三个大洲的传播,促进这三个地区的文化多元发展。尤其是非洲地区的经济社会发展落后,长征文化在非洲地区的传播,可以将中国人民不畏艰险、英勇顽强的形象展现给他们,激起他们建设祖国、繁荣祖国的信心和决心。

3.5 长征文化国际传播的特点与意义

多年来,长征文化以不同的形态、多样的方式在世界范围内广泛传播,越来越多的人受到长征文化的熏染,而且部分受众还用实际行动诠释和践行长征文化的精神内涵。长征文化国际传播是一条充满挑战的文化长征路,它不仅有助于提高长征文化国际影响力,也有助于打开中华文化对外传播新局面,有助于推动中华文化走向世界、融入世界、引领世界。综观以上长征文化在世界各大洲传播的历史和现状,准确分析长征文化国际传播中出现的特点,引发深入思考,为持续推动长征文化国际传播提供有价值的参考。梳理长征文化国际传播的历史与时代意义,增强推动长征文化国际传播的信心和决心。

3.5.1 长征文化国际传播的特点

1. 长征文化国际传播的本质特点

美国传播学专家罗伯特·福纳特认为国际传播的特点体现在以下六个

方面：一是目的，国际传播既可以是有意的，也可以是无意的；二是频道，国际传播频道既可以是公共的，也可以是私有的；三是传输技术，在国际传播系统中，信息的传播渠道可以是无线电波、电视电缆，也可以是影碟、录音带和录像带；四是内容形式，国际传播可以采用多种形式；五是文化影响，国际传播会给受众地区的文化带来影响；六是政治本质，从某种意义上讲，所有国际传播都带有政治色彩。① 各种类型的文化在国际传播中都会展现出这些特点，长征文化也不例外。因为长征文化有着自身的特点，所以长征文化在与国际传播结合的过程中既会展现出一般特点，也会展现出时代特点。对长征文化国际传播的特点清楚、全面认识是推动长征文化国际传播的重要步骤，因为长征文化国际传播的特点可以展现其传播的内在特质。

长征文化国际传播具有国际性。历史证明，长征文化的传播范围不止在中国，长征文化已经走向世界，并在国际上产生了巨大的影响力。长征文化国际传播的国际性表现在这些方面：一是长征文化国际传播的目的就是推动长征文化在全世界范围进行传播。二是长征文化国际传播主体在推动长征文化国际传播时的传播渠道是国际性的，如国际报刊杂志、国际性的通讯社、国际广播电视乃至现在的国际互联网等，这些传播渠道都可以将长征文化传到世界的各个角落。三是长征文化国际传播的受众遍布在世界的多个国家和地区，所以长征文化会在世界上引起广泛性的国际影响。因此，长征文化国际传播具有国际性是不容置疑的。

长征文化国际传播对传播技术的要求很高。传播技术是推动长征文化国际传播的重要因素之一，先进的传播技术将为长征文化国际传播插上坚硬的翅膀。空间的隔阂、国界的限制、民族的个性、文化的差异是长征文化国际传播中需要解决好的问题。伴随着传播媒介的不断丰富，传播技术也在不断提高，长征文化国际传播跨越时空、跨越国界、跨越民族、跨越

---

① ［美］罗伯特·福纳特. 国际传播："地球都市"的历史、冲突与控制［M］. 刘利群译. 北京：华夏出版社，2000：57.

文化的强烈要求，使传播技术在推动长征文化国际传播中显得尤为重要，而且长征文化国际传播对传播技术的要求很高，一般的大众传播媒介无法满足其需求，因此常需要使用通信卫星、网络、微波通信设备、数字化通信设备等这些传播器材，让更加遥远的地方听到长征故事，感受长征文化的魅力。对此，推动长征文化国际传播不仅要练就和提升中国媒介自身高超的传播技术，还要学习和有效借助国际一流传播技术，不断推动长征文化国际传播迈向新台阶。

　　长征文化国际传播带有一定的政治性。日本的传播学者生田正辉指出："国际传播的首要特征，是它与政治有着极为密切的关系，它是一种由政治所规定的跨国界传播。"① 任何国家和地区在推动国际传播时都客观存在一定的政治性，在本质上都体现着本国的政治立场，体现出一定的文化价值取向。在推动中华文化"走出去"这个政策影响下，中国推动长征文化国际传播也是在推动其蕴含的文化价值理念，推动其中内涵人类共同价值的传播。中国推动长征文化国际传播的基本目的是扩大长征文化国际交流，通过文化交流促进国家之间的共同和深入了解，让其他国家和地区通过长征文化这个窗口更好地读懂中国，以便促进其他方面的深入交流。国家形象是一个国家经济发展状态、社会发展水平和人民精神风貌等方面的全面形态展现，长征文化国际传播有助于在国际上塑造和维护中国的良好形象，拉近中国与世界的距离。

　　长征文化国际传播会给受众国家和地区带来一定的文化影响。美国的国际传播学专家福纳特认为国际传播一定对受众国家和地区的文化带来一定的影响，他认为"所有的传播都是象征性的活动，因而必然会产生文化上的影响"②。在人类的历史文化长河中，各种不同类型的文化相互交织，文化间的交流和博弈是文化发展的基本动力。长征文化在国际传播的过程也就是长征文化和其他类型文化交流互动的过程，长征文化彰显出来的不

① 郭庆光. 传播学教程［M］. 北京：中国人民大学出版社，1999：238.
② ［美］罗伯特·福纳特. 国际传播："地球都市"的历史、冲突与控制［M］. 刘利群译. 北京：华夏出版社，2000：93.

畏艰难、顽强拼搏的精神也是全世界人类共同的精神食粮，长征文化会给受众的国家和地区带来正面的、积极的文化影响，同样，这些国家和地区的文化也会不断充实长征文化。长征文化国际传播会将长征文化内涵的人类共同价值观传播给其他国家和地区的受众，为他们谋求幸福生活、推动人类文明进步提供精神指引。长征文化国际传播中要时刻注意给不同国家和地区文化带来的影响，寻求长征文化与不同文化间的共通点，发挥人类共同价值观在这些国家和地区文化建设中的引领作用。

2. 长征文化国际传播的时代特点

中国特色社会主义进入新时代，习近平新时代中国特色社会主义思想中对于文化国际传播有了新的部署和要求，长征文化国际传播被赋予新的时代任务，展现出时代特点。长征文化国际传播是一个不断前进、不断发展的过程。伴随着科技的不断进步，传播技术日益提高并不断成熟，借助大众传播媒介的长征文化国际传播也经历了从传统的印刷媒体时代到电子媒体时代，再到今天的互联网时代的转变。传播媒介的变化给长征文化国际传播带来了一定影响。长征文化国际传播在不同的媒体时代展现出不同的特点，在信息传播全球一体化趋势日益增强的新环境下，长征文化国际传播的时代特点主要体现在以下几个方面。

长征文化国际传播主体的多样化。在早期的长征文化国际传播中，传播的主体主要是国家和国际机构，一些国内外的记者比如斯诺和范长江，他们通过国际报刊推动长征文化国际传播。伴随着国际传播媒体的商业化和信息全球化趋势的加强，尤其是伴随互联网媒体的快速兴起，互联网媒体已成为推动长征文化国际传播最为有效的媒介之一。长征文化国际传播主体也逐步呈现多样化趋势，在当前的传播条件下，长征文化国际传播的主体大致分为国家、企业、社会组织、个人四类。这四类国际传播主体在推动长征文化国际传播中扮演着十分重要的角色。

长征文化国际传播目的扩大化。长征文化国际传播主体的多样化促使其传播目的扩大化，长征文化早期国际传播目的就是对外发出中国共产党的声音，宣传中国共产党的抗战主张和政策，扩大中国红军的国际影响，获得世界人民对中国反法西斯战争的援助。后来随着传播媒介的不断丰富，传播主体的多样化，长征文化国际传播的目的也在不断发展丰富。中华人民共和国成立后，尤其是改革开放以来，长征文化国际传播的目的已经发生了重大的变化。长征文化国际传播在当今时代的目的主要有扩大长征文化国际交流、增强长征文化国际影响、提高中国的国际地位、塑造和维护中国的形象等。不同的传播主体有着不同的传播目的，所以我们不仅要善于借助和利用具有较大影响力的国际传播主体将长征文化传播到世界各地，还要对这些传播主体的传播目的进行科学有效引导，确保长征文化国际传播朝着正确的轨道推进，让长征文化国际传播成为世界人民了解中国、中国沟通世界的有效举措。

长征文化国际传播方式多样化。长征文化国际传播经历了印刷传播时代、电子传播时代、网络传播时代，这些传播方式在推动长征文化国际传播的过程中发挥着各自的优势，尤其以网络媒体最为明显，因为网络媒体集合声音、图像、文本三大传统的特点提供全方位的国际信息服务，并可以对大众较为关注的事件进行持续跟踪报道。网络媒体的巨大优势促使报纸、广播、电视等媒体开始与互联网紧密结合，借助国际互联网的传播广度和深度扩大国际传播的影响。为此，我们要紧紧抓住互联网媒体在信息传播方面的优势，将长征文化与互联网媒体紧密结合，推出一系列具有吸引力的长征文化作品，提高长征文化国际影响力，推动长征文化的国际传播。但是我们也要充分认识到网络传播媒介的不足之处，仍需要用报纸、广播、电视等媒介来弥补这些不足之处，共同推进长征文化的国际传播。

3. 长征文化国际传播的具体特点

长征文化国际传播范围广泛但分布不均衡。通过梳理长征文化在各大洲传播的资料，值得肯定和欣慰的是长征文化国际传播的范围非常广泛，在各大洲均可以发现长征文化的传播印迹，这将是长征文化持续传播的良好基础。但需要注意的是长征文化国际传播的范围分布不均衡，主要表现在长征文化国际传播的区域大多分布在北半球，在南半球的分布要少得多。究其原因主要有以下几点：第一，长征文化的发源地在中国，所以它以中国为原点向周围扩散，南半球的一些国家和地区与中国在地理位置上相距较远，长征文化的辐射能力虽然不断增强，但是对这些国家和地区的影响仍然有限，这些民众对长征文化的知悉程度还有很大的提升空间；第二，南半球的大多数国家和地区在经济上欠发达甚至落后，与其他国家和地区的经济文化交流较少，加上自身传播基础设施不完善、传播技术落后等因素，导致长征文化在这些国家和地区的传播受到很大限制；第三，长征发生时，帝国主义势力长期盘踞中国，作为二战中亚洲的主战场，中国复杂的战争形势吸引着众多新闻工作者。在西方看来，中国一直以古老和神秘著称于世，涉及中国的新闻颇为西方国家民众关注，尤其是展现中华民族精神的长征发生后，关于中国的新闻报道逐渐增多，长征文化随之传播开来。北半球的国家和地区从一开始就已经占据传播长征文化的先机，再加上其先进的传播技术，逐渐形成传播区域分布不均衡的局面。可以看出，形成这种局面的原因是多方面的，对此，长征文化要想实现真正意义上的国际传播，既要巩固好现有的传播范围，又要不断向传播效果薄弱地区扩展，持续扩大传播格局，增强长征文化在世界各个地区的影响力和感染力。

长征文化国际传播受众分布广泛并具复杂性。长征文化国际传播的受众广泛。总的来看，长征文化国际传播受众在各大洲以及各个社会阶层中均有分布，在他们当中，有专门解读和研究长征文化的学者，有借助长征文化进行外交活动的国家政要，有赞赏长征文化的普通民众等，因为长征文化无不令他们叹为观止。虽然在大洋洲、非洲、拉丁美洲这三个地区的受众相比其他大洲少，但这是由于历史原因造成的，这三个地区传播技术的不断发展，恰恰为长征文化在这些地区提供了广阔的传播空间，因为长征文化国际传播历史有力地证明，长征文化必将在这些地区绽放异彩，给他们带来精神上的洗礼。受众在长征文化国际传播中扮演着双重角色，既是受众亦是传播主体，并且两种角色可以相互转换。长征文化国际传播的目标之一就是激发受众内部促进受众和主体两者角色转换之间内在力，他们对长征文化的理解程度略有差异，对长征文化中的关注点不同，对传播长征文化的初衷不尽相同。对此，应当正确地引导好这些受众围绕彰显长征文化的全人类共同价值的初心，进而推动长征文化国际传播。

长征文化国际传播的受众具有复杂性。因为长征文化国际传播的范围是世界各大洲，因此长征文化国际传播的受众遍布在世界各地，分属不同的国家和地区，他们拥有的文化背景、价值取向、认知习惯等不尽相同，这是长征文化国际传播必须要重视的情况。有的国家和地区，比如亚洲的日本、韩国等国的受众虽然与中国有着相近的文化背景，长征文化对于这些国家和地区的受众传播起来要相对容易些，但也要高度重视他们的接受习惯等问题。由于欧洲的一些国家和地区的受众在文化背景和价值取向上同中国人民有一定的差异，这就提高了长征文化国际传播的难度。对此，长征文化在这些国家和地区传播时就要更加注重受众的复杂性，对这些受众的特点进行系统全面的分析，并根据受众的实际情况采取有效的传播策略和方法，进而增强长征文化国际传播的效果。

长征文化国际传播的内容丰富化。在早期，长征文化国际传播的内容相对比较单一，主要以国内和国际的新闻报道和评论分析为主，有时配有一定数量的照片，在当时以文本为主要内容的新闻报道中，照片的出现带来很好的轰动效果。比如美国《生活》杂志在报道长征时配有毛泽东头戴八角红星帽的照片，这在当时引起了巨大的反响，产生了很好的国际传播效果。随着时间的推移，长征文化国际传播的内容不断丰富化，包括长征中的故事、诗词、书画、歌曲、舞蹈等，这些既体现中华文化的博大精深又彰显长征文化的独特魅力，包括国外专门研究长征的著作、关于长征的影视作品在国外播出、长征系列纪念邮票在全世界发行、纪念长征的文艺演出走出国门、国外民众"重走长征路"活动等，这些日益丰富的文化内容对长征文化国际传播发挥了巨大的推动作用，为长征文化国际传播提供殷实的内容储备，长征文化国际传播内容的丰富化需要我们不断深入挖掘历史文化资源，不断创新文化表现方式，尽可能地展现全面的长征文化。

长征文化国际传播内容有待继续挖掘。综观长征文化在各大洲传播的情况，可以看出长征的故事、诗词成为国际传播的主要内容，其他内容则涉及较少。传播内容的不全面致使无法将生动的长征文化展现出来，不仅会导致长征文化国际影响力大打折扣，也会因为无法满足受众的多重偏好，进而影响传播效果。长征文化国际传播的内容有欠丰富的原因主要有以下几点：第一，长征中故事和诗词等文字性较强的内容传播起来更快捷，而歌曲和舞蹈等受制于当时的传播条件，而且传播起来较为复杂，所以长征文化国际传播的内容多以故事和诗词为主。第二，长征中的生活、生存环境异常艰苦，长征中的歌曲和舞蹈等大多是根据当时的行军和战斗需要即兴而成，无法进行有效的记录和保存，只能靠记忆流传。长征胜利后，丁玲等主编的《红军长征记》一书中提及一些长征文化的内容但不够深入，对于长征文化系统的整理和记录是在中华人民共和国成立以后了。第三，关于长征文化的挖掘和丰富工作进展较慢。长征文化作为具有较强穿透力和较大影响力自然成为重点传播内容，所以应当重视长征文化挖掘和丰富工作，不断丰富长征文化内容，为实现长征文化国际传播做好准备。

长征文化国际传播能力有待提升。综观长征文化国际传播取得令人瞩目成就的原因主要是巧妙采用"借船出海"的策略，充分借助国外的传播平台，将长征文化传播出去。时至今日，"借船出海"的策略虽然在继续发挥效用，但是仅靠它来推动长征文化国际传播仍显得动力不足。在国际间文化博弈异常激烈的今天，世界上一些文化强国严格把控国际传播平台，进而有意削减为他人作嫁衣的活动。中国在长征文化国际传播的能力还在不断提升中，加之"借船出海"的方式发挥作用有限甚至被限制，长征文化国际传播的通道狭窄。对此，中国自身的文化国际传播能力仍有待提升，所以要采取"造船出海"的方式，即提升自身国际传播能力。长征文化国际传播既要巧妙借助外力，又要自力更生，要以"借船出海"和"造船出海"两种方式不断提升国际传播能力，推动长征文化走向世界、融入世界、引领世界。

长征文化国际传播趋势转弱。长征一经报道，便产生了世界性的轰动，这是因为当时世界各国深陷反法西斯斗争泥潭，急需一种精神提振民众反法西斯的士气，增强世界民众反法西斯斗争的信心，长征文化恰好彰显出人类百折不挠、艰苦奋斗的高贵品质，所以在世界范围内得以广泛传播。综观长征文化国际传播的总体趋势可以看出：在长征结束后，长征文化国际传播呈上升趋势，一直持续到中华人民共和国成立以后，主要是在长征文化的指引下，中国共产党人带领中国人民取得了令世界瞩目的巨大成就，长征文化的能动性得到国外的广泛关注和认可，他们对于长征文化令古老而神秘的中华民族焕发生机而感到好奇和钦佩，进而主动传播长征文化，长征文化国际传播的趋势不断增强。苏联解体后，世界社会主义运动陷入低潮时，长征文化国际传播亦呈现减弱的趋势，主要是因为中华民族的崛起令某些国家感到惶恐和不安，一些大国和强国逐渐认识到软实力在提升国家综合国力中的显著作用，故有意避开支持甚至阻扰长征文化的传播。长征文化国际传播的外部环境发生不利转变，可利用的外部条件被限制，加之中国国际传播能力尚在练就和提升之中，长征文化国际传播出现转弱的趋势，但这只是暂时性的，中国正在积极推进国际传播能力建设，长征文化这条红飘带定会在世界上持续迎风飘扬。

在人类文明的发展进程中，长征文化要想保持经久不衰，那就要坚守文化立场，坚定文化自信，兼容并蓄、推陈出新，保持文化自身旺盛的生命力。我们要清醒认识国际传播形势，准确分析长征文化国际传播环境，充分利用国际传播条件，准确把握国际传播中的机遇，沉着应对国际传播中的挑战，长征文化国际传播是一个动态并且不断向前推进的重大工程，其间必然会涌现出许多新问题，这就需要我们认真对待、深入总结、系统解决，走好长征文化的长征路。

3.5.2　长征文化国际传播的意义

1. 长征文化国际传播的历史意义

对外宣传真实的中国共产党。在中国工农红军长征期间和长征胜利后，因为当时国民党掌控着全国大多数传播媒介，把持着传播渠道，他们刻意封锁和阻挠中共红军长征的消息，中国共产党难以对外发声。国民党此时又指使其掌控的媒体恶意丑化中国共产党的形象，对其领导的长征进行失实的报道，对延安的生产生活进行恶意抹黑，国民党的这种卑劣行径对中国共产党的形象造成了很不利的影响。事实证明，国民党的报道并不能完全欺骗民众，部分民众对其报道持怀疑态度，而当时世界民众急于想弄清延安的情况。恰如斯诺在《西行漫记》一书中所透露的，"在世界各国中，恐怕没有比红色中国的情况是更大的谜，更混乱的传说了"①。国民党是这样"描述"中国共产党及其相关活动的：一是诬称中国共产党是"共匪、赤匪、强盗、暴徒"②；二是刻意涂抹中国共产党的抗战业绩③；三是抹黑共产党领导下的延安地区的民众生活情况④。除此之外，国民党对新闻宣传机构严格控制，出台一系列法规、条例和禁令来限制人的言论，如《审查刊物条例》《宣传品审查条例》《日报登记办法》《出版法施行细则》《宣传品审查标准》《新闻检查标准》等⑤，这些使外界民众在很大程度上无法看清和认识真实的中国共产党。

国民党反动派对中国共产党的信息封锁和污蔑在一定程度上损害了共产党的形象，令外界对其产生误解。面对这种情况，中国共产党必须予以猛烈回击，维护共产党的形象，澄清外界的误解。斯诺的到来给中国共产党对外发声提供了一个很好的机会，而长征的胜利成为中国共产党对外宣传的有力素材，当时以毛泽东为核心的党中央适时抓住了这一契机。斯诺曾说："毕竟我是一种媒介，他通过我，第一次得到了向世界发表谈话，更重要的是，向全中国发表谈话的机会。……他的看法一旦用英语发表出

---

① ［美］埃德加·斯诺. 西行漫记［M］. 董乐山译. 北京：生活·读书·新知三联书店，1979：1.

② ［美］史沫特莱. 史沫特莱文集（第1卷）［M］. 袁文等译. 北京：新华出版社，1985：164.

③ ［美］哈里森·福尔曼. 路旦俊、陈敬译北行漫记——红色中国报道［M］. 长沙：湖南出版社，1993：11.

④ 陈嘉庚自述［M］. 合肥：安徽文艺出版社，2013：177.

⑤ 邹丽萍. 毛泽东对外宣传思想研究［D］. 北京：中共中央党校，2015：43.

去，尽管国民党实行新闻检查，也会传回到大多数中国知识分子的耳朵里。"① 受斯诺的影响，不少外国的记者、编辑、作家如史沫特莱、斯特朗、斯坦因等都曾涌向陕北、华中或华北多个抗日根据地，写出了各种形式的报道或论述。一个时期内形成中国"红区热"。② 正是借助国外记者和作家的力量，中国共产党以长征文化为主要内容，打破国民党反动派的信息封锁和污蔑，中国共产党顺利实现对外发声，将自己的政策主张向世界宣讲，极大地提高了中国共产党的国际形象，让中国共产党的抗战政策为世界人民知晓，为获得抗战援助赢得舆论支持。

提高国内外民众对中国共产党的认同度。毛泽东在同埃德加·斯诺进行谈话的时候提到，"十年来国民党一直对红区保持全面的新闻封锁，在全国到处散布恐怖宣传"③。许多人对于中国共产党的了解大多来自国民党的单方面报道，因为共产党对外发声困难，国民党又大肆恶意宣传，加之国内外记者无法到达共产党控制的地区进行实际报道，这就使得中国共产党在众多人眼中的形象就是"恐怖"和"暴行"等。

19 世纪 30 年代，日本法西斯侵略中国，以蒋介石为首国民党反动派却执意奉行"攘外必先安内"的错误政策，动用大部分兵力围剿中国共产党领导的工农红军，中国共产党被迫率领红军离开革命根据地，做出"北上抗日"的战略部署，进行举世闻名的长征，历经千辛万难最终取得长征的胜利。红军长征的胜利，向世界充分体现了中华民族的伟大革命精神，向世界人民展现了中华民族精神的最高体现——长征精神。当时的党中央向外国记者和作家讲述了中国共产党致力于挽救民族危亡的抗日政策、充满大局意识的民族政策等，这些外国记者和作家将这些内容真实地向外界报道，并在世界上引起强烈的反响。中国共产党的抗战政策与以蒋介石为首的国民党政权奉行的政策形成强烈的对比，中国共产党的国际形象逐渐鲜明起来。长征文化国际传播让世界人民对于中华民族有了更加充分地认

①　[美] 埃德加·斯诺. 斯诺文集（第 1 卷）[M]. 北京：新华出版社，1984：192.
②　张注洪. 论《西行漫记》的国际影响 [J]. 国际政治研究，1990（3）：91.
③　[美] 埃德加·斯诺著. 红星照耀中国 [M]. 董乐山译. 北京：新华出版社，1984：286.

知，对于中国共产党有了更加深刻的认识。长征文化国际传播使世界人民更加清醒地意识到只有中国共产党才可以挽救中华民族的危亡，只有中国共产党才能救人民于水火之中，提高了国内外民众对中国共产党的认同感，为中国共产党顺利团结广大民众、形成抗日民族统一战线、取得抗战胜利争取了巨大的国内和国际舆论支持。

帮助中国共产党获得抗战的国际支援。长征文化国际传播带来的影响是不可估计的，许多国际友人把长征看成是中国革命的伟大象征，看成是人类历史上的伟大史诗。长征文化国际传播推动了中国抗战新局面的到来，最终促进世界反法西斯联盟欣然接受中国共产党为盟友参加反对法西斯侵略的斗争。无论是长征期间还是长征胜利后，中国共产党宣传并坚决执行北上抗日的政策，这让当时中国的爱国人士深受鼓舞。在国内外舆论的压力下，蒋介石被迫暂时放弃围剿红军的政策，促进了抗日民族统一战线的形成。正是因为长征文化国际传播，使中国共产党的抗战政策得以广为人知，博得了国际舆论的同情和支持。

长征文化国际传播还为共产党赢得了国际友人的支持。正是在长征文化的影响下，国际共产主义战士白求恩医生带着国际医疗队不远万里来到延安，用他高超的医疗技术为抗战战士减轻痛苦；美国医生马海德怀着对中国的热爱来到延安，帮助中国人民战胜疾病，最后坚定地留在中国，为中国人民的卫生事业奉献一生；还有印度医生柯棣华，他随同印度援华医疗队来到中国援助中国人民的抗战。这些真实的事例还有很多，正是因为长征文化的国际传播，长征精神才能感动世界，世界人民在长征精神的感召下，伸出他们的援助之手，为中国取得抗战的胜利注入坚实的力量。

鼓舞世界人民的民族解放事业。长征文化一经传播，便产生了世界性的影响，红军长征不仅成为世界反法西斯斗争中不畏艰险、坚定信念、忠诚爱国的英雄楷模，也成为世界共产主义运动中经受考验、克服困难、走向胜利的光辉典范。正如美国伊利诺伊理工大学斯图尔特商学院经济学教授哈伊里·图尔克所说："毫无疑问长征的胜利在当时赢得了众多与殖民主义作斗争的国家人民的敬意。长征胜利也为其他 1945 年后争取独立的国家打开了一扇门。举例来说，越南在独立战争中就借鉴了许多长征中游击战的战术。"① 长征文化国际传播扩大了红军长征在世界范围内的影响力。朝鲜、越南等亚洲国家的民众受到巨大的鼓舞，为这些地区的人民建立独立主权国家提供精神动力，推动了这些地区民族解放事业的发展，这些国家和地区的民族战士以红军为学习榜样，经过艰苦奋斗，相继建立起独立的主权国家。

长征文化同样影响到拉丁美洲和非洲的国家和地区，比如古巴革命领导人菲德尔·卡斯特罗曾说："红军长征胜利，不仅激励了古巴革命者的斗志，同时也为古巴革命取得胜利提供了宝贵的经验和借鉴。"② 因为在这些地区，争取民族独立和人民解放的战士们通过传阅印有红军长征事迹的小册子，增强他们争取正义事业必然胜利的信心。二战时，欧洲人民同样深陷反法西斯斗争的泥潭中，但是中国红军长征胜利的消息为他们的反法西斯战争带来巨大的精神鼓舞。长征文化国际传播将长征的真实事迹、长征精神传播到世界各地，为世界人民推动反法西斯斗争注入了巨大的精神力量，助推了世界受压迫地区的民族解放事业。

2. 推动长征文化国际传播的现代意义

长征文化不仅是中华文化的一部分，也是世界文化中耀眼的明星。长征文化国际传播是积极响应党中央关于推进文化国际传播、推进国际传播能力建设的号召，站在国际的高度和运用世界的眼光感受长征文化发展方向，将长征文化放到人类历史文化的长河中去研究，这将有利于我们更加准确地把握长征文化，更加有力地弘扬长征文化，更加富有成效地增强长征文化的国际影响力。有助于提高国家软实力，提高国际话语权，有助于提高中国的大国形象，有助于增强民族的自信心和自豪感，有利于助推实现中国梦。同时有利于国外的友人更加清楚地领略中华文化的博大精深，更加坚定地支持中国特色社会主义建设。加大长征文化国际传播的力度，

---

① ② 世界眼中的长征和长征精神［EB/OL］. http：//news. xinhuanet. com/politics/2016－10/18/c_1119742600. htm.

推动长征文化国际传播的现代意义主要从以下几个方面展现。

有利于深化和拓展社会主义核心价值体系。习近平总书记在党的十九大报告提出了深化和拓展社会主义核心价值体系的具体方略，他指出，文化的发展要"不忘本来、吸收外来、面向未来，更好构筑中国精神、中国价值、中国力量，为人民提供精神指引"①。长征文化同样要立足根本、面向世界、博采众长，不断在国际传播中提高自身的竞争力和国际影响力，为世界人民提供精神指引。长征文化所蕴含的顽强拼搏、同舟共济的精神不仅是社会主义核心价值体系的精神内核，也是人类追求的共同价值观，长征文化国际传播可以将社会主义核心价值体系的精神内核更好地传播出去，同时也可以借鉴和吸收国外优秀文化中的人类共同价值，不断推动其深化和拓展，坚定文化自信。文化自信的底气何在？表现在社会主义核心价值体系不仅可以为中国人民提供精神指引，还可以为世界人民提供中国精神、中国价值、中国力量。社会主义核心价值体系作用的发挥离不开自身的不断深化和拓展，长征文化国际传播是坚定文化自信，促进其不断深化和拓展，提升精神引导力和号召力的重要引擎。

有利于提高中国文化软实力。推动长征文化国际传播是提高中国文化软实力的需要。当今世界国家之间的综合国力竞争日趋激烈，越来越多的国家清楚地认识到文化软实力对提升综合国力的重要作用。改革开放以来，中国的综合国力在不断提升，中国在国际上的影响力越来越大，中国以经济和军事为主的硬实力明显增强，相比之下，以文化为主的软实力要弱一些，这是中国综合国力提升的瓶颈。对此，中国大力推动中华文化"走出去"，增强中华文化的国际影响力，进而不断提升国家文化软实力。但是我们要认识到提升国家文化软实力不是一朝一夕即可实现的，需要我们坚持不懈的努力。我们有博大精深、源远流长的中华文化，我们必须发出自己的声音，讲好中国故事。长征文化的国际传播对提高中国文化软实

---

① 习近平. 决胜全面建成小康社会　夺取新时代中国特色社会主义伟大胜利——在中国共产党第十九次全国代表大会上的报告［M］. 北京：人民出版社，2017：23.

力能起到巨大的推动作用。

有利于塑造和维护国家形象。国家形象不仅直接关系到国家的尊严，而且关系到国家的影响力、吸引力、感召力、公信力、主权捍卫能力和国际话语的掌控力。^① 伴随着中国经济的快速平稳发展，中国已经取得了令世界人民瞩目的美好成绩，中国的国际地位逐步上升。但是西方国家主导国际传播格局，他们利用强大的国际传播体系进而把持整个国际话语体系。国际舆论格局呈现西强我弱的局面，对中国的国际形象造成不利影响。因此，构建与中国际地位相称的全球性国家形象，塑造和维护国家形象成为推动长征文化国际传播的一个重要目标。长征精神铸就了党魂、军魂和国魂，长征精神是中华民族伟大精神的继承和传扬。从更加广泛的意义上说，长征精神具有普遍的人类学意义，长征中广大红军将士追求高尚信仰的精神，坚持伟大理想的精神，义无反顾、勇往直前等精神是人类共同的精神财富。长征文化是长征精神的精髓，传播长征文化就是弘扬长征精神，推动长征文化国际传播是塑造国家形象的重要前提，必须要做好这项工作。

有利于助力实现中国梦。推动长征文化国际传播有助于实现中华民族伟大复兴的中国梦。改革开放以来，中国的发展取得了令世界为之赞叹的成就，虽然中国现在的 GDP 总量已经跃居世界第二位，距离实现经济复兴的目标越来越近，但中华民族伟大复兴不单是经济上的复兴，而是建设富强民主文明和谐美丽的社会主义现代化强国，这就需要在多方面进行努力。尤其是文化方面，成为文化大国、文化强国是中国国家文化软实力强劲的重要标准，是坚定文化自信的坚强后盾，是实现中国特色社会主义文化繁荣发展的内在要求，是中华民族伟大复兴中国梦的重要组成部分。长征文化作为中华文化最优秀的部分之一，蕴含海内外中华儿女引以为傲的民族品格，它可以凝聚海内外中华儿女的力量，增强中华儿女实现中国梦的凝聚力，长征精神中的艰苦奋斗精神，勇往直前精神，坚持到底精神，

①　张国祚. 文化软实力研究论纲 [M]. 北京：社会科学文献出版社，2015：96.

探索和开拓精神独创和实践精神等，这些都能为中华民族伟大复兴的实现提供源源不断的精神动力。推动长征文化国际传播就是将长征精神融入海内外的中华儿女的心中，铸就他们实现中华民族伟大复兴中国梦的信心和决心，增强中华儿女的凝聚力，共同为实现中华民族伟大复兴的中国梦奋勇向前！

有利于推动全球文化多元和谐发展。推动长征文化国际传播是促进全球文化多元和谐发展的需要。中国文化软实力同中国的经济实力和国际地位还不是很相称，必须扩大中华文化的国际影响力，提升中华文化在世界上的话语权。举例来说，目前世界文化市场份额中美国、欧盟占据了大部分。美国等西方强国的文化扩张势头强劲，而且内含于文化中的资本主义的价值观念具有很强的侵略性和腐蚀性，正在向全世界蔓延，最终会造成由资本主义文化主导的一元文化格局。中国在世界文化市场份额仅为4%①，虽然近些年来有所提升，在世界上的影响力不断增强，但是与其他文化强国相比仍有一定的差距，要想彻底扭转这种严峻的形势，就是要让社会主义文化绽放光彩，长征文化是社会主义文化中最具代表性、最具社会主义特色的文化。推动长征文化国际传播就是要让彰显中国社会主义特色的文化走向世界、融入世界、影响世界、引领世界，打破全球文化为西方强国所控制的格局，促进全球文化多元化发展。长征文化国际传播的目的是促进不同文化间的国际交流，既可以为自身文化发展吸收有益养料，又可以推动各种文化交流互鉴，逐渐形成多元文化和谐发展的世界文化格局。

---

① 我国文化产业占世界文化市场不足 4% [EB/OL]. http：//news. sina. com. cn/o/2011 - 02 - 19/070921979551. shtml.

第4章
影响长征文化国际传播的因素分析

长征文化国际传播的关键就是让长征文化如何在国际风云变幻的文化环境中，处理好国际间文化的交流、交锋、交融的问题。长征文化国际传播的环境更加复杂，更加充满挑战性，长征文化国际传播会面临更多新问题，如何正确处理好这些新问题是推动长征文化国际传播的现实课题。借助长征这张辉煌的国际文化名片，全面提升长征文化的国际传播力，在新的时代条件下发挥长征文化"宣言书、宣传队、播种机"的国际性作用。

通过综合分析长征文化在世界上各大洲的传播状况，我们就会发现长征文化国际传播的范围并没有实现全面覆盖，一些国家和地区由于历史和当前传播技术落后等原因，对于长征文化了解的程度不深，长征文化在一些国家和地区的传播效果还有待提升。鉴于此，我们要深刻总结和探析影响长征文化国际传播的因素。本章对长征文化国际传播中出现的问题和挑战进行剖析，进而为破解这些障碍，推动长征文化国际传播做好准备。

4.1 长征文化国际传播的体制机制不完善

体制机制的完善是长征文化国际传播这项意义重大的文化长征的第一步，长征文化体制机制不完善的问题不仅是推动长征文化国际传播面临的首个问题，也是提高长征文化自觉、实现长征文化自强、坚定长征文化自信所要认真对待的重要问题之一。长征文化国际传播体制机制的问题主要表现在因为长征文化国际传播环境变化而衍生出的新问题。深入分析这些问题形成的原因、表现特征及对长征文化国际传播的影响，进而为探寻完善长征文化国际传播体制机制做好准备工作。

4.1.1　文化体制改革有待深化

长征文化国际传播需要有完备的文化体制作保障，中国共产党作为长征文化国际传播的主导者深刻意识到文化体制的完备对于这项工程的重要性。自1978年改革开放以来，推动物质文明和精神文明协调发展一直以来是社会主义建设的重要课题，解决好这项课题可以充分发挥精神文明的引导作用，进而形成文化大发展大繁荣的局面，推动形成经济社会全面发展的格局，中国共产党对文化体制进行了多年的深化发展和不断改革创新，并且取得了一系列成就，这也为推动长征文化国际传播提供了有效的体制保障。但是我们必须清醒地认识到，伴随着国内外形势的不断变化，伴随着长征文化国际传播环境的变化，中国的文化体制必须要进行深化改革，才能不断增强国家文化软实力，为推动长征文化国际传播营造更好的发展环境。中国共产党充分认识到这一点，并且提出了一系列针对文化体制深化改革的重要论述，为开展文化体制改革奠定了理论基础和提供指导思想，为推动长征文化国际传播做好准备。中国文化体制改革同样处于攻坚区和深水区，改革的程度有待于进一步深化。中国文化体制改革未深化的制约因素主要有以下几个方面。

1. 文化服务体制改革中的一些新问题

中国共产党和中国各级政府历来高度重视文化服务体系建设，不断为文化服务体制的完善进行改革，大力促进文化的繁荣和发展。中国共产党积极推进深化文化体制改革，文化服务体制的基本目标就是"便捷高效、保基本、促公平"，参照这个目标要求，相关部门组织和协调各方面进行不断地努力。深化文化体制改革是一项长期且复杂的课题，经过一系列的改革措施不断落实之后，中国的文化服务体制达到基本目标，但是仍旧存在一些新问题导致文化服务体制运行不通畅，其中存在一些制约文化发展的因素。文化服务体制运行不通畅会掣肘长征文化国际传播，具体表现在：一是文化权益得不到普遍保障，推动长征文化国际传播的一些公司的文化权益受到威胁时，不完善的文化服务体制不能提供有效保障。二是文化财政支持政策不够灵活。长征文化国际传播需要文化财政的鼎力支持，相关支持政策不够灵活会导致长征文化国际传播后劲不足。因此，这两个问题的解决将有效促进文化服务体制的不断完善，也为推动文化发展提供制度保障，为长征文化国际传播做好制度保障。

2. 文化事业单位一些制度亟待改革

只有激发文化事业单位的活力才能更好地为长征文化国际传播服务，目前中国的文化事业单位在本质上属于事业单位，这正是它与营利性的文化企业之间的属性差别，所以在深化文化体制改革中存在一些不好解决的问题。文化事业单位一些制度出现问题致使其活力不够，主要表现在以下几个方面：一是人员聘用制度的僵化。根据相关文件规定，文化事业单位按照规定招聘的工作人员给予事业单位编制，但是他们工作能力的强弱是通过内部评定的，并不像营利性文化企业那样有聘用和解聘的灵活制度，基本属于编制内成员就没有辞聘风险。二是内部分配制度的僵化。在大多文化事业单位中，职工的收入都是按照国家的既定标准分配，文化事业单位本身是没有自主权的，这就导致部分职工存在"干多干少一个样"的错误工作思想，事业心不强。三是文化事业单位缺乏独立性。在同一个地区的文化事业单位会由不同的文化管理部门实施管理，文化事业单位的活动基本由主管部门规定，缺乏独立性。四是财政支持来源单一。目前文化事业单位主要依靠国家财政拨款，但这对于支持文化事业发展明显不足，但是社会资金支持的机制还没有完全建立起来，掣肘文化事业的发展。五是文化事业单位对自身发展方向定位不清。文化事业单位在发展方向不同于营利性文化企业，文化事业单位更多要注重社会效益而相对少追求经济效益，要做好自身发展方向定位。必须要继续深化文化事业单位的上述制度改革，不断提升文化事业单位发展活力，为长征文化国际传播做好服务保障。

3. 文化企业市场主体地位没有确立

长征文化国际传播需要一大批文化企业推动，改革开放 40 多年来，中国文化产业的发展势头越来越强劲，文化企业发展前景广阔，已经成为促进中国经济发展的重要产业。在深化文化体制改革中，文化企业还有一些不易解决的难题需要认真对待，解决好这些问题可以更好地发挥出文化企业在长征文化国际传播中的重要作用。问题具体体现在：一是文化企业制度不健全。在不断深化文化体制改革的要求下，有一些文化事业单位转为文化企业，一些文化单位转为国家控股的文化企业。这些企业在未转变之前由国家相关文化管理部门实行管理，企业的发展方向也由他们来规定，当这些企业转变归属体制之后，他们的发展方向、服务对象都有一定的转变。面对市场环境的变化，他们之中的一些企业未能及时转变发展理念，找准发展方向，没有形成较强的自我发展能力，在参与文化市场的竞争中裹足不前，甚至发展滞后，这是需要认真和重点要解决的问题。尤其是在文化全球化的背景下，长征文化国际传播环境变幻莫测，这就需要这些企业能够准确把握市场形势，找准自身定位，助力长征文化国际传播。二是部分文化企业营利方式较为单一。在深化文化体制改革的推动下，相当一部分文化企业直接面对的是充满挑战的文化市场。在改制之前，许多文化企业依靠国家财政支持，按照文化管理部门的硬性规定发展文化事业，不同于一般的营利性文化企业，他们经营理念更多的是注重社会效益，在改制之后，尚未从角色转变中适应，他们的营利模式较为单一，在文化市场中竞争处于劣势。三是文化企业创新人才缺乏。对文化产业的发展离不开创新，更离不开具有创新能力的人才。在文化市场竞争日益激烈的今天，创新人才缺乏无疑是文化企业发展中的短板，做好人才培养和储备是文化企业发展壮大的重要途径。四是文化管理部门职能转变不够彻底。深化文化体制改革就是要提升文化市场活力，文化管理部门在文化市场中的职能也发生了相关转变，由之前的控制变为引导，但目前一些文化管理部门的观念仍未转变，不能有效提升文化市场活力。[①] 因此，深化文化体制改革

---

① 张宏明. 论全面深化文化体制改革的基本原则、制约因素及对策建议［J］. 山东社会科学 2015（12）：116 –119.

必须要高度重视以上出现的新问题，深入学习习近平新时代中国特色社会主义思想中关于深化文化体制改革的论述，探求行之有效的解决办法，为推动长征文化国际传播扫除文化体制障碍。

4.1.2　文化开放水平有待提升

中国共产党十分重视对外开放，改革开放以来，中国共产党相继推出一系列对外开放政策并指导相关部门认真贯彻落实。中国的对外开放不仅是经济上的开放，更是文化上的对外交流，推动中华文化"走出去"，参与国际间的文化交流。中国文化对外开放的进程不断加快，中华文化"走出去"的步伐稳健。同时，我们可以清楚地看到中国与世界上的文化强国之间还有一定的差距，推动中华文化走出去道阻且长。提升中国的文化开放水平是推动中华文化走出去，推动长征文化国际传播的重要途径。通过分析，中国文化对外开放所面临的困境有以下几个方面。

1. 文化传媒的传播能力有待提升

在改革开放的时代要求下，中国的文化传媒准确判断文化市场的形势，不断提升自身实力，并且取得了一定的发展成就。但是在全球化的背景下，文化传播能力更多的是指对外传播能力，也就是文化传媒的国际影响力，中国正是缺少具有较强国际影响力的跨国传媒集团。在当前，虽然中国的传播媒体众多，但是也存在较分散的情况，中国的各个省自治区市都有自己的传播媒体，但是这些媒体由地方政府的相关文化管理部门管辖，他们相互之间存在营利性竞争的问题，很难实现密切合作的局面，这种传播力量的分散不利于提高中国文化传媒整体的实力。中国文化传媒在对外传播中面临话语转换的困境，如何用外语讲好中国故事，用外语讲好外国故事，而且还要贴合国外受众的接受习惯，所以对翻译水平要求极高，这也是提升文化传播能力也要认真面对的问题。为了在一定程度上解决话语转换的难题，中国的传播媒体在国外受众地区设立分站，并且雇佣本土人员进行传播，但是本土人员对中华文化的理解程度又成为话语转换新的难题，而且在受众地区雇佣的本土人员成本较高，效果又不明显，影响对外传播的效果。^① 中国文化传媒的传播能力提升需要多方面考虑，多途径提升，这是亟须解决的重要问题。

2. 中国文化对外贸易力量有待增强

改革开放以来，中国文化产业的快速兴起推动了文化贸易的快速发展，文化贸易的发展也促进了文化产业的繁荣发展。文化贸易中的文化对外贸易是将中国的文化产品输出到其他国家，文化产品蕴含着中国的文化价值观，文化对外贸易力量的强大将有力提升文化开放水平，是推动中华文化走出去的重要途径。依目前的情况来看，相比于其他文化强国，中国的文化对外贸易水平还较低，主要是因为中国文化对外贸易才处于起步阶段，中国对文化对外贸易的重视程度在不断提升中。中国文化对外贸易力量不强主要体现在存在文化贸易逆差的状况，而且直到现在还没有从根本上改变；文化对外贸易的结构不甚合理，主要以图书出版为主，其他文化产品所占比重较少，但因为图书的影响力有限，对提升文化影响力的效果不显著，亟须调整贸易结构。在图书版权输出方面，中国出版到国外其他地区较少，这种情况不利于文化对外传播。^② 对此，要深入分析中国文化对外贸易中涌现的新问题，找寻文化对外贸易出现逆差的深层次原因，寻求拓展增强文化对外贸易力量的新途径。

4.1.3　长征文化传播内容不全面

长征文化是一个内涵丰富的文化资源，包含着多种文化形式，是丰富多彩的文化宝库。长征文化处于动态的发展中，它既包括长征过程中红军创作的文化作品，也包括长征结束后至今日人们以长征为题材创作的文化作品和开展的文化活动，这些都在不断丰富着长征文化内容。但是因为对

---

① 新华社新闻研究所. 我国媒体海外人员本土化面临的问题与对策建议 [Z]. 国家社科基金成果要报，2011 - 11 - 14.

② 张洁. 关于我国文化对外开放问题的思考 [J]. 湖南社会主义学院学报，2014 (5)：66.

长征文化的重视程度不够，对长征文化传播的视野不够开阔，对长征文化缺乏深度的挖掘和整理等原因，致使长征文化内容在当前传播中没有完全展现出来。根据目前长征文化传播内容来看，虽然在一定程度上展现了长征的内涵，但是对于展现真实的长征还有一定的差距。长征文化的内容还有待进一步地发掘和充实，只有将色彩纷呈的长征文化全面呈现出来，才能更好地打实长征文化国际传播的丰富内容基础。长征文化传播内容不全面的问题不容小觑，长征文化传播内容的局限性会给长征文化传播带来以下不利影响：一是影响长征文化的全面展现和生动表达，不能充分体现长征文化的深刻内涵，不利于充分激发长征文化的活力，进而降低长征文化的国际竞争力；二是影响国外受众对长征文化的理解和接受，降低长征文化对他们的吸引力，影响长征文化国际传播的效果。

　　长征文化传播内容不全面的表现有：一是对同一类型的长征文化仅选取代表性作品进行传播。比如长征诗歌，在当前，我们一提到描写长征的诗歌就会想到毛泽东关于长征的几首诗歌，尤其是最先由斯诺展现给世界人民面前，并且引起重大国际影响的《七律·长征》。但是通过查阅关于长征的文献记载资料，我们就会发现目前关于长征的诗歌仅仅是冰山一角，关于长征的诗词非常多，但是我们耳熟能详的就属当前传播最广泛的毛泽东的长征诗词了，并且在世界有较大影响的也是这几首。我们不禁要反思，其他关于长征的诗歌为什么没有被重视，为什么没有进行有效传播，这些生动的诗歌是否也能引起广泛的世界影响呢？答案是肯定的，但是问题是缺少对它们的深度挖掘、认真整理和有效传播。需要注意的是不止在诗歌的一个方面，其他同一类型的长征文化同样存在这种情况。二是对不同类型的长征文化传播不够全面。长征文化中不止有诗作，还包括多种不同类型的文化，如长征歌曲、长征戏剧、长征口号、长征舞蹈、长征木刻等，这些不同类型的文化在不同方面充实着长征文化，展现长征文化多种多样的文化魅力，体现长征文化不同凡响的文化吸引力。当时通过分析长征文化传播的内容主要以长征诗作、长征歌曲为主，其他类型的文化基本未充分体现出来。比如《十送红军》《长征歌》《三大纪律八项注意》

等经典的长征歌曲我们至今仍在传唱，但是较为复杂的长征戏剧如《破草鞋》《王家烈狼狈相》《刘湘跳河》等长征中原汁原味的戏剧却没有得到广泛流传，这些作品的传播可以助力再现真实的长征，问题在于未对这些类型的文化进行深入挖掘和再现，未能充分发挥出其他类型长征文化的作用，这是丰富长征文化传播内容必须要认真对待的问题。

4.1.4　长征文化表现方式单调

长征文化传播是一个不断发展变化、不断前进的过程，长征文化国际传播是长征文化传播中重要的发展阶段。因为对长征文化的认识不足，文化创新意识不强和缺乏长征文化传播的世界性眼光等因素，目前长征文化表现方式逐渐呈现出单调的趋势，这种趋势不利于长征文化国际传播，并且不能满足受众的多样化需求，因为这些单调的表现方式容易使受众产生审美疲劳，无法充分吸引受众的注意力，不能有效提起受众的兴趣，如何将长征文化以最具吸引力、最具创新力和创造力的方式展现出来，是提高长征文化国际传播效果的题中应有之义。

当前长征文化形态主要分为物质文化形态和非物质文化形态两个方面。在物质文化形态方面的单调表现为承载长征文化的历史遗迹并没有进行创新性的开发、利用和保护，长征的遗址遗迹很多，但是因为各种原因，只是展出了具有象征性意义的一部分，并且仅凭借对其单纯的参观和解说并不能将长征文化充分地展现出来，这些历史遗迹在长征中所发挥的作用并没有演绎出来，一些具有创新性和创造性的表现形态并没有被设计出来。有些遗迹因为缺乏保护，导致残缺不全或者消失，使受众不能亲身地感受到，缩小受众思考和回味的空间，造成他们对长征文化的认识大打折扣。还有就是一些长征文化博物馆和纪念馆在展品的选择上因为缺乏创新性，忽略了差异化的原则，导致推出的展品千篇一律，掩盖了这些纪念场馆的特色以及展品的独特意义，这不仅造成长征文化资源的合理利用率不高的问题，而且还不能有效地丰富长征文化的表现方式。

　　在非物质文化方面方式单调的表现为关于长征文化的文章、小说、电影和电视剧等传统的表现方式已经难以满足受众的需求。长征文化是国内外受众了解中国共产党、了解中国最好的题材之一。在长征文化早期传播的过程中，关于长征的文章、小说、影视作品对于传播真实的长征发挥了一定的作用，在一定程度上较好地推动了长征文化传播。长征文化内容伴随着时代发展也在不断地丰富，传统的表现形式在展现长征文化上显得有些滞后。比如 1961 年八一电影制片厂推出的电影《突破乌江》，1980 年长春电影制片厂推出的《大渡河》，1983 年八一电影制片厂推出的电影《四渡赤水》等影视作品因为拍摄的年代距今已逾许多年，而且这些作品当时未考虑到推动长征文化国际传播的长远目标，所以缺乏国际性的表现方式，这也就是这些优秀的影视作品难以走出国门的症结所在。可喜的是，中国已经在这方面有所进步，但进步缓慢，仍需要继续加强。比如中国在 2009 年成功推出一部名为《长征》的纪录片，并且被美国、澳大利亚、韩国等多个国家购买了播出版权，获得了国外受众的一致好评，这部纪录片就是运用了国际化的表现方式丰富了长征文化的表现形态。长征文化在与世界上较为流行的文化表现形态结合的程度不够，主要体现为长征文化的表现方式生硬、刻板，如长征文化主题的游戏、长征文化主题的动漫等较为流行的、生动的文化表现形态却鲜有关注、研发、推广。还有就是未能将长征文化的物质文化形态和非物质文化形态有机地结合起来，主要表现就是将两者分别展现，缺乏相互融合，物质文化形态是非物质文化形态的实在载体，非物质文化形态是物质文化形态的生动展现，如长征故事、长征诗作等非物质文化仅用影视和文章展示，长征遗迹、长征遗址等单纯依靠展览和解说来展现，缺乏探索将两者融合的有效途径，难以发挥出两者结合的最大效果。这些问题都是在推动长征文化国际传播中需要认真对待的问题，进而寻求行之有效的解决办法。

4.2 长征文化国际传播队伍能力不强

长征文化国际传播队伍是推动长征文化国际传播的重要力量，但在当前，长征文化国际传播队伍能力不强，这不利于其作用的实现，长征文化国际传播队伍能力不强主要表现在传播主体具有局限性和缺乏国际化人才队伍两个方面。

4.2.1 长征文化国际传播主体具有局限性

通过梳理长征文化国际传播的资料可知，推动长征文化国际传播的主体大致可以分为国家、企业、社会组织和个人四类，长征文化传播主体具有局限性首先表现在这些传播主体自身的局限性，这些局限性是其发挥国际传播主体功能不可忽视的制约因素。其次就是表现在这四类国际传播主体相比于今天的国际传播主体日益多样化形势下显示出的局限性，这种国际传播主体类型的局限性对于长征文化国际传播的范围、效果都有一定的不利影响。克服长征文化国际传播主体的局限性成为推动长征文化国际传播中着重要解决好的问题。

首先要分析这些传播主体自身的局限性。在国家方面：伴随着中国综合国力的不断增强，中国共产党逐渐认识到文化软实力在提升中国国际地位，增强中国国际影响力中的重要作用。对此，中国共产党大力推动中华文化"走出去"战略，长征文化国际传播是这项重大战略的重要组成部分。在该背景下，中国政府的部分相关职能部门关于长征文化国际传播的思想还未完全转变，思想开放程度不够，导致协同推进工作进展缓慢、效率不高、效果不好，未能理顺长征文化国际传播的管理体制等问题。尤其是在互联网环境下，政府的相关职能部门能否快速适应复杂多变传播环境，突破自身的局限性，真正能发挥出、发挥好对长征文化国际传播的主导作用，这是需要认真对待的课题。

在企业方面：通过回顾长征文化国际传播的历史和现在，这些不同类型的文化企业在推动长征文化国际传播中发挥了不可替代的作用。媒体企业主要负责长征文化活动的策划和宣传等，非媒体企业主要负责长征文化产品的生产和销售。跨国的媒体企业和非媒体企业对于推动长征文化国际传播的成就更为重要，但目前的主要问题是这类文化企业较少，而且注册地在中国的更少，如何有效引导他们推动长征文化传播成为关键课题。文化企业自身的非公有制属性决定了这些企业是以营利为目的，所以它们大多受到经济利益的驱动来推动长征文化传播的，因此他们的传播行为会呈现出偶然性和阶段性的弊端，这些不利于推动长征文化传播的持续性和长效性，如何增强文化企业传播长征文化的责任感，将这些文化企业有效的联合起来，形成互相合作的机制，成为突破这一类传播主体局限性的主要途径。

在社会组织方面：社会组织是非营利性的团体，他们的社会责任感较强，具有一定的社会影响力，可以有效推动长征文化国际传播。社会组织作为长征文化国际传播主体的局限性首先体现在中国国内的社会组织能力不足、传播经验缺乏，虽然举办了一系列以长征文化为主题的活动，但是其号召力和影响力都还较弱，在推动长征文化国际传播方面力量不足，并没有得到国际上的广泛关注。其次是中国在国际上成立的致力于长征文化交流社会组织还比较少，以至于不能有效地推动长征文化在国际上的广泛交流和传播，扩大长征文化的国际影响。国外的社会组织对长征文化的关注度还有待提升，这就需要相关部门做好宣传和引导工作。社会组织在长征文化国际传播主体中较为灵活，因为作为政府和民众沟通的桥梁，具有很好的传播优势，需要好好把握。

在个人方面：在互联网逐渐兴起和普及之后，个人作为长征文化传播主体还有许多可以拓展的空间，尤其是网络空间的开放程度不断提高。虽然互联网的兴起和普及在一定程度上减小了个人主体作为长征文化国际传播主体的局限性，给普通个人主体传播长征文化的机会，但是普通个人主体由于对于长征文化理解程度高低不同、传播长征文化的目的不尽相同等个人因素导致的长征文化国际传播效果也会参差不齐，如何提高普通个人主体对长征文化的了解程度，正确引导普通个人主体传播长征文化的方向，是突破个人主体在推动长征文化国际传播方面局限性的关键所在。长征文化国际传播主体的局限性会伴随其传播的不断深入而逐渐显现出来，这就需要我们深刻总结传播经验，不断避免其局限性，激发其主体作用的发挥。

4.2.2 缺乏国际化人才队伍

人才在提高国家综合国力中发挥着重要作用。伴随着中国经济实力的不断增强，中国已经成为世界上的经济大国和经济强国，中国的制造业非常强大，是世界公认的制造大国，标有"中国制造"的产品销售到世界各地，但是中国的国家文化软实力还达不到与经济等硬实力相对称的程度，中国是文化大国，却不是文化强国，"中国制造"的文化产品在世界上的影响力还有很大的提升空间。对此，中国共产党提出实施中华文化"走出去"战略，长征文化国际传播是推动中华文化"走出去"，提高中国国家文化软实力的重要举措。实施中华文化"走出去"战略，推动长征文化国际传播，人才是不可缺少的重要智力支持，尤其是国际化人才队伍。

目前，长征文化国际传播中较难跨越的问题和障碍就是国际化的文化人才紧缺。伴随中国工业化和城镇化进程的加快，中国人口素质的不断提升，中国的人力资源不断丰富，但是人才资源则要相对匮乏得多，人才资源中的高级人才更为稀缺，高级人才中的国际化人才数量堪比凤毛麟角。中国要想成功推动长征文化国际传播，国际化人才中的文化人才尤为重要但也尤为紧缺。造成这种状况主要是因为中国在中华文化"走出去"的战略提出之前所培养的文化人才已不能完全适应文化国际传播环境的变化。当前长征文化国际传播中的文化人才资源的结构存在一些问题，具体表现在以下几个方面：一是文化继承型人才多、文化创新型人才少；二是从事文化生产的人才多，从事文化传播的人才少；三是掌握国内文化传播规律的人才多，知晓国际传播规律的人才少；四是熟悉国内文化市场的人才多，熟知国际文化市场的人才少。总而言之，长征文化国际传播缺少一批真正既了解长征文化又了解国外文化的专门性人才，既熟知国际文化市场又能准确把握国际传播趋势的国际化人才。比如，如何将更多的长征文化作品用外语翻译好，既不失长征文化特色，又能与国外的接受习惯和接受方式进行有效对接，让国外受众更好地认识长征文化，领悟长征文化，感悟长征精神。用外语表达长征文化是根本，如何利用外语表达好长征文化才是关键，这就需要优秀的翻译人才，目前翻译出去的长征文化优秀作品并不多，其中一个重要因素就是缺少优秀的翻译人才。提高长征文化国际传播效果的关键还是要靠制作精良的长征文化作品，这就需要一批真正熟谙长征文化的国际化人才齐心协力地用心地去做好每一件事，共同推动长征文化国际传播。

4.3　长征文化国际传播方式需改进

长征文化能否传播到国外受众地区，并被国外受众听得到、听得清、听得懂是长征文化国际传播中的重要一环，长征文化国际传播方式的问题主要包括中国在国际上文化话语权较弱，国际传播媒介能力不足，长征文化产品在国际竞争力不强，长征文化国际化表达方式需拓展这几个方面。通过分析以上长征文化国际传播出现的问题，厘清长征文化国际传播的障碍，并分析其成因，为解决好这些问题做好充分准备。

4.3.1　中国的长征文化国际话语权较弱

党的十八大以来，提升中国在国际上的文化话语权问题已成为中国共产党重点关注、谋划和解决的难题。中华文化"走出去"战略的目标就是推动中华文化更好地走出去，扭转文化贸易严重逆差的不利形势；中华文化源远流长，经过五千多年的深沉积淀，内容十分丰富，包括中华优秀传统文化、革命文化、社会主义先进文化，要盘活这些文化资源，打造优秀的文化作品，重磅推出具有国际影响力的文化精品，向世界讲好中国故事，传播好中国声音，进而提高中华文化在世界上的认同度，不断提高中国在国际上的文化话语权。

推动中华文化"走出去"面临的新课题表现为中国在国际上的文化话语权较弱，中国在国际上文化话语权的提升所遭遇主要障碍是缺乏彰显中国文化特色的话语体系。近代以来，西方国家用武力打开了中国的大门，打破了清政府"天朝大国"的梦想，国家经济不断衰落，值此国家危亡、民族危亡的时刻，一大批救亡图存的有识之士主张向西方强国学习，从器物层面到制度层面再到文化层面的不断深化，由于中国封建文化由于自身的没落和与西方资本主义文化对比之下呈现颓势，他们从崇尚西方文明为开端，到以西方文明为标杆对中国文化进行批判及改造。可以看出，也正是由于经济上的衰落，导致文化的衰落。在这个过程中，西方文化的话语权在中国不断提高甚至占据主导地位，中华文化逐步丧失文化话语权，并且成为西方文化批判的对象。"近代以来，西方在讲述中国故事的时候，总是一再强调中国同西方国家相比较缺乏什么，而中国一些有识之士看到西方的实力强大，认为中国衰败的原因就是因为中国的文化不如西方，这样就拱手将中国的文化话语权让出"①。时至今日，西方文化的话语权仍然在国际舆论格局中占据主导地位，正如习近平总书记所说："总体上来看，当前国际舆论格局总体是西强我弱，别人就是信口雌黄，我们也往往有理说不出，或者说了传不开，一个重要的原因就是我们的话语体系还没有建立起来，不少方面还没有话语权，甚至处于无语或失语的状态。"② 面对如

① ［美］Helmut F. Stern，唐小兵. 重新寻找资源讲述中国故事［J］. 社会科学报，2011 - 08 - 25.

② 中共中央宣传部. 习近平总书记系列重要讲话读本［M］. 北京：人民出版社，2016：210.

此严峻的形势，要增强中国在国际上的文化话语权必须认真分析这个方面的问题。

长征文化国际传播同样面临文化话语权较弱的新问题，中国对长征文化的话语权掌控能力不强。因为历史上长征文化是通过借助国际传媒的平台才产生世界性的影响，所以在长征文化国际传播初始阶段，我们是借助西方国家的文化话语权来表达自己的声音。在当前世界舆论格局下，长征文化国际传播仍然受到西方文化强国的较大影响。提升长征文化话语权的主要障碍是缺乏彰显长征文化特色的话语体系。中国虽然是长征文化的发源地，但是目前关于长征文化的话语和议题较为陈旧，未深度挖掘长征文化资源，无法彰显长征文化特色，无法形成长征文化特色的话语体系，导致我们对长征文化的话语权不能紧紧掌握在自己手中。

4.3.2　长征文化国际传播媒介影响力有待提升

国际传播的媒介渠道主要有印刷媒介、国际广播、卫星电视和互联网。长征文化也是通过这四种媒介渠道进行国际传播的。长征文化国际传播媒介影响力不强也主要体现在这四个方面。

在印刷媒介方面：印刷媒介的基本形态主要有书籍、报纸等。这三种媒介在早期尤其是在电子媒介未出现之前，对于推动长征文化国际传播中发挥了重要作用，时至今日仍发挥着不可替代的作用，印刷媒介渠道不足也主要表现在这三种媒介上。一是长征文化相关书籍版权输出有限。目前中国关于长征文化的书籍版权输出与引进存在不平衡现象，比如引进国外关于长征著作的中译本数量很多，但是国内长征著作却很少输出到国外。长征文化的发源地是中国，中国对长征文化的研究是最有发言权的，但是我们关于长征文化书籍却不能大量输出到国外，我们必须深刻反思中国书籍版权输出与引进不平衡的深层次原因，探索如何运用有效途径提高中国书籍版权输出是发挥书籍在推动长征文化国际传播中重要作用的关键所在。二是具有较大国际影响力报纸数量较少。中国对外传播的报纸主要分为外文报纸和华文报纸。中国中央级外文报纸以 China Daily（《中国日报》）为核心，面向国内外发行，该报自 1981 年创刊，经过多年的发展，在国际上的影响力越来越大。《中国日报》在国际上的影响力巨大主要体现在世界上其他国家对《中国日报》的认可度较高，认为它最能讲好中国故事，通过它可以更好地了解中国。也正因为如此，《中国日报》被国外的主流媒体争相转载①，在中国对外传播体系中具有重要地位，但是在中央级外文报纸中，呈现出《中国日报》一报专强的局面。目前，中国对外传播体系中主要的华文报纸包括中央级的《人民日报·海外版》，地方级的如《新民日报·海外版》，他们对外传播的受众主要是海外华侨华人。可以看出，无论是中央级还是地方级报纸，具有较大国际影响力的报纸数量不多，这种状况不利于推动长征文化国际传播。

在国际广播方面：中国对外传播的国际广播媒介中比较有代表性的就是中国国际广播电台，经过近些年来的发展，中国国际广播电台的播出语种不断增多，传播范围不断扩大，播出时间不断增长，播出效果不断增强。中国国际广播电台推动长征文化的渠道仍然有限。建议该电台在推动长征文化国际传播中不只要报道长征文化的相关新闻，还要多举办关于长征文化的媒体活动，加强国际交流，在拓展多渠道传播长征文化方面多加努力。

在卫星电视方面：中国电视国际传播方面在近些年来发展迅速，但是参与国际传播的起步较晚，与美国的 CNN、英国的 BBC 等国际领先的卫星电视台相比，中国电视在传播渠道、传播领域和传播能力、国际影响力等方面还存在一定的差距。中国电视在国际传播中的覆盖率低于国际一流电视台，传播技巧运用方面还不是很成熟。中国卫星电视在推动长征文化国际传播中发挥了一定的作用，但是仍需要继续提升自身对外传播能力，并加强与国际上一流的电视台开展密切合作，共同推进长征文化国际传播。

---

① 《中国日报》报系简介. 中国日报广告网站［EB/OL］. http：//app1. chinadaily. com. cn/adv/cd_resource/CD_JJ. htm.

在互联网方面：中国的网络话语权较弱。互联网作为国际传播的媒介与其他三种不同，因为互联网本身就是一种国际性的传播网络，国际互联网不断扩大国际传播的广度和深度。中国的网络话语权较弱主要体现在：在互联网的硬件上，互联网的 13 个根服务器，10 个在美国，英国、瑞典、日本各有一个，中国一个也没有。在软件上，IP 地址的分配，中国也是被分配，互联网资源的分配上面，中国还缺乏话语权。在互联网的标准上，全世界有几千个但是中国主导的才几十个，所以在话语权上有差距。国际互联网为长征文化国际传播提供了新契机，但是这也对长征文化国际传播带来挑战，如何增强中国的网络话语权是推动长征文化国际传播的关键问题。

4.3.3　长征文化产品国际竞争力不强

文化产品是指人类创造的一切提供给社会的可见产品，包括物质产品和精神产品两个部分，长征文化产品同样包括物质产品和精神产品，是展现和传播长征文化的重要文化载体，要实现从中国制造向中国"智造"转变。长征文化产品同样需要由中国制造向中国"智造"转变，因为长征文化产品是长征文化国际传播的重要驱动力，尤其是具有较强国际竞争力的长征文化产品所起的带动作用更加明显。但是当前，中国的长征文化产品国际竞争力不强，在一定程度上遏制了长征文化国际传播效果的提升，主要表现在以下几个方面。

1. 长征文化产品吸引力不强

通过分析长征文化在各大洲传播的历史和现状，我们就会发现长征文化产品仍是以非物质产品为主，物质产品却很少，而且吸引力不强，在国外受青睐的概率小。究其主要原因就是在中华文化"走出去"一系列政策提出后，在研发长征文化物质产品方面缺乏大胆尝试，创新意识不强，缺乏长远的世界眼光，导致长征文化物质产品在数量上和质量上都不突出，物质产品在长征文化国际传播中的带动作用并没有被发挥出来。还有就是长征文化作品未能充分反映出全人类共同价值，没有彻底打通拉近国外受众和长征文化距离的重要联通途径。主要是因为当前的长征文化作品的宣传味道较浓，没有重点突出长征文化中人类共同价值，缺乏有效根据"全人类共同价值"融会贯通的世界眼光讲好长征故事的能力，长征文化怎样为人类文明贡献"中国力量"和"共同价值"。如果只是一味地做好宣传，这会令国外受众对长征文化产生抵触情绪。国外受众接受长征文化是其传播效果提升的重要标志，如果因为长征文化产品吸引力不强的问题造成国外受众对于真正了解长征文化的兴趣大打折扣，长征文化产品吸引力不强也会对提高其国际竞争力难以提供有力的支撑，这样不利于提高长征文化的国际传播效果。

2. 长征主题艺术精品较少

长征文化具有十分丰富的内涵，国外受众比较感兴趣的是具有中国文化特色，长征文化特点的艺术作品，如长征书法作品、长征画作、长征雕塑等，但是目前这方面的作品在国际上产生重要影响的还比较少，其中文化精品更是凤毛麟角。需要将长征与中华文化优秀的艺术形态相结合，将长征与国外优秀文化艺术形态结合，从而将长征文化生动真实的内涵演绎出来，但因为国内外著名艺术家对长征的关注度不高，这样不利于激发他们的创作灵感，更谈不上打造一批具有国际影响力的长征文化艺术作品、艺术精品了。长征艺术精品对推动长征文化国际传播的作用是不容小觑的，我们可以设想一下，当一幅幅精美绝伦的长征书法，一幅幅真实感人的长征画卷，一座座栩栩如生的长征雕塑，一场场生动感人的长征话剧等在国际上精彩亮相时，呈现在国外受众面前时，那将给他们带来何种巨大的震撼，将会大大提高长征文化国际传播的效果，长征文化会在他们心里生根、发芽。因为长征的艺术精品较少，这个问题导致提高长征文化产品在国际竞争力方面所起的带动作用不强。

3. 长征路线国际旅游产品仍未打造出来

长征路线的文化资源十分丰富，无论是物质文化还是非物质文化形态的，这些都需要深入的挖掘，进而盘活这些文化资源，发挥其对长征文化国际传播的推动作用。当前，中国一些组织发起一系列重走长征路活动，参与者中就包括很多对长征文化感兴趣的国外游客，还有就是国外比较关注长征的民众自发组织重走长征路活动，这些活动可以让国外受众更加真实地体验长征，感受长征文化，有利于推动长征文化国际传播。但是目前的问题是由于缺乏相应的路线引导和安全保障等基本配套设施，这是关系到国外受众能否获得真实体验的根本设施保障，如果不解决好这个问题，会使国外受众在重走长征路中备受困扰，所以需要打造一款专业性的长征路线国际旅游产品来解决这些难题，吸引更多的国外游客来体验长征文化，这些需要长征路线沿线的相关部门通力合作，其中如何建立高效的合作机制仍在探索之中。

4.3.4　长征文化国际性表达方式需改善

近些年来，中国对中华文化外传播的重视程度不断提升，相继制定了实施了一系列推动中华文化"走出去"的政策，并且这些政策不断落到实处。在此影响下，中华文化的对外传播技巧越来越成熟，国际化表达方式也不断丰富，先后推出了一系列在国际上具有较大影响力的作品。长征文化国际化表达方式对于提高长征文化国际传播效果有着重要的作用，在纪念长征中国工农红军长征胜利 80 周年之际，中央电视台推出了《长征》纪录片，这部纪录片一共八集，分为英雄史诗、路在何方、伟大转折、战史奇观、民心所向、跨越极限、百川归海、永远长征这八个部分，从八个方面向全世界展现中国历史上的长征和新长征。这部纪录片的制作团队可以说是相当优秀，他们具有丰富的长征文化国际传播经验。他们借着长征胜利 80 周年之际推出这部纪录片，就是紧紧抓住近些年来国际社会越来越多的人们怀着对长征文化的无比崇敬，所以选取长征为题材，反映了时代的呼声。然后他们运用国际化的视角来描述长征，用国际化的语言讲述长征，用长征亲历者的口述资料来使长征文化更加真实和鲜活。在这部纪录片中可以感受到长征文化不只是中国人民的精神财富，也是世界人民的精神财富。① 这部纪录片一经播出，便在世界上引起广泛的影响，世界上多个国家购买了播出版权，《长征》纪录片在运用国际化表达方式的经验值得借鉴，但是利用其他文化形态运用国际化表达方式展现长征文化仍有很多难题要克服，如何运用好、拓展好国际化表达方式成为是否能有效推动长征文化国际传播的关键。

当前一些长征文化作品之所以难以产生较大国际影响的重要原因之一就是其未能紧紧抓住"国际表达"这个要义，脱离了国际语境的氛围。在制作这些长征作品的时候不能以国际的眼光进行题材的选取，在传播视角的运用上缺少国际视野。很多长征文化产品因为国际化视角的把握不准确，所以不能找到最有代表性的国际化视角。对于长征文化国际化表达方式运用不熟练，导致不能用国外受众看得懂、听得懂的表达方式讲好长征故事，只是生硬地把长征故事讲述出来。长征中真实故事、真实人物没有按照国际化表达方式很好地结合，长征亲历者的口述资料并没有有效贯穿到长征文化作品中。

长征文化国际传播中未能充分引入国际投资方。长征文化国际化表达方式的拓展不仅需要我们自身的努力，同样需要借助国际投资方的力量，因为国际投资方在国际化表达方面有着丰富的经验，比如由青岛出版集团与澳大利亚威尔顿国际出版公司联合出版的《中国——长征》和《中国——新长征》两本大型画册，画册用照片和笔墨记录和展示红军长征沿线地区的历史文化、自然风光和中华人民共和国成立以来特别是改革开放以来当地人民生活发生的巨大变化，画册以中、英、德、法、西、俄、日7种文字出版，在世界上引起强烈反响。长征文化国际传播中要充分引入国际投资方，以更为国际化的表达方式与市场思维传播国外受众更易理解的长征文化。综观中国推动长征文化国际传播的资料可以看出，在充分引入国际投资方这个方面仍有待加强。

---

① 八集纪录片《长征》［EB/OL］. http：//tv. cctv. com/2016/10/09/VIDAvPIyqsLISTCYcsIv-vPRK161009. shtml.

4.3.5　异质文化间的文化冲突

在全球化的推动下，长征文化国际传播促进长征文化在不同地区、不同国家、不同民族、不同文化之间的交流日益频繁，同样也不可避免地出现文化间的碰撞和冲突。长征文化与异质文化间的文化冲突表现在长征文化与其他文化相互接触所产生的竞争和对抗状态。因为不同民族、国家和地区的文化，在价值目标和价值取向等方面会有不同的表现，他们不仅对于自己文化持有高度的优越感和自豪感，而且对其他文化带有一定的敌对性和排他性，当不同类型的文化在互相接触和交流时，也是它们进行文化博弈的过程。正如塞缪尔·亨廷顿所说，"在正在显现的世界中，属于不同文明的国家和集团之间的关系不仅不会是紧密的，反而常常是对抗性的"[①]。在他看来，拥有不同文明的国家在进行文化交流的时候会发生文化冲突的情况，这是一种普遍存在的现象。在长征文化与其他类型文化交流日益频繁的今天，不同文明国度的人们存在着文化差异，所以他们在进行文化交流时，必然要产生不同文化间的摩擦和冲突。因此，造成文化冲突的主要原因是由于受到不同类型文化自身的文化特性所影响的，这是长征文化国际传播过程中不可避免的一种必然现象，也是全球化时代长征文化国际传播需要了解和解决的重点问题所在。我们必须清楚地认识到异质文化间的文化冲突对于文化交流，甚至是文化传播的重要影响，这也是推动长征文化国际传播中需要认真对待的问题。

文化冲突会出现文化融合和文化替代两种截然不同的结果，文化替代主要是一种文化压倒和取代另一种文化，占据主导地位。塞缪尔·亨廷顿提出，"在所有的文明中，唯独西方文明对其他文明产生过重大的、有时

---

① ［美］塞缪尔·亨廷顿. 文明的冲突与世界秩序的重建［M］. 周琪等译. 北京：新华出版社，2010：161.

是压倒一切的影响"①。文化替代不利于文化多元化发展格局的形成，不利于文化大繁荣大发展的实现。文化融合主要是异质文化间的通过相互交流和相互借鉴，互相吸收对方的优秀文化成果来不断增强自身的文化力量，这是文化冲突较为理想的一种结果，长征文化国际传播就是要达到这种理想结果。

长征文化国际传播中同样会出现同异质文化之间的交流碰撞问题，因为长征文化作为外来文化，在与不同类型的文化间的差异必然会产生一定程度上的文化碰撞甚至是文化冲突，但长征文化国际传播的目的并不是像西方国家一样进行文化侵略和文化渗透，不是要取代受众国家和地区文化，而是与受众国家和地区的文化进行交流、相互借鉴，汲取对方文化中的优秀文化基因，增强自身文化软实力，促进文化多元和谐发展。长征文化国际传播中产生文化冲突要采取有效措施向有利的结果转化，逐渐减少文化冲突，进而化解文化冲突，否则将不利于长征文化国际传播效果的提升。所以说，要高度重视长征文化在国际传播中同异质文化间的文化冲突，准确认识和化解它们是推动长征文化国际传播的有效办法。

4.3.6 同质文化间未深入交流

同质文化主要指与长征文化某一方面特征相同或者相近的文化。在人类历史文化长河中，这样相似类型的文化是存在的。长征文化虽然具有自身的文化特性，但是它毕竟属于人类历史文化的一部分，所以长征文化并不是孤立地存在，它与其他类型文化有着不易察觉的内在联系，这种联系体现在与其他文化仍存在许多相通的地方。因为长征文化具有十分丰富的内涵，如长征文化所彰显的艰苦奋斗的精神、勇往直前的精神、坚持到底的精神等都体现出了人类共同价值，这些在世界上其他国家和地区的文化

---

① ［美］塞缪尔·亨廷顿. 文明的冲突与世界秩序的重建［M］. 周琪等译. 北京：新华出版社，2010：161.

中也是可以体现的，这就是长征文化与同质文化的共通之处。因为国外受众对于这种文化的知晓程度和认同程度较深，长征文化与这种文化相通的地方在国际传播中容易产生共鸣效应，促进长征文化更好地融入国外受众的心里，增强长征文化传播效果。因此，必须不断挖掘世界上其他国家的同质文化，寻求与长征文化的共通之处，展开深入交流，借助同质文化的力量助推长征文化国际传播。

在人类历史发展进程中，同中国工农红军长征相似的历史事件是存在的，它比中国工农红军长征要早十年左右，但它在国际上的影响力却不如长征。那就是 1924 年发生在拉丁美洲国家巴西的"普列斯特斯纵队"长征，这场长征是以它的领导者路易斯·卡洛斯·普列斯特斯命名的。"普列斯特斯纵队"长征和中国工农红军长征有着许多相似的地方，比如"普列斯特斯纵队"长征所体现出来的不畏艰险、英勇顽强的精神同长征精神有着共同的精神内涵，这就是两者的共通之处。在世界上，中国红军长征的国际影响要高于"普列斯特斯纵队"长征，但是在巴西，"普列斯特斯纵队"长征体现的精神已经深深融入本国民众的心里，如何让长征文化融入他们的心里，就要找准长征文化与他们所认同的同质文化的共通点，促进成功转化。

综观长征文化在世界各大洲传播的历史和现状，可以看出，长征文化国际传播中，只是单纯地将长征文化作为单一传播内容向世界传播，忽略了长征文化与其他文化共同的特征，长征文化在世界上与同质文化间的交流不深入，未能找准它们之间的共通之处，没有将长征文化与国外受众地区的同质文化紧密地结合起来，国外受众感受不到长征文化的亲切感和吸引力，致使长征文化不能顺利融入国外受众心里，进而制约长征文化传播效果的有效提升。

长征文化与同质文化之间未能深入交流的原因主要有以下几点：首先是对整个人类历史文明进程中具有重大影响力事件的熟知程度不高，尤其是类似长征一样具有较大国际影响力的事件，未能探索它们之间的联系，未能准确把握它们之间的共通点；其次是对国外受众地区的文化缺乏足够深入的了解，导致对其文化历史发展进程中与长征文化本质相同或者相近的文化挖掘不够全面、开发不够深入、利用不够充分等问题，导致长征文化在国际传播未同这些文化进行深入交流；最后是没有找准长征文化和同质文化的共通点。找准长征文化和同质文化的共通点，是促进两者深入交流的关键，因为国际性人才的缺乏，导致对长征文化和同质文化都缺乏深入的了解，难以找准它们之间的共通点，不能有效促进两者深入交流。在长征文化国际传播中，长征文化对于国外受众来讲是一种不同类型的文化，要提高国外受众对长征文化的认同，必须要寻求长征文化与他们所认同的文化之间的共通之处，并将这种共通之处融入长征文化传播中，起到事半功倍的传播效果。

4.4 长征文化国际交流不通畅

长征文化传播到国外受众地区，被国外受众的普遍认知是长征文化国际传播的重要目标，通过有效的交流互动，最终得到广大国外受众的认可和认同，真正融入国外受众心里是其最终目标，长征文化国际交流是较为关键的一步。长征文化国际传播在实现国外受众认知、认可、认同这一完整过程后，又将进入更高、更深层次的传播，更好地提升长征文化国际传播的效果。

长征文化国际交流面临着不通畅的问题，因为国外受众已经接受的文化价值观，长征文化与这些文化价值观之间可能存在的文化冲突，国际上同长征文化性质相同或相近的文化之间的交流和融合，长征文化国际传播环境，长征文化交流平台的搭设情况，国外受众对长征文化的认同情况等，这些都会影响长征文化国际交流的通畅性，影响传播的效果，只有充分重视、考虑和分析长征文化国际交流中的问题，长征文化在国际传播中才能实现创造性转化和创新性发展，进而不断探求长征文化国际传播的路径。具体体现在以下几个方面。

4.4.1 长征文化认同有待提高

"文化认同是指对人们之间或个人同群体之间的共同文化的确认"[①]。在推动文化传播过程中，提高文化认同成为跨文化传播中相对较难的课题之一。长征文化国际传播同样属于跨文化传播的范畴，既然属于跨文化传播就要面对文化认同的问题，并且解决好这个问题。长征文化在国际传播时相对于受众国家和地区的文化而言是外来文化，受到与受众国家和地区不同的文化背景，接受习惯等多重因素影响。如若不能得到国外受众的广泛接受和认可，那么长征文化的影响力就无法有效发挥，那么其文化认同的提升便难以实现，长征文化国际传播的效果也会大打折扣，只有提高国外受众对长征文化的认同，长征文化的精神内核才能在他们心中内化为精神动力，促进他们自主推动长征文化国际传播。可以看出，在推动长征文化国际传播中，提高国外受众对长征文化认同仍旧是较难的课题。

长征文化认同有待提高面临的障碍主要有以下几个方面：一是在推动长征文化国际传播的观念需要转变。目前在推动长征文化传播中，一些国际传播主体将重心放在片面、盲目地追求扩大长征文化国际传播范围上面，追求最大限度的覆盖面，这种片面的做法忽视了如何提高长征文化国际传播效果，这样的观念是落后的，是要遭淘汰的，因为不利于推动长征文化国际传播本质的提升，所以这种传播观念必须要转变。二是对国外受众分析的不全面。长征文化的受众分布于世界上的多个国家和地区，目前在推动长征文化国际传播中却未对国外受众的接受心理、文化背景、接受习惯等进行系统、全面和深入的分析，只有充分了解长征文化国际传播的受众，才能适时调整好传播策略，创新提高传播方式，提升传播技巧，推动长征文化入脑和入心。三是国外受众对长征文化缺乏全面理解。长征文化有着丰富的内涵，由于长征文化相较于中华文化中其他类型文化有一些

---

① 崔新建. 文化认同及其根源 [J]. 北京师范大学学报（社会科学版），2004（4）：103.

不同之处，带有一定程度的革命战争色彩，国外受众对于中国革命带有些认识上的偏见，这会增加国外的部分受众对其理解和接受的难度，对于直接从革命战争中产生的长征文化在认识上有些不全面，进而加大了他们对长征文化的认同难度。因为长征精神作为全人类共同的精神财富已经得到世界的广泛认可，所以在长征文化国际传播中要向国外受众阐述清、阐述好长征精神与长征文化的关系，向他们讲述长征精神属于长征文化范畴，长征精神是长征文化的精髓，长征文化的内涵十分丰富，包括长征诗歌、长征书法等，这些不同类型的长征文化都可以体现出长征精神，都在紧紧围绕这个核心。四是长征路线作为线路文化仍未获得世界性的文化遗产认证，针对这项工程的成功实现还有很多工作要做。长征路线申请世界文化遗产是提高当今世界对长征文化的关注度，促进对长征文化认同的重要举措，也对于推动长征文化国际传播具有不可估计的作用。目前，长征路线申遗仍处于理论探索和宣传阶段，仍有许多事情要做，这需要国家相关部门的统一领导，长征沿线各省市地区的协同推进，如果长征路线申遗成功，这说明在世界范围内，在一定意义上已经对长征文化产生认同。综观以上这几个方面，这些都是在世界范围内提高文化认同应重点探讨并解决的问题。

4.4.2　长征路线申遗有待推进

世界文化遗产是全世界公认的最具纪念意义的文化遗产，长征路线是长征这一伟大史诗发生的历史痕迹，长征路线上的遗址遗迹等文化资源见证了长征慷慨悲壮的历史。长征路线顺利通过世界文化遗产的认证会为长征文化国际传播提供更好的平台，所以我们要认真对待这一课题。

1. 长征路线申遗工作开展情况

2011 年 11 月，四川省社会科学院的李后强、侯水平、杨先农三位专家经过对长征文化资源调研后作了《关于四川省牵头组织"长征路线"申遗和"国际长征文化馆"建设的建议》，并且上报四川省委、省政府，倡议"长征路线"作为线路文化，由四川省牵头组织申报中国和世界文化遗产，他们希望借此对长征精神进行宣扬和对长征文化进行保护。他们的倡议得到四川省委主要领导的重视和支持。四川省委宣传部特地拨出40万元专项资金，用于支持四川省社科院开展有关长征申遗的调研活动。这几年来，四川省社会科学院展开了一系列"长征路线申遗"的宣传准备工作。

2011 年 12 月，四川省社科院邀请长征路线沿线 14 省（市、区）社科院作为发起单位，共同推进长征路线申报中国文化遗产和世界文化遗产，得到这些相关单位的积极响应。2011 年 12 月 8 日上午，由四川省社会科学院与《世界遗产》杂志社联合举办的"中国工农红军长征路线申遗"座谈会在成都隆重举行。来自清华大学、北京大学、中国社会科学院、世界遗产杂志社、成都军区政治部、四川省社会科学院、四川省文化厅、四川省世界遗产管理办公室等单位的 40 余名专家学者参加了座谈会。与会专家学者围绕长征申遗路线图、长征路线申遗与自然遗产资源的关联性、长征路线申遗与非物质文化遗产的关联性、长征文化资源调查与课题倡议、长征沿线遗产保护与发展旅游经济等问题进行了深入交流，为长征路线申遗提出许多建设性的意见。四川省社会科学院推动发行长征纪念邮票、从事大型调研等活动，大力弘扬长征精神，为长征路线申遗做好理论宣传。尤其值得一提的是他们在 2016 年相继出版 10 本以上有关长征文化资源四川段的书籍，为纪念中国红军长征胜利 80 周年献礼，为持续推动长征路线申遗奉献力量。目前，长征路线申遗的倡议已经引起了广泛的社会影响，许多专家学者以及红军将士的子女对此表示高度赞同。

目前，中国工农红军长征路线申遗工作推进办公室设在四川省社科院毛泽东思想研究所内，由首倡者之一的杨先农研究员兼任办公室主任。关于长征路线申遗的进度，首倡者之一的李后强教授坦承长征路线申遗现在还只处于理论探索和宣传阶段，仍有很多的事情需要做。具体体现为，长征路线作为申遗项目需要建立一个涵盖整个遗产范围的管理机制和跨区域的协调机制，应有系统性规划，纳入国家保护机制，然后才能进入中国申报世界遗产预备清单，被编制申报世界遗产文本之后正式进入申报程序。

当前要做好长征文化的宣传工作，尤其在如何做好海外宣传方面，做好长征路线申遗的总体规划和设想，进而引起国家有关部门的重视。

2. 长征路线申遗面临的挑战

杨先农研究员近几年全程参与了四川段长征文化资源调研工作。他强调，"这些长征路线不管是人文的，还是自然的，都值得推崇和保护。而现状是，长征路线长、文物保护不够、遗址损害严重，保持原貌的不多。国家应该加大统一保护力度，申遗就是一个契机。"具体表现在以下几个方面：第一，尚未形成由党和政府组织领导的"申遗"统一有效的协调管理机制和机构。长征路线申遗和保护工程，是一个跨地域、跨部门、高度综合性的系统工程，应该尽快成立长征路线遗存保护和申遗协调机构，理顺沿线各地区、各部门（如文化、文物、旅游、交通、环保、建设等）的关系。第二，对长征路线文化遗产的摸底、调查和研究还远远不够，缺乏足够的人力、物力和财力。按照《保护世界文化和自然遗产公约》的要求，长征路线申遗需要通盘考虑物质文化遗产与非物质文化遗产，摸清长征路线遗存的整体情况，掌握第一手材料。目前，我们对物质文化遗产掌握的情况比较清晰，非物质文化遗产则需更细致深入的调查、研究。对于长征遗迹的损毁、破旧、老化的情况，没有做最新的统计。应抓紧组织专家制定数据处理技术标准和规范，统一保护对象的类型划分标准，为各地编制长征路线保护利用规划，打通技术屏障。第三，长征路线要成为世界遗产，必须要得到国际社会的认同和支持。因为世界遗产的认定，选票不掌握在我们手里，需要理性务实对待。脱离世界遗产体系，或者改造规则，都是不现实的。我们要积极面对长征路线申遗工作中的挑战，不断推进这项重大工程顺利进行。

第 5 章
推动长征文化国际传播的对策

中国共产党一直是长征文化国际传播的坚定推动者，90 年来，长征文化国际传播一直在进行着。长征文化得以在世界上广泛传播，并且引起了世界性的影响，这离不开中国共产党坚定文化自信、推动长征文化国际传播的战略眼光。中国特色社会主义进入新时代，长征文化被赋予新时代的内涵，中国共产党担负起新的文化使命，那就是推进国际传播能力建设，提高国家文化软实力，向世界展示真实、立体、全面的中国。长征文化的不断丰富和发展是中国共产党坚定道路自信、理论自信、制度自信、文化自信的有力印证，推动长征文化国际传播可以让外界借助长征文化读懂中国。

5.1　长征文化早期国际传播的启迪

长征是举世瞩目的大事件，是人类历史上的奇迹，长征文化早期传播的历史将为今天推动长征文化国际传播提供丰富的经验，所以我们要认真回顾长征文化早期传播的历史，并从中得到推动长征文化国际传播的启迪，首先我们要深入了解毛泽东等老一辈革命家推动长征文化国际传播的历史功绩，充分分析历史上长征文化产生重大国际影响力的原因，然后充分借鉴历史上长征文化国际传播的经验，并且恰如其分地运用到当前长征文化国际传播活动中。

5.1.1 毛泽东等老一辈革命家积极参与推动

1. 毛泽东推动长征文化国际传播

毛泽东倡议编著《红军长征记》，有力地推动了长征文化国际传播。红军历经磨难、付出巨大牺牲后终于到达陕北革命根据地，这次长征经历在每个亲历者心中烙上了无法磨灭的印记，他们想把长征故事向全世界讲述。1936 年，上海《字林西报》曾经这样报道，"红军经过了半个中国的远征，这是一部伟大史诗，然而只有这部书被写出后，它才有价值"①。红军长征胜利到达中国西北后，本就因为自然条件艰苦导致生产生活物资匮乏，又因为国民党的全面封锁，红军在陕北的生产生活日渐陷入困顿。面对这种情况，当时的党中央积极寻求有效解决措施，着力破解这道难题。毛泽东就想通过让广大红军将士将他们的长征经历书写出来，并借助其他力量将这些成果传播出去，这样外界就会清楚地了解长征，认识真正的中国共产党，知晓中国共产党在长征中坚持的抗战政策，争取获得外界对红军的物资援助。值此之际，美国记者斯诺来到陕北苏区进行采访，为毛泽东的设想提供客观条件，毛泽东抓住这次机会并决定"采取更大范围的集体创作"。其实在斯诺到来之前，毛泽东早就做好了准备，在他的积极推动下，相关部门发出一封《为出版〈长征记〉征稿》的电报，意在向广大参加过长征红军将士征稿。该电报的大致内容就是因为进行国际宣传和在国内外筹集抗战捐款，需要出版《长征记》，所以特发起集体创作，广泛征求红军将士将长征中的亲历亲闻写成文章，文章通顺即可，目的是为红军作募捐宣传，为红军扩大国际影响。② 这则征文启事引起了热烈反响，共收到 200 篇以上的稿子，经过仔细筛选和编辑后编著成《红军长征记》。正是因为《红军长征记》这本书在陕北苏区内取得的热烈反响，所以斯诺

---

① 首部红军长征亲历者回忆录出版纪事 [N]. 北京日报，2006 – 05 – 08.
② 丁玲. 红军长征记 [M]. 北京：解放军文艺出版社，2006：03 – 04.

将这本书中内容经过认真挑选后编入《红星照耀中国》一书，推动真实的长征传播到世界各地。可以说，毛泽东这一举措有力地推动了长征文化国际传播。毛泽东借助外国记者力量推动长征文化国际传播。毛泽东十分重视斯诺的采访，他多次安排时间与斯诺长谈，将他的长征经历讲述给斯诺。毛泽东还主动介绍红军其他将领接受斯诺的采访，在采访中，这些将领围绕长征同斯诺进行深入交谈，这令斯诺感到十分惊喜，他根据采访记录写成《红星照耀中国》一书，此书一经出版就在国际上产生了深远影响，极大地宣传了红军长征。从斯诺开始，毛泽东接见了很多慕名而来的中外记者，并同他们进行深入交谈，借助他们的力量对外传播长征。胡乔木这样描述了毛泽东与记者交谈的场景，"毛主席很兴奋，与记者畅所欲言，因为总算是打开了局面。外国记者的情绪也很高，像发现了新大陆"①，毛泽东对于这些记者们关注的问题做出了详细的解答，这些记者将他们的采访记录整理后进行报道，有关长征的新闻报道从中国西北向世界飞去。充满神奇色彩的故事借助史沫特莱、贝特兰、斯坦因、福尔曼等众多外国记者的畅销著作传遍了世界。毛泽东成功地借助国外记者的力量推动了长征文化国际传播。

毛泽东的长征诗词有力地推动了长征文化的国际传播。毛泽东在长征期间接连创作了多篇展现红军长征的诗词，包括《十六字令三首》《忆秦娥·娄山关》《念奴娇·昆仑》《七律·长征》《清平乐·六盘山》等，这些脍炙人口的长征诗词生动地展现了红军长征中不畏艰难勇往直前的革命精神，有力地推动了长征文化的国际传播。斯诺在《西行漫记》一书中收录了毛泽东的《七律·长征》，标志着毛泽东诗词国际传播的开始。伴随这本著作的畅销，这首长征诗词在国际上广泛传播，世界上众多读者称赞毛泽东是一位"既能领导长征又能写诗"的革命家兼诗人。从此以后，毛泽东的诗词被翻译成英、法、德语等多种版本，广受世界民众的喜爱和追捧。世界上形成毛泽东诗词研究热，多次举办国际性的交流会，不断扩大

---

① 胡乔木.胡乔木回忆毛泽东［M］.北京：人民出版社，1994：88.

毛泽东诗词的国际影响，展现出毛泽东诗词的国际魅力。① 现如今，长征诗歌已成为世界人民向往中国的媒介，成为了解中国的一个窗口。

2. 朱德推动长征文化国际传播

斯诺的《红星照耀中国》一书中关于长征部分的写作就是根据对当时经过长征的将领的采访记录整理而成的，其中就有关于朱德的采访，朱德向他讲述了在长征中三次过草地等故事。美国革命作家史沫特莱通过对朱德的采访和观察，在其所著的《伟大的道路——朱德的生平和时代》一书中，叙述了朱德六十岁以前所走过的伟大道路，展现了中国人民为谋求解放而英勇奋斗的光辉历程，体现了一个真正共产党员坚定革命理想信念的光辉形象，这部著作中关于长征有大篇幅的记述，这些都是根据采访朱德关于长征的讲述而整理而成的，其真实性和权威性不容置疑，既丰富了长征文化国际传播内容，又成为提高国际影响力的重要因素。

3. 周恩来推动长征文化国际传播

当周恩来得知斯诺要来苏区采访的消息后，他就开始认真部署，着手做好接待准备。周恩来为斯诺拟定了一个为期九十二天的行程计划，行程安排较为充分，后来斯诺在苏区停留的时间更长，这得益于周恩来周密的安排。在斯诺访问期间，周恩来为他顺利进行采访提供了很多帮助，斯诺在《红星照耀中国》一书中记述了周恩来热情为他提供帮助的一段对话，周恩来热情地说："我已经得到报告说你是个可信赖的记者，对中国人民友好，相信你会如实地报道一切。我们知道这些就足够了。我们欢迎任何来苏区参观的记者。你可以写你所见到的任何事，你在苏区进行的调查会得到全力帮助的。"② 斯诺与周恩来就长征中的一些问题进行深入交谈，并将谈话记录整理后写入《红星照耀中国》，着重讲述了周恩来在长征中的艰苦经历。正是因为有了周恩来的帮助，斯诺在苏区的采访得以顺利展开，才使《红星照耀中国》这一具有重大国际影响的著作问世。后来包括

---

① 李安葆. 长征与文化 [M]. 北京：党建读物出版社，2002：47.
② ［美］埃德加·斯诺. 红星照耀中国 [M]. 李方准，梁民译. 石家庄：河北人民出版社，1992：35.

多部涉及周恩来的著作中，都从这部著作中寻找材料，周恩来在长征中的故事无疑都成为国内外众多专家学者感兴趣的话题，成为他们着重描写的部分，进而不断丰富着这一伟大史诗的内涵。

4. 陈云推动长征文化国际传播

陈云是向外界介绍长征的第一人，为对长征进行国际宣传，促进世界社会主义革命阵营了解红军长征的真实情况，1935 年 10 月 22 日，陈云赴莫斯科向共产国际汇报长征情况，随后陈云所撰写的《随军西行见闻录》于 1936 年首次在莫斯科出版单行本，随后在中国出版，红军长征的真实事迹借此得以更广泛的流传。

在红军长征尚未结束之时，红军长征的事迹已经在世界上流传。《全民月刊》是由中国共产党在法国主办的中文报纸，1936 年 3 月，陈云的《随军西行见闻录》一文刊登在这份报纸上，这一期报纸一经出版，便在法国华侨界和政界、新闻界引起广泛关注。这篇文章署名"廉臣"，他的真实姓名就是陈云。这篇文章是作者以长征亲历者的角度所撰写的回忆录，文章的内容更加生动和真实，因而才能引起广泛的关注，真实地传播长征。在文中，作者假称自己是一名国民党军医，在与红军战斗中被俘虏，因为作者的医生身份，所以被扣留下做红军的军医，跟随红军长征，因此才有亲身了解红军的机会，并且把这一传奇经历用文章记录下来，得以向世人展示。文中对红军将领进行了详细的描述，让人们对红军、对长征有了更加清楚地认识。这篇文章随后又在巴黎的《救国时报》上连载，在世界上产生了不小的影响，推动了长征文化在国际上的广泛传播。

斯诺在 1936 年到苏区采访过毛泽东、朱德、贺龙、彭德怀、林伯渠、徐海东等老一辈无产阶级革命家，他们与斯诺的谈话内容成为《红星照耀中国》的重要素材来源。其他记者到苏区进行采访，老一辈无产阶级革命家们同样非常重视，在百忙之中抽出时间进行接待，与国外记者就长征等问题进行交流，他们谈话的内容多半由国外记者整理并且向世界传播，有效得推动了长征文化国际传播，这些早期的传播经验依然对于今天的长征文化国际传播具有很大的借鉴作用。

5.1.2 长征文化早期传播影响重大的原因

中国共产党领导中国工农红进行长征后，面对国民党反动势力舆论污蔑和新闻舆论封锁，如何打破国民党反动派对中国共产党的恶意诽谤，向外界发出自己真实的声音，宣扬北上抗日的主张，在长征结束后，又如何运用有效办法借助长征向世界传播中国共产党的声音，向世界展示中国共产党和中国红军的光辉形象，进而扩大中国共产党和中国红军在世界上的影响力，获得世界反法西斯力量的支援，这些都与长征文化早期传播是密不可分的，尤其是长征文化早期在国际上的传播，长征文化早期得以广泛传播并且产生了重大国际影响力的原因，主要表现在以下几点。

1. 中国红军长征是人类历史上的奇迹

习近平总书记对长征的艰难历程这样描述："在漫漫征途中，红军将士同敌人进行了 600 余次战役战斗，……创造了气吞山河的人间奇迹。"① 红军长征的历时之长、规模之大、行程之远、条件之艰苦、环境之险恶、战斗之惨烈、目标之宏远等，这是人类历史上出现的其他远征所不能与之相提并论的。长征所体现出的艰苦奋斗、不怕牺牲、团结一致等精神充分体现了全人类共同的精神追求，长征是真正让世界人民为之震撼、为之折服、为之骄傲的伟大史诗。所以，长征文化早期的传播者凭借敏锐的、世界性的眼光、怀着对长征的无比崇敬向世界报道长征，推动长征文化早期在国际上的传播，与世界人民一同见证和分享这一无与伦比的精彩故事。

2. 中国红军长征在当时备受国内外关注

长征无论在开始之前、开始之后，还是在结束之后都是国内外比较关注的热点。因为国民党反动派带有污蔑性质的负面宣传，使中国共产党领导中国红军的长征展现在国内外媒体和受众面前就是溃败和溃逃，但是这并不能掩盖长征的真相，反而激起了他们对中国共产党和中国红军的好奇

---

① 习近平. 在纪念红军长征胜利 80 周年大会上的讲话 [M]. 北京：人民出版社，2016：8.

心，中国红军的长征是否如国民党所报道的那样？不少媒体和受众都开始
质疑国民党的单方面报道，因为根据国民党的报道，中国共产党和中国红
军应该早就被消灭掉了，但是国民党关于他们的报道仍旧是持续不断的，
虽然是负面的，但是这恰好从侧面证实了中国共产党领导中国红军与国民
党反动军阀进行顽强的战斗。只有亲眼看到才能彻底证实国民党的宣传是
否属实，所以国民党的信息封锁更加增强他们对这一事件的好奇心。在当
时，国内外媒体和受众较为关注的就是中国共产党、中国红军的命运如
何？中国抗战的前途在哪里？长征文化的早期传播正是针对他们比较关注
的问题做出了真实地回答。

3. 借助外界媒体推动长征文化早期传播

国民党反动派不仅对中国共产党进行负面的宣传和报道，而且对其进
行信息封锁，致使中国共产党对外发声困难。即使中国共产党在当时可以
顺利对外发声，也不一定能达到很好的效果，因为当时国民党反动派控制
着国内的舆论格局，如何向外界介绍长征，发出自己的声音是中国共产党
亟须解决的难题。正是在这种情况下，中国共产党别出心裁地借用外界媒
介对长征文化进行传播，比如借助当时巴黎的《救国时报》，苏联的《共
产国际》，美国的《LIFE》杂志等在国际上影响力较大的媒介讲述真实的
长征故事，传播好长征文化。事实证明，长征一经报道，便产生了世界性
的影响，这对于推动长征文化早期传播起到了事半功倍的效果。时至今
日，中国共产党仍然坚持借助外界媒体推动长征文化国际传播，不断推动
长征文化国际传播迈向新的台阶。

5.1.3　借鉴长征文化早期传播的优秀经验

长征文化早期的传播经验十分丰富，无论是在传播内容上，还是在传
播方法上，对于今天丰富长征文化国际传播的路径具有很好的借鉴意义，
虽然今天长征文化国际传播环境发生了很大的变化，但是长征文化国际传
播的信心要坚定，学习长征文化早期传播的经验对于在今天推动长征文

国际传播会有很好的启迪。

1. 学习长征中条件艰苦但办报不止的精神

报纸是长征文化早期传播中的重要传播媒介，在长征文化早期传播中发挥了难以估量的作用，在今天，长征文化国际传播媒介不断丰富的新环境下，报纸在推动长征文化国际传播中的作用仍然不能小看，它的位置也不可能轻易被取代。第五次反"围剿"失利后，中国共产党带领中国红军开始长征，在长征途中，天上有飞机的轮番轰炸，下有各路反动军阀联合起来的围追堵截，红军且战斗且行军，生存环境异常恶劣，生活条件十分艰苦，更不用说办报的条件了。即便是这样，困难并没有让办报的同志退缩，他们深知报纸在长征中重要作用。对此，他们想尽一切办法，利用和创造一切条件坚持报纸的编印和发行，如红军总政治部的《红星》报、《前进》报，红一军团的《战士》报，红二方面军的《前进》（副刊），红四方面军的《不胜不休》报等，这些报纸的发行在长征路上一直没有间断过。红军长征中的报刊多采用手刻蜡纸油印的方式印刷，在长征中，各项物资都十分紧张，不仅用于印刷报纸的物资尤为紧缺，而且当时的印刷设备非常简陋，比如《红星》报就是依靠一台破旧的油印机、运用有限的油墨和蜡纸、利用几块钢板和几支铅笔以及为数不多的毛边纸等设备和原料。即使是这样，《红星》报仍旧坚持发行。有时候在办报物资紧缺时，不得不想尽办法去凑齐缺乏的办报用品。比如长征中办报用的纸资源尤为珍贵和奇缺，长征中的报纸最初使用的是从中央苏区带来的毛边纸，但是用完后又得不到有效补充，办报人员就因地制宜找"纸"源，比如利用国民党散发的宣传单，在它的背面印上消息。更有意思的是长征中曾发行过"叶报"，就是拿树叶当纸进行宣传，这样既节约了资源，又扩大了传播的范围。长征中艰苦奋斗、办报不止的精神值得今天办报人员学习，虽然今天的办报条件十分优越，但是仍旧不能忘记革命先辈艰苦奋斗的精神，这种精神激励着当今的办报人员继续发扬艰苦办报的优良传统，牢记不断提高报纸质量、努力提升传播效果的办报使命，守好长征文化国际传播中的报刊阵地，坚持报纸内容和表达方式的不断创新、与时俱进，继续发挥好

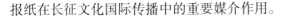

报纸在长征文化国际传播中的重要媒介作用。

2. 早期长征文化传播的内容和形式丰富

在早期，长征文化传播的内容和形式十分丰富。一是红军在长征途中通过书写标语口号的方式将中国共产党的主张和政策向沿途的人民群众进行介绍和宣传。中国共产党十分重视标语口号的书写工作，红军战士利用具有醒目颜色的颜料书写标语，而且内容十分丰富，通俗易懂，让长征沿线的群众对中国共产党有了更加清楚的认识，对于红军补充战斗力量发挥了很好的号召作用。

二是绘制生动形象的宣传画。在长征途中，红军运用多种方式开展宣传工作，他们不仅书写、镌刻响亮的标语口号，而且还会在墙壁或门板上绘制一些反映政策主张的宣传画，有时候还将宣传画和标语结合起来，提高可理解性。红军在长征途中绘制的宣传画非常生动，他们将红军为解放人民斗争的政策，将国民党反动派抗战不积极的事实，将中国共产党的抗战政策等用绘画的形式展现出来，让长征沿线的普通民众一目了然，起到了很好的宣传效果。

除了以上两点以外，红军将士在长征中不断丰富长征文化内容，他们创作了大量脍炙人口的诗词、催人奋进的歌曲、诙谐幽默的话剧、生动美妙的舞蹈等来丰富长征文化。丰富而生动的长征文化宣传不仅增强了红军战士的克敌制胜的信心，而且有力地宣传了中国共产党和中国红军，扩大了红军的影响力，不断丰富长征文化的内容。长征期间的文化宣传之所以深得广大红军战士和沿途群众的喜欢，最重要的一点就是深深抓住了受众的心理，想受众之所想，宣传受众想要表达的内心世界，这是长征中红军文化宣传工作的重要经验和启示。[①] 对此，在今天推动长征文化国际传播中不仅要重视长征文化传播内容和形式的丰富，还要注重将长征文化与国外受众的特点紧密联系在一起，认真分析国外受众的接受习惯和思维方

① 张卫波. 星火征程中的一种特殊战力——长征中红军文化宣传工作的内容、特点及影响[N]. 北京日报，2016 – 09 – 26.

式，不断调整传播方式，提高传播技巧，这样长征文化才有利于得到国外受众的普遍认可和接受，进而不断提升长征文化国际传播效果。

3. 以真实的长征故事为传播内容

长征结束后，毛泽东等号召参加过长征的广大指战员和普通战士将自己在长征中的所见、所闻、所想写出来，以便出版《红军长征记》，为宣传长征做准备。因为《红军长征记》中收录文章的作者都是长征的亲历者，所以长征文化早期的传播者如斯诺等，在撰写采访苏区的报道中多次借鉴该书中的资料。继斯诺之后，其他记者进入苏区后也是通过采访长征的亲历者，记录他们在长征中的经历，对外传播长征中真实感人的故事，大气磅礴的长征诗歌等。长征文化早期的传播者运用的传播方法朴实无华，注重平实地介绍，采用少量的宣传，既将中国共产党和中国红军真实地展现在世人面前，又向外界宣传了中国共产党的政策、主张，得到了国外受众的广泛认同。这些都是众多中国对外传播工作者在今天推动长征文化国际传播应该好好学习和领会的优秀经验。

4. "借船出海"构建中国共产党对外宣传阵地

为了破解国民党反动派损毁中国共产党形象的恶意污蔑，打破对共产党的新闻封锁和舆论控制，发出中国共产党的声音，展示中国共产党的真实风貌，传递长征的真实情况，宣传中国共产党抗战主张和坚决抗战的决心，中国共产党在长征尚未结束时就在巴黎创办了《救国时报》，这份报纸受中共驻共产国际代表团的直接领导，目的就是在国际上积极传播红军长征的真实消息，着力塑造共产党和红军坚决抗日、立志救国的光辉形象。这份报纸对于推动长征早期传播、扩大红军长征的国际影响起到了十分重要的作用，使中国共产党赢得了国际社会的同情与援助，成为当时中国共产党在国外构建的坚实"红色阵地"。中国共产党党员杨定华在这份报刊发表《雪山草地行军记》和《从甘肃到山西》两篇文章，他以长征亲历者的身份向外界详细介绍了真实的长征，扩大了红军和长征在世界上的影响。陈云是中国共产党内推动长征文化国际传播的第一人，他充分利用海外媒体宣传中国共产党领导的长征，他曾在巴黎出版的《全民月刊》和苏联的《共产国际》上发表《随军西行见闻录》，在文中他也是以长征亲历者的身份讲述长征经历，而且对中国共产党的抗日主张做出全面介绍，这对于扩大红军长征的在国际上的影响起到了很好的宣传作用。中国共产党运用"借船出海"构建对外宣传阵地的方法有力地推动长征文化早期传播。时至今日，这种方法对于推动长征文化国际传播仍然具有很强的借鉴意义。虽然在今天，中国的对外传播媒介渠道不断丰富，对外传播能力不断增强，但是与国外资深媒介之间仍然存在一定的差距，对此，长征文化国际传播仍然要借助国外资深媒介的优秀平台，这就需要中国的对外传播媒介与国外媒介进行紧密的合作，共同打造好长征文化国际传播的平台。[①]

5.2　构建长征文化国际传播新的体制机制

构建长征文化国际传播新的体制机制可以为顺利推动长征文化国际传播，顺利实现长征文化国际传播目标做好制度保障。为此，针对长征文化国际传播体制机制不完善的问题主要从以下这些方面进行思考，进而不断完善长征文化国际传播的体制机制，为其做好制度保障。

5.2.1　做好长征文化传播体制保障

习近平新时代中国特色社会主义思想针对文化体制改革问题提出总体思路，习近平同志指出，"要深化文化体制改革，完善文化管理体制，……健全现代文化产业体系和市场体系，创新生产经营机制，完善文化经济政策，培育新型文化业态"[②]。这对于为长征文化传播做好文化体制保障具有

①　长征中党和红军如何利用报纸发挥作用［EB/OL］. http：//news. xinhuanet. com/politics/2016－09/15/c_1119569298. htm.
②　习近平. 决胜全面建成小康社会　夺取新时代中国特色社会主义伟大胜利——在中国共产党第十九次全国代表大会上的报告［M］. 北京：人民出版社，2017：44.

重要指导作用，解决这个问题还要从以下几方面进行考虑。

1. 完善宏观文化管理体制

完善宏观文化管理体制是保证文化服务体系运行通畅的首要措施，长征文化国际传播需要完善宏观文化管理体制，保障长征文化国际传播的文化服务体系运行通畅。这主要从以下几点进行思考：一是要加强中国各级政府对文化管理的重视程度，对文化主管部门的职责分工、职责范围进行明确的划分和规定，确保这些部门在职责范围内做好文化发展工作，确保文化发展政策落到实处。长征文化国际传播是一项系统工程，中国各级政府要高度重视，制定好相关部门的职责分工，厘清职责，确保相关政策落地有声。二是要对文化事业单位的属性和职能进行明确规定，通过这项改革措施可以将文化事业单位的发展方向分为面向公益还是以营利为主，从而方便于文化管理部门更好地管理。文化事业单位是推动长征文化国际传播的重要主体之一，所以一定要增强自身能力，深化自身改革，长征文化国际传播的目标定位是向世界讲述中国故事，尤其是在全球化的国际环境和市场经济的国内环境下，首先推动文化事业单位适应国际环境变化，开拓其国际视野，提升其国际传播能力。然后推动文化事业单位勇于面对市场经济挑战，加强对文化事业单位的引导，逐渐建立起由市场配置资源与政府进行引导并重的良性发展体系。三是加快长征文化与科技融合的步伐。在科技日新月异的今天，将为长征文化发展提供许多新机遇，将为长征文化发展插上科技的翅膀，有效促进相关文化产业的兴起和快速发展，提升长征文化国际传播能力。加快长征文化与科技融合的步伐要紧紧把握国家推行的"互联网＋"策略，深入理解和领会其要求，加快建立国外多国家、多地区，国内多省市、自治区文化企业深度合作机制，扩大文化传媒的综合力量，充分利用新兴媒体与传统媒体相结合的方式促进文化事业繁荣发展，提升其国际传播能力。四是完善长征文化发展相关的法律法规体系，这将为长征文化国际传播提供法律保障。建立健全文化法规体系、依法管理文化不仅为文化事业健康稳定发展提供法律保障，是建设文化强国的重要内容，是实现文化治理体系和治理能力现代化的前提和基础。对此，要高度重视文化法规体系建设，重点是对现有关于长征文化的法律法规进行全面梳理，修订有关不适应文化改革发展的现行法律法规；加快制定文化改革发展、文化产业发展相关的法律，保护文化产权，为长征文化国际传播做好法律保障。

2. 完善文化生产经营微观运行机制

宏观文化管理体制的效能必须依靠文化的微观运行机制来实现，因此在明确文化生产组织性质的基础上，完善文化生产经营的微观运行机制，这将为长征文化国际传播做好体制保障。文化事业单位在长征文化国际传播中扮演重要的角色，因此要充分发挥好他们的作用。对文化事业单位，按照"增加投入、转换机制、增强活力、改善服务"① 的改革思路，不断推进文化事业的改革。文化事业单位首先要贯彻实行全员聘用制，高度重视并且有效解决单位人员的生活保障问题，提高他们工作的积极性，提升他们对长征文化国际传播工作的积极性；然后充实文化人才资源，培养和培育现有的文化人才，通过采取专业培训的方式提升他们的综合素质，尤其是创新意识。长征文化国际传播需要文化人才资源支撑，培养综合素质较强的专业化人才，尤其是注重提高他们的创新意识，增强创新能力。高层次文化人才会在长征文化国际传播的人才中起领导作用，制定有效的政策来引进高层次文化人才，为文化事业发展提供系统的智力支持和发展指导；充分尊重事业单位的独立法人地位，建立健全法人治理结构和理事会制度，提升事业单位领导班子依法处理问题的能力，特别是对单位内部人员的管理和分配机制，切实增强文化事业单位的活力；对于已经转制为企业的文化单位，因为短时间内不能适应市场经济环境，所以要加大政策扶持力度，帮助其扩宽融资渠道，支持其合理运用社会资本。逐渐促进其建立起"符合现代企业制度要求，体现文化企业特点的资产组织形式和经营

---

① 关于深化文化体制改革的若干意见［EB/OL］. http：//politics. people. com. cn/GB/1026/4023638. html.

管理模式"① 的有较强实力的文化企业，不断推动文化生产力的发展。通过以上措施完善文化生产经营微观运行机制，将为长征文化国际传播做好体制保障。

3. 完善结构合理的文化产业格局

企业是长征文化国际传播的重要主体之一，改革开放 40 多年来，文化产业不断兴起并快速发展，逐渐形成了以公有制为主体的文化企业和多种所有制文化企业共同发展的文化产业格局，两种不同体制的文化企业相互补充，相互促进，共同解放和发展文化生产力，推动文化事业繁荣发展，为长征文化国际传播做好文化产业支撑。在这方面深化文化体制改革的重点就是不断巩固以公有制为主体的文化企业在文化事业发展中的主导地位，保证文化发展方向的正确性，文化发展方针的准确性，文化发展氛围的开放性，在较好完成社会公益文化建设目标的基础上追求营利发展。坚持鼓励和支持多种所有制文化企业承担社会公益文化建设，引导它们坚持社会主义文化发展大方向，坚持"二为"方针，充分吸引和调动社会资本参与文化建设，大力支持社会组织积极参与文化建设。完善结构合理的文化产业格局对推动长征文化国际传播大有裨益，需要公有制和私有制的文化企业相互合作。要尽快尽好的与国外文化企业建立合作机制，并且不断完善合作的法律保障机制，共同推动长征文化国际传播向前迈向新台阶。

4. 完善现代文化市场体系

完善的现代文化市场体系是推动和保障长征文化国际传播的重要方法之一。因为完善统一、开放、竞争、有序的现代文化市场体系既是文化产业繁荣发展的前提条件，也是深化文化体制改革的重要任务之一，完善现代文化市场体系可以激活文化产业活力，增强文化产业生命力和竞争力，提高其综合能力，更好地发挥长征文化国际传播的主体作用。首先要明确政府在完善现代文化市场中的角色定位问题，明确政府在其中主要起主导

---

① 中共中央关于深化文化体制改革推动社会主义文化大发展大繁荣若干重大问题的决定 [M]. 北京：人民出版社，2011：34.

和监督作用，在充分掌握意识形态领导权的前提下减少对文化市场发展的干预，充分尊重文化市场发展规律，让市场在文化资源配置中起决定作用，为文化企业独立和科学发展营造良好的市场环境。监督文化企业在发展过程中是否严格遵守市场经济的普遍规律和社会主义精神文明建设规律，坚持中国特色社会主义文化发展方针，坚持将社会效益放在首位等，确保文化市场稳定有序发展。① 上述这些深化文化体制改革的措施的有效落实将为推动长征文化国际传播扫清体制障碍，推动长征文化国际传播目标的顺利实现。

当今时代，长征文化国际传播的国内外环境日益复杂，国际间的文化交流日益频繁，文化博弈日益激烈的时代，深化文化体制改革既是符合时代潮流的时代要求，又是增强中国国家文化软实力的外在要求，还是推动中国特色社会主义文化繁荣兴盛的内在要求，可以为长征文化国际传播提供体制保障，营造很好的制度环境。中国共产党是与时俱进的政党，深刻认识到只有不断深化改革现有文化体制才能解放和发展文化生产力，才能促进中国特色社会主义文化繁荣发展，才能不断增强国家文化软实力。深化文化体制改革既可以清理长征文化传播的障碍，又可以为长征文化国际传播提供强有力的制度保障，助力提升长征文化的国际传播能力，推动其走向世界。

5.2.2 提高长征文化开放水平

长征文化国际传播就是推动长征文化参与国际间的文化交流，在文化博弈中不断提升国际影响力和国际传播能力。中国共产党历来高度重视文化开放，把提高文化开放水平作为全面深化改革的重要任务，为提高文化开放水平相继制定和实施了一系列政策。这也印证了中国共产党坚定文化

---

① 张宏明. 论全面深化文化体制改革的基本原则、制约因素及对策建议 [J]. 山东社会科学，2015（12）：119－121.

自信，具备宽广的世界眼光，体现出中国共产党对中国特色社会主义文化建设规律的准确认识和对文化发展规律的严格遵循。提高文化开放水平是推动长征文化国际传播的重要前提之一，通过有效途径提高文化开放水平可以为长征文化国际传播拓宽渠道，具体可以从以下几个方面进行思考。

1. 全面扩大长征文化对外交流

全面扩大长征文化对外交流是推动长征文化国际传播的重要动力，因为文化是一个国家发展历史、人民价值追求、经济发展方向、社会发展成果的综合表现形态，通过文化交流可以了解不同国家的人文特色、风土人情，是助力国家之间交往的润滑剂。通过对外文化交流的不断深入，中国改革开放以来的巨大成就得到世界上更多国家和地区的认可，中国人民的精神风貌得到世界上更多民众的赞赏。长征文化国际传播可以向世界展现出中华民族的崇高精神追求，全面扩大长征文化对外交流是实现这一目标的重要途径。在全球化背景下，国家交往日益频繁，文化交流成为国家交往的重要组成部分，相关部门要重视长征文化在对外文化交流的重要角色定位。长征文化交流不仅可以有助于吸收其他国家和地区的文化发展经验，进而提升自身文化实力，还可以推动人类文化的发展进步。中国共产党高度重视文化对外交流，在其主导和推动下，中国对外文化交流成果显著。改革开放以来，中国同世界上许多国家和地区建立了文化交流机制，与145个国家签订了政府间文化合作协定800多个年度文化交流执行计划，形成了全方位对外文化交流的新格局①，这些都为长征文化国际传播提供组织基础。长征文化国际传播是中国文化对外交流的重要组成部分，全面扩大长征文化对外交流可以有效推动长征文化国际传播。在当前，国际间思想文化复杂交织，文化对外交流的国际环境变幻无常，中国特色社会主义进入新时代，中国共产党对文化对外交流提出新目标、新要求。对此，全面扩大长征文化对外交流任重而道远。

---

① 我国改革开放三十年来文化建设取得重大成就［EB/OL］. 中国广播网，http：//www.cnr. cn/2008zt/ggkf/jxpl/200810/t20081009_505119016. html.

长征文化国际传播是一项系统工程，全面扩大长征文化对外交流，相关部门必须加强统筹规划和协调推进，进一步凝聚多方面力量积极参与进来。推动政府间的正式交流，引导社会中的非正式交流，充分调动国内力量，合理借助国外力量，不断拓宽长征文化对外交流的广度，进一步增进长征文化交流的深度，不断增强长征文化对外交流整体效果。不断拓宽长征文化对外交流的渠道和开辟新途径，支持和引导非公有制文化企业、文化非营利机构、社会组织等参与长征文化海外传播中心等文化交流平台建设。积极发挥海外华人华侨在扩大长征文化对外交流中的作用。

2. 不断加强长征文化国际传播能力建设

　　习近平同志高度重视国际传播能力建设，他强调"推进国际传播能力建设，讲好中国故事，展现真实、立体、全面的中国，提高国家文化软实力"①。加强国际传播能力建设是推动长征文化国际传播的题中应有之义，可以促进长征文化国际传播效果更加深远。长征文化国际传播效果的实现不仅对长征文化内容的丰富内涵有着严格的要求，而且还与先进的传播技术、高效的传播手段和强劲的传播能力等有着重大的关系，主要是长征文化国际传播主体的国际传播能力。在互联网时代，文化传播的速度越来越快，文化传播的渠道和途径不断被拓宽，传播主体的国际传播能力的强弱成为文化国际传播中不可忽视的重要因素。改革开放以来，中国共产党高度重视国际传播能力建设，相继出台和落实一系列推动国际传播能力建设的政策，中国的国际传播能力建设进程明显加快，国际传播能力明显增强，中国国际传播能力建设还处于起步阶段，与世界上的文化强国相比还有一定的差距，必须要正视这种差距。中国共产党必须立足新时代，准确把握新形势，充分考虑新要求，坚定地推进国际传播能力建设，加快形成与我国经济社会发展水平和国际地位相称的国际传播能力，不断推动长征文化国际传播效果。

---

　　① 习近平. 决胜全面建成小康社会　夺取新时代中国特色社会主义伟大胜利——在中国共产党第十九次全国代表大会上的报告 [M]. 北京：人民出版社，2017：44.

对此，首先要着力打造国际一流媒体，媒体在国际传播中发挥着重要的媒介作用，是推进国际传播能力建设中重点打造的对象。在互联网时代，新兴媒体借此契机大量涌现，要认清新兴媒体的优劣势，充分发挥其优势，利用与传统媒体相结合的方式补齐其劣势。凝聚各方面力量支持重点媒体面向国际发展，着力打造多种语种传播、受众分布广泛、影响力深远、覆盖全球的国际一流媒体。然后要推进国际传播本土化。推进国际传播本土化是提升国际传播效能的重要途径，在此过程中要遵循文化发展规律和国际传播规律，持续推进国际传播本土化。充分认识和利用对象国的传播设施和传播人才，遵从对象国的传播规律，持续推进国际传播本土化进程，提升国际传播本土化效果。推进国际传播能力建设要加强国际话语体系建设，做好中国话语和国外话语之间的转换，加强话语权建设，着力打造融通中外话语体系。加强国际传播能力建设的顺利实现将为推动长征文化国际传播提供源源不断的强劲动力。

3. 大力发展长征文化对外贸易

长征文化对外贸易是提升长征文化国际影响力，增强国际传播能力的重要途径之一。中国共产党十分重视发展长征文化对外贸易，因为这不仅有利于拓展文化海外市场，而且有利于扩大长征文化发展空间，还有利于增强长征文化国际传播能力。改革开放以来，中国对外文化贸易在规模上不断扩大，文化贸易逆差不断缩小，长征文化产品的国际影响力不断提升。中国的对外文化贸易才处于起步阶段，它在中国对外贸易中的比重仍然偏低，中国仍然不是文化贸易强国，长征文化对外贸易还有很大的发展空间。总体来看，中国在对外文化贸易水平上与世界文化强国相比还有一定的差距。对外文化贸易水平高低对于文化开放水平的提升关系紧密，必须要大力发展对外文化贸易，补齐对外贸易中的短板。对此，中国共产党领导下的相关部门必须练就放眼于全球的战略眼光，不断凝聚各方面力量打造具有较大国际影响力的文化产品和文化服务，提升文化产品和文化服务的国际竞争力，推动对外文化贸易稳步发展，不断扩大文化贸易规模。

长征文化对外贸易具有独特性，文化对外贸易实力的强大不仅可以带

来可观的经济利益，而且还可以强力传播一个国家的文化价值观念，增强
国家文化软实力，所以要大力发展长征文化对外贸易，不断增强对外长征
文化贸易实力。长征文化展现出中华民族英勇顽强的民族精神，内含中国
的文化价值观念，发展对外长征文化贸易时要注意许多细节，要注重长征
文化内容，突出长征文化产品和服务的所蕴含的精神内涵和文化理念。要
准确和深入提炼长征文化的精髓，努力彰显长征文化的内涵，着力打造具
有中国特色、中国风格、中国气派的优秀长征文化精品。甄选具有较强国
际竞争力的长征文化产品作为主打产品，推动其参与国际间文化产品博
弈，并建立有效的产品影响力反馈机制，不断加强和改进产品质量。培育
一批具有较强竞争力的外向型文化企业，大力支持和推动实力强劲的文化
企业向海外开拓文化市场，不断发展和壮大对外文化贸易队伍，着力打造
一批具有自主知识产权和核心竞争力的国际知名文化品牌，不断提升对外
文化贸易优势，提高文化贸易在对外贸易中的比重，不断缩小文化贸易逆
差最终扭转这种局势。① 通过以上措施大力发展长征文化的对外贸易，不
断提高长征文化国际传播能力，增强长征文化国际传播效果。

5.2.3　充实长征文化传播内容

中华文化源远流长，内容丰富多彩，正如习近平总书记概括的，中华
文化包括 "在5000多年文明发展中孕育的中华优秀传统文化，在党和人
民伟大斗争中孕育的革命文化和社会主义先进文化，积淀着中华民族最深
层的精神追求，代表着中华民族独特的精神标识"②。长征文化属于革命文
化的一部分，它同中华优秀传统文化和社会主义先进文化之间的联系非常
紧密，长征文化植根于中华优秀传统文化，展现着中华优秀传统文化中自
强不息、艰苦奋斗的优秀品格；长征文化形成于革命文化中，承载着实现

① 王晓晖．提高文化开放水平 [N]．光明日报，2013 – 11 – 20．
② 习近平．在庆祝中国共产党成立95周年大会上的讲话 [M]．北京：人民出版社，2016：13．

民族独立的不懈追求；长征文化发展于社会主义先进文化中，凝聚着实现中华民族伟大复兴中国梦的广泛力量。长征文化处于不断发展和不断丰富的过程中，它从中华优秀传统文化、革命文化和社会主义先进文化中不断汲取营养，所以长征文化的内容也在不断丰富之中，推动长征文化国际传播必须要充分重视传播内容的丰富性，以开放的视野对长征文化进行深度挖掘和整理，尽可能充实长征文化传播内容，全面而精彩地展现长征文化，打好长征文化国际传播的内容基础。长征文化既包括长征中的文化也包括长征结束后不断丰富的文化，推动长征文化国际传播必须要从以下这些方面不断充实长征文化，向国外受众尽可能地展示真实、全面的长征文化。

1. 长征中的诗歌

长征中的诗歌是长征文化的重要组成部分之一，是长征文化国际传播的重要内容。长征中没有职业的诗人，也没有固定的歌手，有的只是充满一腔热血和坚定理想信念的红军战士，但长征中的诗歌数量很多，这些都是红军战士在硝烟弥漫的战场上，在颠簸不堪的马背上，在荒无人烟的雪山上，在广阔无边的草地上创作出来的，长征为红军创作诗歌提供了很好的素材，诗歌也展现了真实的长征。根据长征诗歌的内容，大致可以分为五类：一是展现即将长征的红军将士同留守根据地的同志和人民群众惜别情境的诗篇，其中参加长征的红军将士同留守苏区同志的告别的诗篇，代表性的有林伯渠的《别梅坑》和叶剑英的《刘伯坚同志》等；其中最感人最能反映红军同苏区人民鱼水情深的是苏区人民送别红军长征的诗作，传唱至今的有《十送红军》，湘西人民的《高山低头把路让》，闽西人民的《千里北上去抗日》等诗篇。这些动人的诗篇真实再现了红军将士之间的深厚情谊，红军与苏区人民难以割舍的鱼水情。二是反映红军将士在长征中克敌制胜、克服险阻的诗篇。红军指战员在长征中历经艰险，爬雪山、过草地，率领红军战士同敌人进行顽强的斗争，并且写下了许多诗篇。如毛泽东的《忆秦娥·娄山关》，彭加伦的《渡金沙江胜利歌》，李一氓的《大渡河怀古》，佚名的《红军队伍过雪山》，罗常明的《草地》等。三是反映红军同长征沿线人民群众建立深厚友谊的诗篇。在长征中，红军同沿途群众建立了深厚的感情，红军指战员运用诗歌的形式记录并传唱下来，如《红军送我一把伞》《乌江来了共产党》《罗炳辉的人马回来了》等，这些诗歌展现了红军将士同人民群众关系密切。四是反映红军长征到达陕北，欢庆长征胜利的诗篇。中国共产党领导红军历尽千辛万苦、战胜千难万险，胜利到达陕北。红军将士用诗歌反映他们取得长征的胜利后愉悦的心情，这些诗歌中具有代表性的有《七律·长征》《初抵吴起镇》《长征歌》《长征曲》等，这些诗歌时至今日还在传唱。五是反映长征沿途地区人民群众在红军离开后对红军想念之情的诗歌。中国共产党领导红军在长征途中帮助沿途人民群众解决困难，帮助他们翻身做主人。红军为人民群众做主，纪律严明的形象深深印在沿途群众的心里，他们用诗歌表达对红军的怀念之情。比如《心里红军撤不走》《日夜北望盼红军》《盼望红军快回来》等。关于长征的诗歌远远不止这些，这就需要进行深度的挖掘和认真整理，让这些诗歌重放异彩，因为长征诗歌已经成为世界人民了解长征文化的一个窗口。

2. 长征中的音乐

音乐在长征中发挥着积极的作用，长征中的音乐也异常丰富，因为长征中条件限制的原因，长征中的音乐主要是歌曲，按照发挥作用的不同大致可以分为四类：第一，鼓舞将士战斗士气的歌曲有《胜利反攻歌》《上前线去》《直到最后一个人》《粉碎敌人的乌龟壳》《再战遵义歌》《渡金沙江胜利歌》《翻夹金山歌》《打骑兵歌》《草地行军歌》《吃牛肉歌》《到陕北去》等。可以看出，在红军长征中，红军中的文艺战士以当时所处的环境为题材，创作贴合实际战斗需要、行军需要、宣传需要的歌曲，这些歌曲有助于激励红军将士抵抗艰苦的生活环境，惨烈战斗环境，磨炼他们的意志，鼓舞他们战胜困难，最终胜利达到陕北根据地。第二，宣传红军的主张和纪律以及号召参加红军的歌曲。宣传红军主张的主要有《红军任务歌》《建立苏维埃》《分田歌》等；宣传红军纪律的歌曲有《红军纪律歌》《三大纪律八项注意》等；动员人民群众积极参加红军的歌曲有《当兵就要当红军》《十送我郎当红军》《来来来，当红军》等。第三，瓦解敌军的歌曲。具有代表性的有红一方面军的《可怜的白军士兵》《欢迎白军兄弟歌》《白军士兵兵变歌》，红二方面军的《致白军士兵歌》《兵变歌》，红四方面军的《劝郎回头》《瓦解敌军歌》等。这些歌曲在长征中对于瓦解和分化敌军，争取白军士兵加入到红军中发挥着重要的作用。第四，庆祝长征胜利的歌曲主要有《长征歌》《长征曲》《会师歌》等。长征中的歌曲展示了长征文化的丰富多彩和生动活泼，只有通过认真整理才能将这些红色歌曲继续地传唱下去，才能传承好红色基因。

3. 长征中的美术

如果说长征文化是一幅卷帙浩繁的画卷，那么长征途中创作的美术作品就是点缀在这幅壮美画卷上的绚丽花朵。长征中进行美术创作的条件十分艰苦，缺少颜料和画纸的情况时常出现，但是这丝毫减退不了红军宣传员们的绘画热情，他们创作出来的美术作品不仅丰富多样，而且紧紧围绕党和红军的政治主张和政策，并且取得了很好的宣传效果。长征中的美术主要有以下几种形式。

标语画：长征中的标语画言简意赅，向红军指战员和沿途群众起到了很好的政治宣传作用。它主要由单纯的宣传标语和配有简单图画的标语组成，统称为标语画。因为在当时，单纯的宣传标语会对宣传效果大打折扣，许多战士和群众喜欢看到图文并茂的标语画。为了吸引阅读者的注意和提高宣传效果，红军中的宣传员即使再苦再累，也要为宣传标语配上简洁生动的图画，进而受到广大红军战士和群众的广泛好评，大大提升了宣传效果。

诗配画：诗配画主要指的是为长征中创作的诗歌配上图画，诗歌和画相得益彰。比如红二方面军宣传战士创作的诗歌《远看一根索》这样写道："远看一根索，近看鸭池河，敌人拼命堵，老子就要过。要过要过这就过，李觉送行蛮不错。你来对岸站岗哨，我在这边洗个脚。"这首诗歌描绘出了红军渡乌江时的情景，讽刺了敌人追剿失败的狼狈相。在这首诗的下方配了一幅漫画，在漫画中，红军和国民党追兵隔河对峙，国民党士兵垂头丧气，红军战士洗脚庆祝渡江成功。这样的诗配画生动诙谐，非常令人寻味。

　　壁画：壁画的形成是因为长征途中颜料和纸张等材料匮乏，红军宣传战士就将沿途房子或者石壁当作宣传纸张，并在上面作画，这样的壁画不仅分布广泛而且十分醒目，极大了提高了红军政策主张的宣传效果。比如在贵州黎平国民党县政府门口的墙壁上，就有红军留下的两幅宣传画。在四川省内的一些石壁上，还保留着红军当年刻画在上面的巨幅标语。此外还有缎画，即画在绸缎上的宣传画。报刊中的插画，比如插在《红星》报中的图画等，这些都是为了配合长征中的政治宣传而做。还有一些就是长征写生之类的画作，这些画作真实地记录了作者在长征中的所见所闻所想。比如黄镇的长征写生——《长征画集》，就是他在长征途中所作写生画的合集，画集中《夜行军中的老英雄》描绘的就是林伯渠提着马灯行走于长征路上的情景。虽然长征中的美术作品有些显得简单和粗糙，但是这丝毫不会影响它所展现的长征文化魅力，这些都需要我们好好珍视，不断充实长征文化的内容。

　　长征文化除了以上这些内容还包括长征中的日记、戏剧、舞蹈、体育活动等，这些不仅展示了长征文化的丰富多彩，而且刻画出了一个个长征中鲜活的人物：哼着长征小调的陆定一，沿途认真写生的黄镇，马背上练字的舒同，专心于木刻的廖承志，翩翩起舞的李伯钊……长征文化像一座文化宝库，需要不断深入探索和挖掘，因为这是长征文化国际传播中最为生动、最为真实、最为触人心弦的内容来源。[①] 充实长征文化国际传播的内容既要注重挖掘和整理长征中原汁原味的文化内容，展现历史上的长征，又要创新和探索长征文化内涵的新时代中国特色社会主义文化内容，向世界展现中国的新长征，做好长征文化新时代的国际表达。

5.2.4　丰富长征文化表现方式

　　长征文化国际传播是一个不断变化、不断创新的过程，所以要具备敏

---

　　① 李安葆. 长征与文化 [M]. 北京：党建读物出版社，2002：40.

锐的世界眼光，了解国外受众喜闻乐见的接受方式，不断创新和丰富长征文化的表现方式，进而有效破解当前长征文化出现的表现形态单调的难题，用最具影响力和吸引力的方式将长征文化展现出来，不断满足国外受众多样化的文化需求，进而达到不断扩大长征文化国际传播的范围和提高传播效果的目标。具体可以从以下几个方面进行探讨。

1. 在物质文化方面

发挥好长征文化遗址遗迹对长征文化的表现作用。长征路线上的遗址遗迹蕴含着长征文化特色的精神价值，体现着长征文化丰富而生动的内涵，这些遗址遗迹是丰富长征文化表现方式最具代表性的资源，必须予以充分利用。首先提高对长征文化遗址遗迹的保护意识和重视程度，拨付充足的资金，配备专业的人员加大对其保护的力度，对于一些损毁严重的遗址遗迹要进行抢救性修复和重点保护，尽可能维持它们的原始面貌，做好长征沿线群众保护红色文物的宣传工作，提高他们的自觉保护意识，促使他们成为坚定的守护者，只有守护好长征文化，长征文化才能进一步地开发和利用，他们才会成为受益者。长征路线上的文化遗址和遗迹十分丰富，必须按照"重点保护、创新性开发和利用"的原则，在保护原有文化遗址遗迹的基础上进行创新性的开发和利用。针对长征文化遗址遗迹的参观和解说必须要突破传统的表现方式，重点突出这些遗址遗迹在长征中的历史作用，并运用具有创新性和创造性的方式将这些遗址遗迹的历史作用演绎好，将这些遗址遗迹所蕴含的长征文化生动地展现出来，不仅可以展现这些历史遗址遗迹的历史厚重感，而且激发出它们新的时代内涵，成为国外受众亲身感受长征文化的基地，让国外受众不仅可以深入了解长征文化，更可以亲切地感受长征文化，拓展他们思考和回味的空间，进而在潜移默化中提升传播效果。

比如以创新的方式展现泸定桥上曾发生的精彩而壮烈的故事，发挥出它在展现长征文化中的独特作用。通过阅读国外学者关于长征的书籍就会发现国外学者在介绍长征的章节中不约而同地对飞夺泸定桥进行浓墨重彩的描述，无论是埃德加·斯诺还是索尔兹伯里等，以及后来拍摄的《中国——长征》画册中都收录了泸定桥的图片，为什么国内外对于泸定桥这么感兴趣，因为"飞夺泸定桥"这场战斗高度体现了红军革命英雄主义，充分体现了人类不畏艰险、勇往直前的奋斗精神，所以要充分利用好泸定桥这个具有较高关注度的遗址来推动长征文化传播。索尔兹伯里在《长征——前所未有的故事》一书中这样描述泸定桥以及在桥上发生的悲壮战斗："泸定桥是由一位卢姓工程师在康熙年间建造的，由十三条碗口粗的巨大铁环组成，桥面是九条铁索，两边各有两条，帮助人或车保持平衡，有人过桥时，整个桥身就像巨大的吊床一样摇晃。红军准备过桥时，桥上的大部分木板都被拿掉了，英勇的红军战士只能在铁索上匍匐前进，而且是冒着枪林弹雨前进。敌人将没有撤掉的桥板用煤油点着，燃起熊熊大火，没有什么可以阻挡突击队员，他们毅然冲向浓烟和烈火中去战斗。他们一边跑一边端着冲锋枪猛射，当浑身冒着火光的红军战士冲到对岸时，国民党的守军被吓得逃走了。一共有二十二名参加了这场狭路相逢勇者胜的战斗，其中有十八人存活了下来，剩下的四名战士成为战斗英烈永远地留在这里。"[①] 这样悲壮的战斗场景会给读过这本书的国外受众带来很大的触动，也引起他们强烈的好奇心去真正体验一下，但是当年的悲壮场景已不复存在，只剩下泸定桥安静地躺在那里，即使站在泸定桥上也难体会到当时的悲壮了。因此，为了提高传播效果，我们可以将索尔兹伯里所描述的战斗场景利用先进的科技展现出来，比如运用当前较为流行的 VR 虚拟现实技术，将飞夺泸定桥的战斗场景真实展示出来，让国外受众站在泸定桥并戴上 VR 眼镜来体验飞夺泸定桥的激烈战斗场景，进而提高长征文化传播的效果。国外受众对长征中兴趣较为浓厚的场景都可以通过这种方式再现，这样既可以促进国外受众读懂长征，又可以让他们真实地感受长征文化。

充分发挥长征文化博物馆和纪念馆的作用。长征文化博物馆和纪念馆在丰富长征文化表现方式中的作用也十分明显，因此要创新它们的表现方

---

① ［美］哈里森·索尔兹伯里. 长征——前所未闻的故事 ［M］. 过家鼎，程镇球，张援远译. 北京：解放军出版社，1986：258 – 265.

式，充分发挥出它们的作用。比如场馆在外部的造型设计和内部的风格设计要与具有当地长征文化特点很好的结合，充分展示当地长征文化的特色，真正让长征文化与这些建筑融为一体，使这些场馆不仅成为可以展示长征文化的场所，还可以成为搭载和传播长征文化的独特载体。长征文化博物馆和纪念馆在展品的选择上要体现创新性，将展品与地方特色有效地结合起来，秉承差异化的原则，尽量避免雷同展品的情况出现，以免造成受众的审美疲劳，充分利用好不同特点的展品展示不同区域的、不同方面的、不同特色的长征文化，进而不断丰富长征文化的表现方式。

2. 在非物质文化方面

坚持并创新传统的长征文化表现方式。伴随着科技的不断发展和进步，文化表现方式也处于不断丰富的过程中，传统的长征文化表现方式已经不能满足国外受众的多元化需求，在传播范围和传播效果方面已经呈现出后劲不足的情况。传统的长征文化表现方式必须要不断创新，只有这样才能紧跟国际传播的趋势和潮流，才能不断满足国外受众的多层次、多样化的文化需求。因为在今天推动长征文化国际传播的难度更大，任务更为艰巨，所以要充分利用先进的传播技术和传播手段，不断更新和丰富长征文化表现方式，进而有效推动长征文化国际传播。在长征文化国际传播中不仅要继续坚持运用文章、小说、电影、电视节目等传统的长征文化表现方式，还必须要运用世界性眼光，定位于向世界传播长征文化的高远目标，将国际性的表达方法融入进去，不断创新传统表现方式的传播渠道。要紧紧抓住"互联网＋"时代的有利契机，充分运用好互联网技术，做好互联网与传统表现方式相结合，重点推送展现长征文化的优秀文章和小说，并配有生动而真实的长征图片，甚至增加一些音效，不断提高视听效果，提升长征文化传播的效果；运用当前逐渐成熟和较为流行的，备受人们喜欢的3D技术拍摄和放映长征题材的电影和电视节目，将长征中红军将士经过的巍峨耸立的高山险峰、奔流不息的急流险滩、难以攀登的悬崖峭壁、高耸入云的皑皑雪山、人迹罕至的茫茫草地等险恶环境展现出来，让国内外受众对长征有更深刻的领会，这样不仅有效达到传播长征文化的目的，而且可以提升国内外受众对长征沿线壮丽景色的兴趣，内在地促进他们萌生重走长征路的想法。

要掌握和运用好国际上较为流行的文化表现方式。国际上较为流行的文化表现方式指的就是在文化国际传播中，国外受众比较容易接受的文化表现方式。比如日本进行文化传播的重要方式之一就是动漫，他们运用精美的动漫艺术来展现本国的民族文化和改变本国的国际形象，动漫的主要受众就是国外的青少年，他们在欣赏和接受动漫的同时也不断认可日本的民族文化。事实证明，日本的动漫策略在提高日本文化国际传播效果上取得了显著成绩。长征文化国际传播中同样可以利用动漫这种方式来表现长征，创作以长征为主题的动漫，赢得国内外青少年和动漫爱好者等这类受众的广泛关注和认可，进而提高长征文化国际传播的效果。还比如开发以长征为题材的网络游戏，将长征中真实的场景融入游戏之中，全面而又系统地展现长征，这种方式既能满足国内外游戏爱好者这部分受众对长征类似真实的体验，又能提高他们对长征文化的熟知程度。推动长征文化国际传播必须要时刻关注当前出现的、较为流行的文化表现方式，不断创新思路，将其与长征有效地结合起来，进而不断丰富长征文化表现方式。

充分了解和借鉴其他国家在文化传播方式上的成功经验。文化国际传播已经成为世界各国重点关注的课题，如学习国际传播方面能力较强的美国、法国、日本、韩国等国。他山之石，可以攻玉。这些国家的国际传播经验值得长征文化传播者们学习和借鉴，尤其是要充分了解和借鉴他们在创新文化表现方式方面的成功经验，结合长征文化自身的特色，不断创新出体现长征文化特点，紧跟文化国际传播的潮流和趋势，容易被国内外受众接受和认可的表现方式，进而提高长征文化国际传播效果，有效推动长征文化国际传播。

关于长征文化其他表现方式的一些探索。长征文化既包括革命先辈在长征中创作的诗歌、戏曲、音乐、绘画，这些只是丰富多彩的长征文化的一部分，还有后人运用多种表现方式展现长征的文化作品。文化表现方式多种多样，在今天，长征文化同样可以运用诗歌、戏剧、曲艺、音乐、绘画等这些方式展现长征文化。它们扮演着双重角色,既是长征文化的内容,也是其表现方式。比如用现代诗歌歌颂长征,用歌曲唱响长征,用交响乐奏响长征,用绘画勾勒长征,用邮票传递长征,用舞台剧演绎长征,等等。长征文化表现方式是伴随着时代的发展不断丰富的,这就需要长征文化传播者们利用敏锐的眼光去发现,运用创新性思维去探索。

5.3 培育长征文化国际传播队伍

长征文化国际传播队伍是推动长征文化国际的重要力量,在国际环境日益复杂的今天,长征文化国际传播队伍必须要与时俱进,不断提升自身的实力,为长征文化国际传播做好支撑。培育长征文化国际传播队伍可从以下两个方面进行思考。

5.3.1 培育和发展多样化国际传播主体

长征文化国际传播主体是推动长征文化国际传播的主要推动力量,伴随着国际传媒不断发展壮大和网络媒体的兴起以及快速发展,必须要培育和发展多样化传播主体,进而形成包括国家、企业、社会组织和个人主体在内的多样化传播主体格局,这是实现长征文化国际传播的重要基础,并且要不断突破这些传播主体自身的局限性,充分发挥出他们在推动长征文化国际传播中的重要主体作用,推动长征文化国际传播事业不断迈上新台阶。

在国家主体方面:国家作为长征文化国际传播主体的职能和职责主要由政府行使和承担,政府部门是长征文化国际传播主体中的主导者,所以政府要正确行使和担当相关的职能和职责。在实施中华文化"走出去"战略下,中国政府部门必须要与时俱进地转变传统传播的思想观念,不断提高对外开放的思想意识,增强对外传播思维能力;认真规划和制定相关行之有效的对外传播政策,研究和设计长征文化国际传播工程等,大力推动长征文化国际传播战略的实施；深化文化体制改革，破除文化对外传播的体制机制障碍，理顺长征文化国际传播的管理体制和机制；建立和完善长征文化国际传播协同推进机制，顺利推进长征文化国际传播中相关职能部门的协同工作，提高协同推进工作水平；鼓励和支持科研机构和高校的长征文化研究专家、学者积极参加长征国际学术研讨会，架构长征文化交流沟通的桥梁，推动长征文化研究"中国学派"的形成，争取在高端国际学术会议上逐步掌握长征文化阐释权和话语权，争取提高国际知名专家学者对长征文化的认同，进而通过他们传播长征文化，推动长征文化国际传播。通过分析长征文化在世界上的传播状况，我们发现中国政府虽然在推动长征文化国际传播较为积极，但是同其他国家的政府展开合作的案例不多。所以要通过与国外相关政府部门合作，打造长征文化国际交流平台，比如共同建立长征文化国际交流中心，推动长征文化同其他文化的交流互鉴，提高国外受众对长征文化的理解和认可；中国政府部门要快速适应复杂多变的国际传播环境。互联网的日益发展和普及对长征文化国际传播是一柄双刃剑，既带来了机遇也带来了挑战，互联网时代下长征文化国际传播环境呈现出复杂多变的特点，中国政府部门在这种形势下要认真分析传播环境特点，制定应对策略，准确把握机遇，沉着应对挑战，牢牢掌握网络传播环境下对长征文化的话语权，正确引导长征文化在网络传播环境下的顺利传播。

在企业主体方面：文化企业在推动长征文化国际传播中的力量是不容小视的，充分发挥和利用好文化企业对于长征文化国际传播的推动作用是十分必要的，尤其是引导一批实力较强外向型文化企业来推动长征文化国际传播，所以必须要发展壮大文化企业的力量，使文化企业逐步成长为推动长征文化国际传播的中坚力量。在国家对文化企业的辅助方面，国家要加大对文化企业的资金、政策支持力度，制定真正有效的文化企业发展政策，精准扶持和引导文化企业发展壮大，维持好文化企业发展秩序，管理好文化发展市场；国家要进一步完善和落实促进文化企业繁荣发展的政策和举措，助力公有制文化企业尽快做大做强，加强对非公有制文化企业的支持力度；鼓励其他领域的企业积极配合文化企业的传播工作，逐步形成有效的辅助机制，进而形成文化企业和非文化企业有效联合的机制，推动他们之间的相互合作，最终形成以公有制企业为主体，多种所有制企业共同参与，所有企业有效联合的长征文化国际传播主体格局。在文化企业自身发展方面，首先要增强文化企业推动长征文化国际传播的使命感，推动长征文化国际传播是一项增强中华文化国际影响力的战略，它不仅可以带来巨大的经济效益，有利于提高文化企业的经济实力，而且有利于增强文化企业自身的文化认同。文化企业自身要在国家的政策支持下，不断增强综合实力，同时向国际上实力较强的外向型文化企业学习先进经验，发展一批实力较强的外向型文化企业，遵循国际文化市场规律，努力打通和搭建好文化企业与国外文化市场之间的通道和平台，将具有长征文化特色的产品输送出去，不断提高长征文化产品在国外文化市场上的竞争力，推动长征文化产品对外贸易的发展，进而逐渐打开和不断扩展海外长征文化产品市场，不断提高长征文化产品在国外文化市场的占有率，打响长征文化产品品牌，努力实现长征文化贸易顺差，打好、打牢长征文化国际传播的阵地，发挥出文化企业在长征文化国际传播中主体作用。

在社会组织主体方面：针对国内外关于长征文化协会、学会、研究会、联合会等社会组织举办长征文化活动出现号召力和影响力较弱的问题，可以从做好以下几个方面的工作进行提升：首先是提高长征文化活动的权威性，增强活动的公信力，长征发生在中国，关于长征文化研究的权威也在中国。为此，在举办长征文化活动时可以邀请长征文化研究的专家学者做嘉宾，请他们对于活动中出现的学术问题进行解答，充实活动的内容，提高活动的权威性，提高受众对于此次活动的认可度。其次是扩大活动参加人员的范围，多邀请一些对长征文化感兴趣的外国受众，尤其是在华留学生和来华工作人员，因为他们同样会成为长征文化国际传播的主体。再次是丰富活动的方式，长征文化交流活动要不断创新活动方式，从而提高长征文化交流活动内容的丰富性，活动氛围的趣味性，进而提高传播效果，比如有些社会组织开展"绿色长征"健走活动，动员人们通过健走的方式传播长征文化，主办方会根据参与人员健走的公里数向中国的西北地区捐赠相应数量的树苗，支援该地区绿化建设，这项活动方式不仅体现长征文化，而且体现环保这一世界主题。最后是邀请国内外媒体进行真实地报道，在当前，国内外媒体是推动长征文化国际传播的有效媒介，将真实的长征文化活动报道出去，同样会引起广泛的关注。长征是具有世界性影响的大事件，这是在国际上成立关于长征文化协会、学会、研究会、联合会等社会组织的传播长征文化的基础，运用国际性社会组织推动长征文化国际传播的方式还处于探索阶段，可以看出对于推动长征文化国际传播的前景很广阔。要充分发挥好国外中国留学生、海外华人华侨和在中国留过学的外国受众在成立和发展长征文化国际性社会组织中的主导作用，搭建好国内外长征文化社会组织密切合作的桥梁，借助国内长征文化传播的资源，齐心协力开展好一系列具有国际影响力的活动，扩大长征文化的国际影响，让长征文化在国外遍地开花。

在个人主体方面：首先要发挥世界名人的作用传播长征文化。即使在互联网兴起和普及的今天，国际性知名的新闻媒体记者，在国际上具有较高知名度的专家学者，在国际上具有较高声望的国家领袖等这类个人传播主体在推动长征文化国际传播的主体地位仍然不能被轻易取代。在今天，仍然要拓展这类传播主体，发挥他们对于长征文化国际传播的作用。比如各国的元首、较为知名的政治活动家等世界名人对于推动长征文化国际传播的作用也不容小觑，可以通过有效方式比如邀请他们对长征遗址遗迹和长征文化纪念馆进行参观，提高他们对长征文化的认可，借助名人效应扩大长征文化的国际影响。其次要借助来华的国外受众传播长征文化，在长征纪念展览活动中，可以看到许多来华留学和工作的国外受众在展台前驻足观看，他们既是长征文化国际传播的受众，也是长征文化国际传播的主体，必须要运用他们易于理解和接受的表达方式传播长征文化，提高他们对于长征文化的认识程度，增强他们对于长征文化的认同感，待他们回到自己的国家就会成为传播长征文化的一颗颗种子，将长征文化洒向世界的各个国家和地区。再次要引导好互联网受众传播长征文化，互联网的发展和普及给拥有网络的受众提供了传播长征文化的机会，这类受众借助互联网的力量向世界传播长征。为了发挥好他们作为传播主体的职能，需要政府进行正确引导。政府要不断充实网络上的长征文化资源，管理好网络传播环境，清除有悖于长征文化内涵的不良信息，维持良好网络传播秩序，鼓励传播体现正能量的长征文化，发挥好网络传播主体的作用。最后，借助出国人员传播长征文化。随着国家开放程度的不断提高和国际交流的不断深入，出国学习、旅游、工作的人员不断增加，他们同样成为长征文化国际传播的个人主体，帮助他们树立长征文化国际传播意识，传授他们传播技巧，提高他们对于长征文化的认同度要相对容易得多，因为长征文化是融入他们血液中的红色文化基因，长征文化会增强他们的民族自豪感，他们同样会将长征文化传播到目的地的国家和地区，推动长征文化国际传播。

5.3.2 着力打造国际化人才队伍

长征文化国际传播需要国际化人才提供智力支持。习近平新时代中国特色社会主义思想针对人才方面有着重要论述。习近平总书记高度重视人才在民族振兴中发挥的重要作用，他强调："人才是实现民族振兴、赢得国际竞争主动的战略资源。"① 人才在长征文化国际传播中扮演重要角色，长征文化国际传播的顺利推进对于人才有着高标准的要求，因为长征文化国际传播是一项涉及多种行业，依靠各行各业人才齐心协力推动的大型工程，必须要有一支高水平的人才队伍作为核心动力。党的十九大报告强调"加强文艺队伍建设，造就一大批德艺双馨名家大师，培育一大批高水平创作人才"②。长征文化国际传播需要这样的名家大师和高水平创作人才，

---

① 习近平. 决胜全面建成小康社会 夺取新时代中国特色社会主义伟大胜利——在中国共产党第十九次全国代表大会上的报告 [M]. 北京：人民出版社，2017：64.

② 习近平. 决胜全面建成小康社会 夺取新时代中国特色社会主义伟大胜利——在中国共产党第十九次全国代表大会上的报告 [M]. 北京：人民出版社，2017.

需要国际化人才支撑。国际化人才作为复合型高水平人才，由国际化人才组成的队伍对于推动长征文化国际传播会发挥出难以估量的作用。长征文化国际传播的国际化人才的培养主要通过两种渠道，一是对现有人才的深化培养，提高现有人才的能力，最终成长为国际化人才；二是开展与高等学校进行国际化人才培养的合作，为长征文化国际传播培养后备力量。无论是采用哪种渠道，都必须要注重提高国际化人才的综合素质。可以从以下几个方面培养国际化人才。

1. 国际化人才要具有爱国主义和民族主义情怀

推动长征文化国际传播这项重大工程的国际化人才首先要具有爱国主义和民族主义情怀，只有这样才能从心底对长征文化感到敬畏。在世界发达国家关于人才培养的经验中，首先要培养人才具备爱国主义和民族主义的情怀，要求人才不仅熟悉本国国情，还充满着对祖国的热爱，甘愿为祖国的和平稳定、繁荣发展贡献自己的力量。推动长征文化国际传播就是热爱祖国，热爱社会主义事业的具体行动，中国在培养人才方面就要注意培养国际化人才的这种情怀，帮助他们树立和增强甘愿为社会主义现代化建设事业奉献终身的高尚意识，这样他们才能发自内心的崇敬长征文化，不遗余力地推动长征文化国际传播。长征文化充分体现出爱国主义和民族主义情怀，爱国主义和民族主义情怀指的就是对祖国无比深沉的热爱，对本民族优秀文化传统的熟知和真挚热爱，饱含强烈的民族自尊心和民族自豪感，富有义不容辞的民族复兴的责任担当意识，只有具备着两种情怀才能深刻领会长征文化。因为文化是一个民族的灵魂和血脉，长征文化是中华民族坚韧品格的崇高体现，热爱祖国首先体现在对长征文化、对本民族文化深深地热爱，对本民族文化有着充分的文化认知，高度的文化自觉和坚定的文化自信。长征文化内涵十分丰富，是民族自尊心和民族自豪感的重要来源，民族自尊心和民族自豪感是指对本民族的文化价值观和发展现状有着高度的认同，并且是为了维护这种认同而发自内心深处的情感。强烈的民族振兴国家富强的是家国情怀的最高层次的体现，实现国家富强民族振兴的目标是无数仁人志士耗尽毕生精力的不懈追求。国际化人才推动长征文化国际传播是展现爱国主义和民族主义情怀的最好实践。

　　推动长征文化国际传播的国际化人才必须要具备深厚的爱国主义和民族主义情怀，因为在世界多元文化价值观相互碰撞、相互博弈的时代背景下，爱国主义和民族主义不断受到世界上其他文化价值观的冲击和挑战，比如与之对立的世界主义思潮，它主张淡化国家与民族之间的界限，推崇全世界都应该信奉一个共同文化价值观。可以看出，这与爱国主义和民族主义是相悖的，必须要警惕这种不良思潮对于爱国主义和民族主义的冲击，坚持国家和民族利益至上的基本原则。在新时期一定要进一步加强对人才爱国主义和民族主义情怀的培养，让其融入国际化人才的血液中，更好地为推动长征文化国际传播这项重大工程服务。对此，可以从以下几方面来思考：首先要进一步加强思想政治工作，坚定人才建设社会主义的信念，提高他们对马克思主义的认识水平，这可以为他们推动长征文化国际传播提供精神指引；将爱国主义和民族主义的情怀的培养作为人才培养方案的重要科目，并且在培养方式上和培养内容上不断丰富，将爱国主义和民族主义的培养成效作为考核人才培养成效的重要指标之一；不断丰富爱国主义和民族主义情怀在人才培养方案的内容载体，包括加强国情和党情的教育来提高他们对祖国的认同感和对民族的自豪感，这可以为他们推动长征文化国际传播提供内在动力；不断加深他们对中华优秀传统文化、革命文化和社会主义先进文化的领会，树立起高度的文化自觉，进而增强文化自信，这可以为他们推动长征文化国际传播提供重要内容支撑；关于爱国主义和民族主义的培养方案还要紧跟时代发展潮流，在内容和形式上要做到与时俱进，要时刻关注国内外形势的最新进展对爱国主义和民族主义内涵的新发展与新需求的机遇和挑战等，这可以为他们推动长征文化国际传播提高时代的敏感度，准确把握长征文化国际传播的时代脉搏，增强对长征文化国际传播的整体驾驭能力，不断推动长征文化国际传播实现新突破。

2. 国际化人才要具有国际视野

　　长征文化国际传播就是要放眼于世界，站在世界的高度来把握长征文化国际传播的整体趋势。人才具有国际视野主要是有国际眼光或国际视角，能站在全球或更广阔的角度观察与把握世界各行各业发展规律与趋势，并为自身与国家事业服务。[①] 长征文化国际传播的国际化人才不仅要拥有国际眼光和国际视角，而且还要具有预见性的能力，对正在规划或已经规划好的战略布局作出创新性、符合发展趋势的调整，这样才能掌握长征文化国际传播的大局，对其进行全面系统的规划和实际推动。在推动长征文化国际传播中具备国际视野的能力是一个不断提升的过程，重点和难点就在于熟练运用国际的眼光与视角，准确把握和分析世界的发展规律与趋势，摸清长征文化国际传播的整体趋势，通过对全球先进理念与先进生产要素进行有效地整合，并且贯穿到长征文化国际传播的实际工作中，最终实现不断提高自身与长征文化全球竞争力和影响力的预期目标。

长征文化国际传播是一项涉及多种行业的重大工程，尤其是在全球化不断加速和深入的背景下，中国要充分重视以培养各种行业具有国际视野的人才作为基本目标，长征文化国际传播的顺利推动离不开这些具有国际视野的人才。关于培养的方式可以从这些方面进行思考，将国际视野的培养融入人才培养的全过程，包括建设具有国际标准的课程体系、师资队伍，创新与加强国际教育，采取国际通行的学业成绩评价方法与标准，引进国际领先的授课方式方法，搭建广泛的、深度的、高水平的国际性人才培养交流与合作体系等。[②] 具备国际视野的人才为推动长征文化国际传播的重要人才支撑，将为长征文化国际传播开拓更为广阔的前景。

3. 国际化人才要具有全球竞争力

长征文化国际传播就是在全球化背景下提升中国全球竞争力的重要举措，可以说全球化的不断深入加剧了全球所有国家和地区之间的竞争，他们都在面临着如何提高全球竞争力的新课题。因为只有不断提高全球竞争力才能不断扩展生存和发展的空间，占据发展的有利地位。长征文化国际

①② 宋永华、伍宸. 一流大学国际化人才培养的共性特征［N］. 中国教育报，2016 - 12 - 19.

传播是提高中华文化软实力，进而提升中国全球竞争力的重要举措。人才是推动长征文化国际传播必不可少的要素，人才是提高国家全球竞争力的关键，拥有具备全球竞争力的人才是推动长征文化国际传播，助力国家参与全球竞争，并且提高全球竞争力的必要条件。在人才全球竞争力方面，中国与一些发达国家和地区还存在差距，这是提高中国国际地位和树立中国国际形象的短板，因此培养具有全球竞争力的人才迫在眉睫，为顺利推动长征文化国际传播做好人才准备。人才具有全球竞争力的基本前提为是否能够平等地与世界同行对话与交流，进而通过这种方式知晓所关注行业的最新发展趋势等信息。而这种能力主要表现在三个方面：一是跨语言沟通的能力，必须熟练掌握多种语言。长征文化国际传播需要这些人才熟练掌握多种语言，这样才能够推动长征文化搭载多种语言在世界上传播，从而赢得更广泛的受众，不断扩大长征文化的传播范围。二是具有跨文化的交流能力，必须熟知多种文化及其价值观。长征文化国际传播范围广，受众往往带有不同的文化背景，这就需要具备跨文化交流能力，将长征文化用受众喜爱的方式，用贴近受众文化背景的方式表达出来，拉近长征文化与受众的距离，这种能力是提升长征文化国际传播效果的关键。三是能够坚持国家利益至上基本原则的能力，国际交流与合作过程中国家利益至上一直是谨遵和坚守的基本原则。这些人才在长征文化国际传播中要始终秉承国家利益至上的原则，不遗余力地推动这项工程。只有成为时代的弄潮儿，才能更有成效的推动长征文化国际传播，因为具有全球竞争力的核心要素主要体现在可以主动并能够参与国际标准与规则制定，并且逐渐成长为领军人才。对此，中国要将培养具有全球竞争力的国际化人才作为核心目标。可以从以下几方面进行努力，国家要增强对国际化人才培养的重视程度、支持力度和投入力度，打造并且不断充实高水平的师资队伍和配备先进的软硬件设施等；与世界上一流的人才培养机构进行合作，充分借鉴和吸收他们关于国际化人才培养的优秀经验，并且结合自身的培养要求形成较为完备的国际化人才培养体系。

由国际化人才组成的国际化人才队伍将为长征文化国际传播注入强有

劲的力量，国际化人才队伍的打造不仅要依靠中国自身人才的培养，还要不断完善人才管理体制，吸引海外国际化人才充实到队伍中，培育和发挥中国籍的国际化人才中领军人才的领导作用，引导更多的国际化人才加入传播长征文化的人才队伍中，助力长征文化国际传播事业的繁荣发展。具备这些能力的国际化人才在推动长征文化传播中将发挥出巨大的作用，他们会自觉承担起传播长征文化的重担，秉持文化自觉，坚定对长征文化的文化自信，运用敏锐的国际视野指导相应机构打造出具有较强国际竞争力的长征文化作品和产品，并且推动它们走向世界。组织具有较强国际影响力的长征文化交流活动，充分借助具有较大影响力的国际媒介传播活动成果，吸引并引导更多其他国家的国际化人才参与长征文化国际传播事业，共同为推动长征文化国际传播注入新的活力和动力。

5.4　改进长征文化国际传播方式

长征文化国际传播方式并不是一成不变的，需要相关部门总结传播经验，不断调整、改进，保持其实效性，改进长征文化国际传播方式要从增强中国对长征文化的国际话语权，提高长征文化传播媒介国际影响力，提高长征文化产品国际竞争力，练就长征文化国际性表达方式这几个方面来思考。

5.4.1　增强中国对长征文化的国际话语权

为了增强中国文化的话语权，必须要在建立中国文化话语体系方面进行努力。一是要从中华优秀传统文化中提炼具有中国特色的文化话语。因为在近代以后的中国，文化话语一直受到西方文化话语的影响，但是西方话语却不能真正表达出中国文化，因此，中国文化话语权的提升，必须立足于中华优秀传统文化，彰显中国文化的特色；二是要构建中国现代文话语体系。经过多年的努力，中国现代文化话语体系的建构取得了可喜的成绩，增强中国文化国际话语权任重而道远，因为要想转化为国际文化话语权，尤其要注意对外传播中的文化认同问题，这也是增强中国文化国际话语权必须认真对待的问题。长征文化在国际传播过程中对国外的传播环境仍旧有很多需要适应的地方。弘扬长征文化、推动长征文化国际传播就是要增强长征文化的国际话语权。针对长征文化国际传播话语权较弱的问题，尤其是中国对长征文化国际话语权掌控能力不强的问题，增强对长征文化国际话语权可以从以下几个方面进行思考。

1. 提炼长征文化话语

话语是一个国家的文化名片，话语是权力的表达，也是文化影响力的重要标志。习近平总书记指出，"总体上来看，当前国际舆论格局总体是西强我弱，别人就是信口雌黄，我们也往往有理说不出，或者说了传不开，一个重要的原因就是我们的话语体系还没有建立起来，不少方面还没有话语权，甚至处于无语或失语的状态。"① 中国的故事只有用中国的话语才能够讲的生动有趣，才能够体现中国特色，才能够提高吸引力和感召力。习近平总书记强调，"我们有本事做好中国的事情，还没有本事讲好中国的故事？我们应该有这个信心。"② 长征故事在中国发生，并以中国为中心点开始对外传播，长征故事只有用中国的话语才能够讲好，长征文化的话语权也在中国，我们有信心也有能力牢牢掌握长征文化话语权。长征结束后，为了扩大中国红军在世界上的影响，争取世界人民对中国反法西斯战争的支持，募捐抗日经费等这些目的，毛泽东希望埃德加·斯诺将他在延安的采访报道出去，其中就包括长征，后来的事实也证明，长征一经报道便产生了世界性的影响。为什么历史上长征只有借助国外记者通过国外媒体才能传播出去，并且产生了世界性的影响，这对于我们今天推动长

---

① 中共中央宣传部．习近平总书记系列重要讲话读本［M］．北京：人民出版社，2016：210.

② 中共中央宣传部．习近平总书记系列重要讲话读本［M］．北京：人民出版社，2016：209.

征文化国际传播具有很好的借鉴意义。长征开始后，国民党一面派重兵围剿，一面封锁中国红军长征消息并对外宣称中国红军已被消灭，当时中国共产党的话语权较弱，基本处于无语或者失语状态。在长征未结束前，陈云已经匿名发表中国红军长征的真实情况，但在当时并未引起较大的国际影响。长征结束后，中国红军顺利到达陕北，但是当时话语权较弱，但是必须要将长征这伟大壮举传播出去，直至埃德·加斯诺的到来。他将长征传播出去的关键就是他准确提炼了长征的话语，他在《红星照耀中国》一书中写道"冒险、探索、发现、人的勇气和胆怯、……永不泯灭的希望和精神的革命乐观主义，……看来已载入了这部无与伦比的现代史诗中了"①。这段话中，"革命乐观主义"这个词语是能真正体现长征内涵的话语，这部著作中出现许多体现长征特色的话语，这些话语在长征文化国际传播起到了至关重要的作用。

毛泽东的诗词在世界上有很高的评价，主要是因为在他的诗词中体现出博大精深的中华文化，因为诗中的词句都充分运用中国话语，广为流传的《长征》这首诗，用长征话语再现了真实的长征，成功推动了长征文化的国际传播。在推进长征文化国际传播中，我们必须要准确地提炼出符合长征基本事实，蕴含长征文化内涵，体现长征精神和民族精神，彰显中国价值观的长征文化话语。这样既能体现长征文化的中国特色，又能彰显长征文化的内在价值。要真正了解长征文化，读懂长征文化，做到文化自觉、自强、自信，才能提炼出、提炼好、提炼精长征文化话语，有力地推动长征文化国际传播。

2. 打造长征文化新话语和议题

习近平总书记在全国宣传思想工作会议上指出"要精心做好对外宣传工作，创新对外宣传方式，打造融通中外的新概念、新范畴、新表述，讲好中国故事，传播好中国声音"②。打造长征文化新话语和议题主要是打造

---

① ［美］埃德加·斯诺. 红星照耀中国［M］. 李芳准、梁民译. 石家庄：河北人民出版社，1992：146.

② 习近平谈治国理政［M］. 北京：外文出版社，2014：156.

融通中外的新概念、新范畴、新表述，充分准备我们想要传播的，深刻领会国外受众想要知道的，并且将两者有效地结合起来。着力打造融通中外的长征文化新话语和议题，争取和掌控长征文化国际话语权。"融通中外"既要求对长征文化有着全面而深入的了解和坚定的文化自信，又要积极融合其他优秀文化成果，构建既可以彰显长征文化内涵又体现全人类共同价值的话语体系。打造长征文化新话语和议题推动长征文化国际传播的话语创新要遵循两个基本原则：第一个原则就是要体现时代特征；第二个原则就是体现长征文化内涵。只有认真遵循这两个原则，才能真正地打造出具有实际意义和长征特色的长征文化新话语和议题。

体现时代特征就是在推进长征文化国际传播中，必须要紧跟全球文化创新和文明进步的步伐，精心打造并合时宜提出具有原创性、思想性和时代特征的话语议题。只有这样才能紧紧抓住长征文化话语权。长征事件发生之后，长征精神、新长征、长征文化、绿色长征、长征系列运载火箭、重走长征路、长征路线申遗等新话语和议题，这些都是根据时代发展潮流，人类发展需求创设的新话语和议题。长征文化曾广为传播的一个重要原因就是响应时代的呼声并创设长征文化话语和议题。在20世纪上半叶，世界都处于反法西斯斗争的历史潮流中，许多国家和地区都处于一种争取民族解放和民族独立的氛围中，长征的口号之一就是"北上抗日"，长征文化在当时的传播就是紧跟时代主题，提出了突出革命主题的革命乐观主义的议题，突出不怕任何艰难险阻、不惜牺牲一切的精神，为世界人民反法西斯斗争提供强大的精神动力。正是长征文化紧跟时代呼声所创设的话语和议题，才能有效地提高长征文化的国际影响力，推动长征文化国际传播。和平和发展仍是当今时代的主题，但不免除局部国家和地区的战争。此时，长征文化国际传播的创新话语和议题时就要紧跟当今主题，即维护世界和平促进世界发展的主题，在推动长征文化国际传播中要特别注意关于革命的话语和议题的色彩就要淡化，以免影响传播效果。

打造长征文化国际新的话语和议题另一个基本原则，那就是能够真正体现长征文化内涵。如果打造出的新话语和议题不能真正体现长征文化内涵，就不能有效地推动甚至会阻碍长征文化的国际传播。比如"绿色长征"这个新话语和议题就是中国在 21 世纪提出来的，其基本内涵就是以长征精神为指导，推进生态文明建设。当今全球气候变暖等环境问题已经成为许多国家和地区共同关注的问题，促进共同治理全球环境已经成为当代比较高昂的呼声，鉴于此，中国提出生态文明建设，意在推动形成公平合理、合作共赢的全球治理体系。绿色长征就是生态文明建设的最好中国话语表达，建设生态文明的过程就是坚持绿色长征的过程，这样既有效地弘扬了长征文化，又表现出中国建设社会主义生态文明的信心和决心。长征文化国际传播中必须要紧扣时代脉搏，把握时代潮流，不断增强中国对长征文化的国际话语权，只有掌控好国际话语权才能把控好长征文化国际传播的方向，坚定长征文化国际传播的目标。

5.4.2　提高长征文化传播媒介国际影响力

习近平总书记指出要"坚持正确舆论导向，高度重视传播手段建设和创新，提高新闻舆论传播力、引导力、影响力、公信力"①。长征文化传播媒介国际影响力包含多方面的内容，既包括中国媒介的对外传播能力，也包括中国媒介在国际上的公信力等，提高长征文化传播媒介国际影响力，首先要提高中国媒介自身对外传播的能力，其次要与国际传媒结构进行密切的交流和合作，借助国外传媒结构的力量，形成合力，共同推动长征文化国际传播。

在提高中国媒介对外传播能力方面：中国媒介分为具有官方背景的文化媒体和民营媒体以及各类自媒体。第一步要大力推动具有官方背景的文化传媒走出去。因为它们代表这中国媒体的整体实力，中国媒体在品牌知名度和国际影响力与国际上的主流媒体存在一定的差距。一部分对外传播

---

① 习近平. 决胜全面建成小康社会　夺取新时代中国特色社会主义伟大胜利——在中国共产党第十九次全国代表大会上的报告［M］. 北京：人民出版社，2017：42.

能力不强的中国媒体可称为内向型媒体，只有不断提高它们对外传播能力才能提高它们的国际影响力，逐渐转为外向型媒体。具体可从以下几方面进行努力：首先要提高中国媒体在境外的落地率，可以通过直接在国外开办分社或办事处的方式达到此目的，不断提高境外传播能力。其次是提高中国媒体与国外受众的接触率。在互联网发展和普及的时代，为提高中国媒体的国际影响力提供了一个机会，也为提高中国媒体与国外受众的接触率提供了一个契机，要准确把握互联网发展趋势，借助以互联网为基础的各种新媒体推动长征文化国际传播，以国外受众的喜好为依据，以长征文化为内容，以长征精神为核心，以提高长征文化吸引力和感召力为目标，突破传统的话语渠道，创新长征文化多种话语渠道。长征一结束，长征仅靠简单的文字和图片就在世界上产生了巨大的影响。在"互联网＋"时代，新媒体层出不穷，文化传播的话语渠道空前增多和扩宽，强化了文化传播的广度和深度，将长征文化内涵和中国特色融入长征文化中，打造好具有中国特色的长征文化作品和产品，将长征文化作品和产品和"互联网＋"有效地结合起来，充分搭载"互联网＋"的平台并推送出去，逐步创新长征文化多种话语渠道，提高长征文化传播能力和国际影响力。比如中国媒体通过开发长征文化的移动端 App 产品，国外受众即可通过下载和安装客户端，中国媒体通过这种方式推送长征文化内容，推动长征文化国际传播。要充分发挥自媒体在长征文化国际传播中的作用。中国自媒体的发展前景广阔，相关部门要采取积极引导和鼓励的方式，开发出自媒体用户传播长征文化的巨大潜力。可以通过提升他们传播长征文化的自主意识，提高他们对长征文化的全面深刻认识，借助他们的网络影响力拓展长征文化传播渠道，吸引更多的国外受众了解长征文化，为国外受众提供更多视角的长征文化，让更多的国外受众听得见、听得清、看得到的长征文化。

第二步要增强中国媒体国际公信力。中国媒体的公信力对于提高长征文化传播效果起着至关重要的作用。媒体的公信力主要受到媒体传播的内容和媒体自身的身份两种因素影响。因为长征文化是具有世界影响力的文化，中国媒体传播长征文化会提高它的公信力。单单依靠官方媒体还不够，所以必须不断拓展长征文化国际传播的媒介渠道，如大力扶持民营媒体的发展，因为民营媒体的官方色彩较为淡薄，它们在传播内容上和经营方式上拥有更多的自主权，可以更为灵活地推动长征文化国际传播，更容易获得国外受众的认可和接受。对此，中国政府应当大力支持民营媒体走出去，给予民营媒体更多的政策和资金支持，提高民营媒体的国际影响力，鼓励和引导民营传媒和各类自媒体积极参与长征文化国际传播，不断拓展国际传播媒介渠道，形成多元化媒介共同推进的传播格局。

在与国际传媒机构的交流与合作方面：伴随全球化的不断深入，全球信息一体化的趋势也在不断加强，各国媒体之间的交流和合作日益频繁。中国的新闻媒体应该积极主动参与各国媒体之间的交流活动，加强与各国媒体不同层次、不同方面的深入合作，进而逐渐提高中国传播媒介的国际影响力。当前中国大部分媒体对外传播的主要受众为海外华人，这也在侧面反映了中国媒体在国外主流社会的影响力有限，要继续扩大受众的范围。为了更好地进入国外主流社会，必须同国外主流媒体展开合作。中国媒体要正确运用"借船出海"的策略，利用"中文热"在国外主流媒体上开一个中文窗口，传播长征文化，或者与国外主流媒体进行合作，共同传播长征文化。比如从 2009 年开始，新华社发起举办世界媒体峰会的号召，到 2024 年，已在世界各地举办 6 次，这为各国媒体间交流合作提供了一个高端平台，中国媒体利用峰会平台深化与各成员的交流合作，学习世界主流媒体的国际传播经验，同时也进一步洽谈合作事宜，不断提高中国媒体的传播能力和国际影响力。要充分利用海外华人媒体的资源，由于他们对于所在国的文化有较为深入的了解，利用他们可以帮助中国媒体进入西方主流社会。虽然一些中国媒体在世界上部分国家和地区设有分社和办事处，但是因为这些机构对所在国家和地区文化熟知程度不如海外华人媒体，海外华人媒体不仅对国外受众的接受习惯和接受方式等较为熟悉，而且对长征文化的熟知和认可程度较高，可以通过与他们展开密切合作的方式，借助他们的力量对中国媒体传播长征文化的方式向易于国外受众接受的方式调整，提高长征文化传播效果，提升中国媒体的国际影响力。①

在互联网时代，长征文化国际传播媒介中无论是印刷媒介、国际广播还是卫星电视都和互联网有着密不可分的关系，互联网媒介不仅会给其他三种媒介带来冲击，也会给其他三种媒介的发展提供一个有利契机。其他三种传播媒介必须要借助互联网的力量，不断提高自身的国际影响力，进而推动长征文化国际传播。伴随着科技的不断进步，这些传播媒介与互联网结合的方式会丰富多样，但是必须要牢牢掌握网络话语权，规范并引导互联网环境下的长征文化国际传播。

5.4.3　提高长征文化产品国际竞争力

长征文化产品是推动长征文化国际传播的重要引擎之一，具有较高国际竞争力长征文化产品会为这个引擎提供源源不断的强劲动力。习近平总书记指出"要繁荣文艺创作，……不断推出讴歌党、讴歌祖国、讴歌人民、讴歌英雄的精品力作"②。提高长征文化产品的国际竞争力要从提高长征文化产品的吸引力和感染力开始，打造具有吸引力和感染力的长征文化产品，才能使其在与国外众多文化产品的博弈和竞争中脱颖而出，进而得到国外受众的普遍关注和青睐，让更多的国外受众感受到长征文化产品中蕴含的内在价值，在潜移默化中推动他们对长征文化的全面认识。只有让国外受众更多地接触长征文化，他们才会有更多机会认识长征文化。提高长征文化产品的国际竞争力主要从以下几个方面进行努力。

1. 提高长征文化产品吸引力

首先要不断丰富长征文化产品种类，既要丰富长征文化的非物质产品又要丰富其物质产品，当丰富多样的长征文化产品展现在国外受众面前时，他们才可以从多个方面和视角感受长征文化，体验长征文化。在中华

---

① 侯东阳. 国际传播学［M］. 广州：暨南大学出版社，2012：253.

② 习近平. 决胜全面建成小康社会　夺取新时代中国特色社会主义伟大胜利——在中国共产党第十九次全国代表大会上的报告［M］. 北京：人民出版社，2017：43.

文化"走出去"的政策背景下，要深刻领会相关政策，寻求政策支持。增强创新意识，在研发长征文化产品方面要勇于尝试，勇于探索长征文化创意产品，将具有国际影响力的产品推介出去，提高长征文化的吸引力。长征文化产品既要体现长征特色，又要贴合国外受众的喜好方式，打造出国外受众喜闻乐见的文化产品。要加强与国际文化贸易公司合作，利用它们的优势将长征文化融入产品中去，打造出具有国际影响力的文化产品，将长征文化所彰显的全人类共同价值融入文化产品中去，提高国外受众对长征文化产品的认可和青睐的程度。将体现长征文化的图片印到国外受众的日常生活用品上，制作一些体现长征文化特色的服装、装饰品等创意文化产品，提高长征文化产品的吸引力。为此，长征文化创意产品的打造要紧紧依托中国境内独一无二的长征文化资源优势，创新性和创造性地打造文化附加值高，融合和体现长征特色的文化原创精品，造就一批在国际上站得稳，叫得响，口碑好，具有一定国际影响力的创意产品，逐步打造出在国际文化市场上享有一定知名度、拥有独立自主的知识产权，具有国际竞争力的文化创意产品和文化知名品牌。从这些方面进行努力，长征文化产品才能更好地满足国际文化市场的需要，推动长征文化产品顺利走向世界，助力长征文化国际传播。

2. 打造长征主题艺术精品

长征主题的艺术作品一直受到国外受众青睐，因为它不仅将长征与中华文化优秀的艺术形态相结合，也将长征与世界上优秀的艺术形态结合。长征主题的艺术作品尤其是艺术精品对于提高长征文化产品的国际竞争力，提高长征文化国际影响力的作用尤为明显。中国要以现有的长征主题艺术作品为基础，在国内外举办长征主题艺术作品展览，邀请国内外著名的艺术家参加，提高他们对长征的关注度，增加他们参与长征文化的交流机会，激发他们的创作热情和创作灵感，打造一批具有国际影响力的长征主题艺术作品、艺术精品。然后要充分发挥这些艺术作品和艺术精品在长征文化国际传播中的作用，如长征书法作品、长征画作、长征雕塑等可以通过在世界上巡回展览的方式传播长征文化；长征诗歌、长征话剧、长征歌剧等通过在世界上巡回演出的方式传播长征文化。长征主题的艺术作品远远不止这些，长征文化是取之不尽的创作题材，有待于国内外的优秀艺术家去感悟、创作和展现，充分发挥出长征主题的艺术作品、艺术精品在提高文化产品国际竞争力方面的带动作用。

3. 打造好长征路线国际旅游产品

重走长征路活动一直是国外受众比较向往的体验长征文化的方式，因为在重走长征路的过程中可不断验证他们从书本上了解到的长征，听沿途群众讲述真实的长征故事，去追寻当年红军走过的足迹，去参观当年红军长征留下的遗址遗迹等，国外受众通过这项活动可以好深刻的感受长征文化。由此可见，重走长征路是推动长征文化国际传播的重要途径之一，必须充分利用好这一途径，激发出其对长征文化国际传播的推动作用。以重走长征路为主要内容打造长征路线国际旅游产品，深入挖掘和整理长征路线中异常丰富的红色文化资源，盘活并依托这些文化资源，创新这些文化资源的表现方式，不断充实提高长征路线国际旅游产品的服务内容和服务水平，让国外受众更加全面地了解长征文化和真实地体验长征文化，逐步提升它的国际竞争力，让其更富有成效地推动长征文化国际传播。长征沿线经过 15 个省（区市），跨越东、中、西部三个大区域，长征路线国际旅游产品的打造是一项重大的项目，它需要长征沿线多个地区的多个部门通力协作，齐心协力打造好长征路线文化国际旅游产品。可以从以下几个方面进行努力：首先要成立产品研发统筹管理机构，负责统筹长征沿线区域相关部门工作，分配相应的任务；其次要成立长征路线国际旅游产品研发中心，由长征沿线区域从事文化产业的专业人员组成，为产品的研发配备专业的队伍；再次要注重科学规划。长征沿线的区域的长征文化资源不尽相同，每个区域的文化资源都会呈现出地方特色，所以首先要进行科学的规划，注重整合资源，发挥出每个区域文化资源优势。最后要完善财政资金投入机制。长征沿线区域经济发展水平有高有低，所以对于经济发展水平相对较低的区域要加大财政资金投入力度。经过这些努力，长征路线国际旅游产品的国际竞争力定会非常强劲，会让国外受众在重走长征路中获得超值的体验，更好地领悟长征文化，更加自觉地传播长征文化。

4. 做好长征文化产品国际宣传

长征文化产品同样需要做好宣传工作，因为这是提高长征文化产品国际影响力的重要途径之一。长征文化产品的宣传不仅要注意将产品所蕴含的长征文化宣扬出来，而且要注重真实，不得夸夸其谈。在国际上做好长征文化产品的宣传要充分与具有国际影响力的文化名人进行合作，让他们参与到长征文化产品的制作和宣传中，为长征文化产品注入国际化因素，发挥出名人效应在传播长征文化中的价值，可以有效提高长征文化产品的国际知名度和影响力。当这些被国外受众熟知和喜爱的国际文化名人出现在长征文化产品的宣传中，更容易吸引国外受众的注意力，更易获得国外受众的广泛青睐。

5. 通过国际文化名企打造长征文化品牌

通过具有国际影响力的文化企业打造长征文化品牌同样是提高长征文化产品国际竞争力的重要途径之一。因为目前中国在拥有国际影响力的文化企业方面仍然不具备优势，所以打造出来的长征文化产品在国际上的知名度不高，鉴于此，应该充分利用国际上具有较高知名度和较大影响力的文化企业帮助打造长征文化品牌。中国文化企业可以通过与国际文化名企开展合作，共同成立长征文化品牌公司，借鉴国际文化名企丰富的文化品牌打造经验打响长征文化品牌，借用国际文化名企的销售渠道推销长征文化产品，不断开拓长征文化产品的国际市场。中国文化企业在与国际文化名企合作的过程中要不断提高企业自身品牌打造的能力，借此机会培养具有国际化经验的本国人才，逐步提升自身的能力，打造具有自主知识产权的长征文化品牌。

5.4.4　练就长征文化国际性表达方式

长征文化国际传播的目标就是向世界传播长征文化，让世界了解长征文化，长征文化国际传播的受众主要是来自海外的国家和地区，所以长征文化的表达方式必须要贴近国外受众的语言、接受习惯、思维方式等，必须练就长征文化国际性表达方式。

1. 凝练长征文化中彰显人类共同价值的话语

中华文化博大精深，蕴含着十分丰富的人类共同价值，同时也为构建全人类共同价值，构建人类命运共同体提供了重要的支撑。正如习近平总书记所说："古往今来，中华民族之所以在世界上有地位、有影响，……培育了共同的情感和价值、共同的理想和精神。"[1] 长征文化中同样能够彰显出人类共同价值，美国作家莫里斯·迈斯纳对长征中展现的人类共同价值有着高度的评价："在中国共产主义革命的历史上，再没有任何事件可以像长征——以及长征所产生的传奇故事那样将这种希望和信心提供给革命者，……如不断斗争、英勇献身、自我批评、勤劳勇敢和大公无私等，不仅是毛泽东自己信奉的价值观，而且也是所有参加过长征的老战士所实行和信奉的价值观。"[2]

长征文化国际性表达方式的练就主要从凝练长征文化中彰显人类共同价值的话语，扩大长征文化的世界影响力、吸引力和感召力，"远人不服，则修文德以来之"这句话体现的就是这个道理。推动长征文化国际传播中比较关键的就是弘扬长征精神，彰显长征文化的价值内涵，长征精神具有超越国界的世界意义和彰显出人类共同价值，是世界人民共同的精神财富。长征文化国际传播要"接地气"，将国外类似长征的事件和中国的长征进行比较，寻求共同之处，提高长征文化国际传播的"亲和力"。长征中体现出的"顾全大局、严守纪律、紧密团结，独立自主，实事求是，一切从实际出发"的精神与人类共同价值中的"艰苦奋斗、勇往直前、坚持到底、勇于探索、独立自由、勇于创新、勇于实践"等精神内涵相同，长征文化中凝练出来的价值话语无不与全人类的共同价值追求相对应。伴随着时代的发展和文明的进步，长征文化的价值内涵也在不断扩大，我们必须

① 习近平. 在文艺工作座谈会上的讲话 [M]. 北京：人民出版社，2015：3.
② [美] 莫里斯·迈斯纳. 毛泽东的中国以及后毛泽东的中国 [M]. 杜蒲等译. 成都：四川人民出版社 1992：45－46.

深入挖掘和凝练其中彰显人类共同价值的话语，提高长征文化内涵的容度，推动长征文化国际传播的话语创新，不断提高长征文化国际性表达能力。

2. 要用外语表达好长征文化

长征文化国际传播因受众国家和地区具有不同话语表达方式，国内受众熟悉的话语并不一定适用于国外受众，要进行适当的转换，提高共鸣的程度，用外语表达好长征文化。人民日报社原社长杨振武指出，"如果总是满足于直接翻译、照搬照抄，没有进行因地制宜的创造性转化，就会陷入自说自话、'鸡同鸭讲'的困境"①。在新时代，用外语表达好长征文化，创新长征文化国际传播的话语体系，关键就是要融通中外，一方面是指长征文化话语体系要彰显鲜明的长征特色；另一方面要使长征文化话语体系与国外受众的接受习惯准确对接，相互融通，才能让国外受众更好地理解长征文化。用外语表达长征文化是根本，如何利用外语表达好长征文化才是关键。练就长征文化国际性话语表达方式必须高度重视用外语表达好长征文化，中国要能用易于理解的语言发出让国外受众听得懂的声音，运用可以和国外听众产生共鸣的外语表达方式，提高长征文化国际传播能力。习近平主席曾这样表述合作共赢，"东南亚朋友讲'水涨荷花高'，非洲朋友讲'独行快，众行远'，欧洲朋友讲'一棵树挡不住寒风'，中国人讲'大河有水小河满，小河有水大河满'"②。习近平主席引用的这些带有受众国特色的话语，找到了不同地域文化间的共通点，提高国外受众的理解程度，达到很好的传播效果。埃德加·斯诺的《红星照耀中国》一书之所以产生较大的国际影响并持久不衰的原因就是因为不乏用外语讲好长征文化的经典语句。斯诺拥有丰富的学识和掌握高超的传播技巧，他在《红星照耀中国》一书中将中国红军的长征与亚洲的蒙古军队扩张和土尔扈特部迁徙做同义比较，有利于提高亚洲地区受众的认同感；汉尼拔翻越雪山和拿

---

① 杨振武. 把握对外传播的时代新要求——深入学习贯彻习近平同志对人民日报海外版创刊30 周年重要指示精神 [EB/OL]. http：//theory. people. com. cn/n/2015/0701/c40531 - 27234272 - 2. html.

② 习近平. 迈向命运共同体　开创亚洲新未来——在博鳌亚洲论坛 2015 年年会上的主旨演讲 [EB/OL]. http：//news. xinhuanet. com/politics/2015 -03/28/c_1114794507. htm.

破仑的大撤退都是世界历史上比较著名的事件，并为人们所熟知，将这两个事件和长征进行对比，并突出长征的伟大，给世人带来前所未有的震撼，从而增强长征在世界上的影响力。用外语表达好长征文化不仅要对长征文化有深刻的理解，而且还要对传播国家和地区的历史和文化有着丰富的阅历，做到知己知彼，用外语表达好长征文化的能力要靠一朝一夕的锻炼。

3. 要充分引入国际投资方

长征文化国际传播的历史经验表明，国际投资方在推动长征文化国际传播中发挥出了巨大的作用，可以通过与国际投资方合作的方式规划长征文化国际传播的重大项目，提高长征文化国际影响力，国际投资方不仅在资金上予以支持，同时也在传播技巧和国际性表达方式方面有着先进和丰富的经验，这些都值得学习和借鉴的。对此，要充分引入国际投资方参与长征文化国际传播，在与国际投资方合作的过程中要注意遵守一定的原则和底线。在合作中一是要坚持中国方面的主体作用，国际投资方只是扮演协助的角色；二是要明确双方合作的目标，即要时刻围绕向世界传播长征文化的主题；三是要提高辨别的能力，虽然国际投资方有着丰富的传播经验，但是而不是盲目地听从国际投资方的传播方案，要对其进行认真而全面的审定，在合作中坚持自我。发挥出、发挥好、借助好国际投资方在推动长征文化国际传播中的作用。

5.4.5 推动异质文化交往化解文化冲突

1. 要厘清文化冲突产生的深层次原因

文化冲突是长征文化国际传播中不可避免的现象，化解文化冲突首先要厘清文化冲突产生的深层次原因。文化冲突体现在文化深层结构所代表不同文化价值观的碰撞中，因为文化结构具有表层结构和深层结构之分。文化的结构分为表层结构和深层结构，表层结构指的是展现在表面的，容易观察到的，比如器物和技术；深层结构是隐藏的，无法被人们直接观察到，因为它深深地植根于人们的思想中，可以通过人们的行为表现出来，决定着人们文化的选择和文化价值观的形成。由此可以分析出，文化的深层结构对文化价值观的形成起决定作用，也对文化认同产生重大影响。长征文化同样具有表层结构和深层结构之分，表层结构指的就是物质文化，比如长征文化遗产，深层结构指的就是精神文化，主要指长征精神。长征文化国际传播中出现的文化冲突现象的原因主要表现为国外受众拥有的不同的文化价值观与长征文化价值观之间的碰撞，体现在国外受众对长征文化价值观的认同问题。要充分认识文化冲突产生的原因，推动异质文化交流，进而化解文化冲突，增强国外受众对长征文化的认同。

2. 要提高国外受众对长征文化国际传播目的的认识

因为长征文化对于国外受众来说是外来文化，所以他们担忧长征文化会对他们自身的文化造成不利影响，甚至担忧会取代他们的文化，从而产生对长征文化的抵触和恐慌，并由此产生文化冲突现象。对此，长征文化国际传播中要注重提高国外受众对长征文化传播目的的认识，在举办长征文化交流活动时向国外受众重点强调长征文化传播的目的，让国外受众充分认识到长征文化传播是同世界上的文化进行交流互鉴，通过互相汲取对方文化中的优秀文化基因来增强自身的文化软实力，促进世界文化多元和谐发展，不断丰富人类共同价值。只有让国外受众认识到长征文化传播不仅不会取代他们的文化，而且还会不断丰富他们文化的内涵，提高文化的国际影响力，最终才能消除国外受众对长征文化传播形成的担忧，进一步提高他们对长征文化国际传播目的清楚和深刻的认识，他们就会以更宽容和客观的态度看待彼此文化的不同，以更开放的视野对待长征文化传播，以更宽广的胸怀接受和认同长征文化，以更积极的行动推动长征文化国际传播。长征文化国际传播是一个不断深入的过程，所以在传播中产生不同文化间的文化冲突是不可避免的，所以必须要运用有效的办法加强文化间的沟通和理解，化解文化冲突，提高国外受众对长征文化的认同，增强长征文化对他们的感召力，自觉担当起长征文化传播主体的角色。

3. 要不断增强国外受众对长征精神的认同

历史经验告诉我们，文化冲突是不能被强制性消除的，否则会产生更加严重的后果。对长征文化的认同主要是对长征文化所蕴含的价值观的认同，也就是对长征精神的认同，所以要不断提高国外受众对长征精神的认同。多年来，长征之所以产生广泛的世界影响，就是因为长征精神体现了人类共同价值，长征精神不仅是全人类共同的精神财富，而且也在不断丰富着人类共同价值。长征文化在国际传播中要注重深挖长征精神中蕴含的国际社会共同价值主题，这样才能够得到国外受众的广泛和深度认同。长征精神具有不断发展和不断丰富的时代特性，如航天精神、"两弹一星"精神、老西藏精神、抗震救灾精神等新长征路上涌现的"新长征精神"，这些精神都是在长征精神的感召下衍生出来的，对此，习近平同志曾指出，"察看中国精神的动人篇章不难发现，他们的源头，无不来自长征精神"①。这些精神不断丰富着长征精神的时代内涵，它们不仅成为激励中国人民为实现中国梦而奋斗，而且也在国际社会得到很高的认可，体现着国际社会共同价值主题，丰富着人类共同价值。因此，在长征文化国际传播中，要注重将长征精神与"新长征精神"有效地结合起来，不断体现长征精神的时代内涵，凝练长征精神中的国际社会共同价值主题，不断提高国外受众对长征精神的认同，从而化解长征文化国际传播中的文化冲突，提高长征文化价值的感召力，提高国外受众对长征文化的认同。

5.4.6　寻求共通点促进同质文化深入交流

在人类历史文化长河中，与长征文化本质相同或者相近的文化是存在的，这些同质文化在国外受众心里有着高度的文化认同，这也为提高他们对长征文化的认同提供了较为坚实的认同基础。寻求长征文化与同质文化的共同点，从多个视角提高国外受众对长征文化认识和理解的程度，与他们心中的文化产生共鸣效应，从而提高长征文化的传播效果。寻求共通点促进同质文化深入交流可以从以下几个方面进行

---

① 以长征精神成就中国梦［N］.解放日报，2014 - 10 - 17.

努力。

　　首先要树立"以长征文化为基准，放眼于世界"的传播意识，增强对人类历史文明进程中上具有较大国际影响力事件的熟知程度，努力探索它们和长征之间的内在联系，从多个角度寻求它们之间的共通点。其次要深入了解国外受众国家地区的文化，寻求与长征文化相同或相近的文化，促进长征文化同这些文化间的交流。最后要充分发挥国际化人才在长征文化国际传播中的重要作用，在长征文化与同质文化的交流中准确找到它们之间的共通点，进而促进两者的深入交流。找好找准长征文化和同质文化的共通点十分重要，因为它是长征文化国际传播中与同质文化产生共振效应的基准点，是促进长征文化融入国外受众心中，提升长征文化国际传播效果的重要步骤。

　　寻求长征文化和同质文化共通点的尝试。可以从革命文化这个角度来看，长征文化是一种革命文化，也是战争文化，由此而形成的长征精神是长征文化的重要组成部分。长征被称为人类战争史上最伟大的战略转移、战略撤退，曾在拿破仑帐下效力的瑞士将军约米尼曾说"在所有战争行动中，撤退是最困难的"[1]。事实正是如此，可以从战略转移的角度挖掘与长征相同的历史事件，寻求长征与它们之间的共通点，推动长征文化国际传播。人类历史上出现多次比较有影响的战略转移斗争，其中尤以长征最为艰苦卓绝，影响最为巨大，这些战略转移斗争按照作战水平的高低和影响力是这样排序的：第五位是拿破仑远征俄国时，双方的退却行动（1812年）；第四位是亚历山大远征结束后的返程（公元前 325 年至公元前 324年）；第三位是二战时的敦刻尔克大撤退（1940 年）；第二位是希腊万人大撤退（公元前 401 年至公元前 399 年），这是西方历史上最著名的一次撤退行动;[2] 第一位就是中国共产党领导的中国工农红军的长征，无论是从长征人数、行程，还是长征中所经历的恶劣的环境，抑或是从长征所要

---

　　[1][2]　史上最伟大的七次撤退［EB/OL］. http：//www.todayonhistory.com/lishi/201604/36220. html.

实现北上抗日，挽救民族危亡的目的来看，长征都当之无愧成为人类史上最具影响力和震撼力的事件之一。拿破仑、亚历山大、敦刻尔克等这些人物和事件无不在世界上具有较高的影响力，为国外受众知晓。这些类似于长征的事件所展现出来的不屈不挠、不畏艰险的精神不断丰富着人类共同的价值，丰富着人类文化。可以看出，长征文化与这些同质文化有着许多相通的地方，在推动长征文化国际传播中就要寻求长征文化与这些同质文化的共同点，进而同这些文化展开深层次的交流，使得国外受众同认同其他世界上具有较大影响力的文化一样认同长征文化，进而不断提高对长征文化的认同程度。

长征文化内涵十分丰富，其他国家和地区的文化中同长征文化所彰显的人类共同价值相通的文化是真正存在的，这需要我们深入的挖掘和整理，不断寻求长征文化与其他文化的相通之处，因为寻求长征文化和其他文化的共通点可以更好地将长征文化与其他文化所蕴含的人类共同价值展示出来，可以更好地拉近与国外受众的距离，进行文化间的深入交流，更容易提高国外受众在心理上的认同，提升长征文化国际传播的效果。

5.5　打造长征文化国际传播平台

针对长征文化国际交流不通畅的问题，要从打造长征文化国际传播平台这方面进行思考，只有打造好交流平台，长征文化才能融进国外受众心里，国外受众对长征文化逐渐认同。通过打造长征文化国际传播平台，才能不断化解异质文化冲突，促进同质文化深入交流，不断搭建长征文化交流平台，推动长征路线申请世界文化遗产获得成功。不断提高国外受众对长征文化的认同，让长征文化融入他们的心里，长征文化的感召力会让他们自觉传播长征文化。

5.5.1 搭建长征文化交流平台提升文化认同

长征文化交流平台主要作用是为国外受众将自己对长征文化的感受与其他受众进行交流提供空间，只有通过不断地交流和沟通，才可以使国外受众更深入地理解长征文化，认同长征文化，对于促进长征文化融入国外受众心里大有裨益。长征文化交流平台可以分为国内交流平台和国际交流平台，国内交流平台主要指在中国内为推动长征文化交流所建立的一系列交流平台，包括以长征为主题的学术研讨会、长征文化展览、长征文化路线旅游等，长征文化国际交流平台主要指在国际上为推动长征文化交流举办的一系列活动，包括以长征为主题的国际学术研讨会、长征文化交流节等，这两个交流平台在推动长征文化国际传播方面发挥着不可忽视的作用，目前长征文化交流平台的作用仍然有待提升。

国内长征文化交流平台虽然在数量上具有一定的优势，但是其在国际影响力上还有待提升，主要是因为在平台内参与交流的国外受众在数量上和职业所属上都带有一定的局限性。长征文化国际传播的受众范围扩大不明显，虽然国外受众通过参加长征文化体验活动，理解和认同长征文化的效果显著，要扩大此类活动的覆盖范围和吸引更多的国外受众参加。中国通过以纪念长征胜利为契机举办的文化交流活动，有力地推动了长征文化传播。大力支持国内相关文化部门通过长征文化红色路线旅游的方式传播长征文化，有效保护和建设以长征为主题的全国红色旅游经典景区，重点培育一批有地方特色的长征红色旅游景区，拓展长征红色旅游精品线路。①

总体来看，中国的相关部门对于红色文化尤其是长征文化资源开发利用越来越重视，长征文化旅游为国外受众感受长征文化，传播长征文化提

---

① "长征"成为红色旅游热词 八成游客向往 ［EB/OL］. http：//www. whjlw. com/2016/1202/43134. html.

供了很好的平台，应该在不断打造长征文化精品旅游线路方面不懈努力，打造好这一长征文化交流平台。长征文化交流平台仍然需要不断的探索和打造，比如国内长征文化博物馆等为代表的长征物质文化遗产在推动长征文化传播中的作用仍有待提升。

在长征文化国际交流平台方面，依照目前掌握的资料来看，长征文化国际交流平台不仅数量较少，而且发挥的作用十分有限，长征文化国际交流平台还有很大的扩展空间，要大力提升政府组织与社会组织的合作能力，尤其是要加强与国际社会组织的合作。召开以长征文化为主题国际学术研讨会，比如召开斯诺研讨会。斯诺是最早报道长征的西方记者，2016年，第十七届斯诺研讨会高度评价了埃德加·斯诺所著《红星照耀中国》一书对于向世界传播长征、扩大长征的国际影响方面发挥的巨大作用。①要充分发挥出、发挥好历届研讨会对于推动长征文化国际传播具有重要作用。目前国际上召开的关于长征文化的国际学术研讨在数量和质量上还有很大的提升空间，长征文化交流平台对于推动长征文化国际传播，提高传播效果的作用不言而喻，长征文化交流平台的打造和拓展需要多方面力量的联合，为国外受众提供文化交流和沟通的平台，不断丰富长征文化国际交流方式，拓展长征文化的国际交流平台。

除了以上利用传统的方式打造长征文化交流平台外，还可以顺应互联网的发展趋势，利用新媒体打造长征文化交流平台。新媒体包括网络媒体、手机媒体等，长征文化国际传播要充分结合新媒体形式丰富、互动性强、渠道广泛、覆盖率高、精准到达、性价比高、推广方便等特点。通过与国内外互联网运营商合作的方式建立以长征文化为主题的网站，不时更新网站的内容，创新长征文化的表现方式，为国外受众开设交流窗口，提供交流机会。充分利用博客、微博、微信等国内知名社交平台和Facebook、Twitter、LinkedIn等国际知名社交平台，这些平台具有较强的传播能力，

① 纪念长征胜利80周年　第十七届斯诺研讨会在京召开［EB/OL］．http：//gb.cri.cn/43871/2016/10/12/8531s5227293.htm.

借助它们的力量来打造和拓展长征文化交流平台，国外受众可以通过这些国际社交平台更好地交流长征文化，增强互动，进而不断扩大长征文化交流的范围，增强文化交流影响力。长征文化交流平台既是交流平台也是传播平台，打造好交流平台的同时也可以不断完善传播平台。交流平台的打造要紧跟时代发展潮流，充分发挥出它们在推动长征文化国际传播中的重要作用。

5.5.2　推进长征路线申遗提高长征文化认同

习近平总书记在党的十九大报告强调要"加强文物保护利用和文化遗产保护传承"①。推进长征路线申请世界文化遗产可以有效实现这一目标。推进长征路线申请世界文化遗产是彰显长征文化具有世界意义的重要举措，是推动长征文化国际传播的重要引擎，也是提高国外受众对长征文化认同的重要途径之一。如果能成功实现长征路线申请世界文化遗产的目标既是对长征文化具有世界意义的充分肯定，又是有利于提高长征文化的国际影响力，提高中华文化的软实力，其发挥的作用都是不可估量的。正因为如此，当四川省社会科学院的专家学者首次创新性地提出长征路线申请世界文化遗产的倡议后，引起社会各界的普遍关注。长征路线申遗是一项系统工程，它包含多方面的内容。

1. 长征路线符合申报世界文化遗产条件

长征路线是世界闻名的线性文化遗产，是符合申报世界文化遗产的条件的。长征路线符合联合国教科文组织编写的《保护世界文化和自然遗产公约》中"具有突出、普遍价值的人造工程或人与自然的共同杰作"的要求，长征路线中的遗址遗迹彰显出了人类发展的普遍价值。长征路线又与《世界遗产名录》中文化遗产项目中"与具特殊普遍意义的事件或现行传

---

① 习近平. 决胜全面建成小康社会　夺取新时代中国特色社会主义伟大胜利——在中国共产党第十九次全国代表大会上的报告 ［M］. 北京：人民出版社，2017：44.

统或思想或信仰或文学艺术作品有直接或实质的联系"这条规定高度吻合。因此，长征路线符合世界文化遗产评判标准，所以具有很好的申遗前景。

2. 长征路线申遗相关建议

成立跨区域的中国工农红军长征路线申遗推进委员会。长征路线申遗等工程涉及十五个省自治区市，对工作形式与力量整合都提出了具有创新性的要求。建议成立跨区域的中国工农红军长征路线申遗推进委员会。基于四川省在长征路线中的重要地位和申遗对该省经济社会文化生态建设的积极意义，四川省牵头具有诸多有利条件，因此建议该推进委员会主任由四川省的省委领导同志来担任。

一是制定长征路线申遗发展规划。依托中国工农红军长征路线申遗推进委员会，整合十五个省市自治区的相关力量，共同制定长征路线申遗发展规划。二是将长征路线申遗等工程纳入四川省政府工作报告。四川省政府工作报告中除了要详细阐明推进长征路线申遗等工程对全省经济社会文化生态建设的重要意义外，还应作出具体的工作安排，四川省财政安排专项资金，将之作为未来一项可持续的重要工作来抓。三是注重资源调研和课题研究。科学的研究方法和理论总结有助于更好地指导实践，实地调研也能够提供许多有用的数据资源。四川省社会科学院的工作重点就是进行实地调研，因为他们对长征沿线的研究具有一定的基础，最终形成具有较大参考价值的调研报告。长征路线申遗等工程对四川各地市州的扶贫开发、道路畅通、生态保护和旅游资源整合等都具有推动作用，四川省社会科学院目前正在进行相关的调研工作。建议增加课题经费投入，以加大资源调研和课题研究的力度；四是整合力量，开展大规模的宣传活动。由四川省委省政府牵头召开，邀请其他十四个省市自治区有关领导参加的长征申遗联席会议；由四川省委省政府或四川省委宣传部，聘请对长征路线申遗积极热心支持的著名社会活动家，作为长征路线申遗顾问；《四川日报》、四川新闻网等媒体持续开展长征申遗的专题报道活动；加大对海外的宣传力度。

长征路线申遗要秉承"走出去、请进来"的理念,首先要走向世界,调查了解国际上与长征路线类似的世界文化遗产成功申报的经验,深入研究申遗的详细规则,掌握申遗的主动权、发言权;然后是邀请国外的首脑和专家重走长征路;举办长征文化和长征路线申遗国际研讨会,以争取国际社会的认同和支持。可以看出,长征路线申遗将是一件长期艰苦的工作,这项工程需要国务院统一领导,长征沿线各省(市区)联合推动,长征路线申遗不仅是推动长征文化传播的重要路径,也是提高长征文化认同的重要举措,长征文化国际传播也将不断提高长征路线申遗的国际影响力。

第 6 章
推进长征文化国际传播　提升中华文化软实力

　　长征文化在世界范围内的影响力越来越强，正如习近平总书记在纪念红军长征胜利80周年大会上所说："世界范围内关于红军长征的报道和研究层出不穷，……长征迸发出的激荡人心的强大力量，跨越时空，跨越民族，是人类为追求真理和光明而不懈努力的伟大史诗。"① 美国作家哈里森·索尔兹伯里在《长征——前所未闻的故事》一书中赞叹道："长征过去是激动人心的，现在它仍旧会引起世界各国人民的钦佩和激情。我想，它将成为人类坚定无畏的丰碑，永远流传于世。"② 正是因为长征所展现出来的文化力量让长征经久不衰，长征文化所展现出来的中华民族精神会令世界为之钦佩，为之叹服，为之向往。在世界范围内关于长征的研究和报道还在继续，关于长征的文化遗产不断地被发掘、保护、开发和利用，关于长征的艺术作品不断出现，关于长征精神的践行活动不断涌现，这些都在持续推动着长征文化国际传播不断前进着。我们有理由也有底气相信，长征文化国际传播的前景是明朗的。本书最后从以下若干方面对长征文化国际传播进行展望。

1. 在文化"走出去"战略支持方面

　　中国共产党高度重视中华文化"走出去"，在建设中国特色社会主义的新长征路上，党中央对中华文化"走出去"的战略目标、战略布局、战略安排等都做了重要部署，推动中华文化"走出去"的战略仍在不断完备中，中华文化要"走出去"是必然的，长征文化不仅是中华文化中优质的

---

① 习近平. 在纪念红军长征胜利80周年大会上的讲话［M］. 北京：人民出版社，2016：8.
② ［美］哈里森·索尔兹伯里. 长征——前所未闻的故事［M］. 过家鼎，程镇球，张援远等译. 北京：解放军出版社，1986：4.

文化资源，而且在世界上具有一定的认同基础，推动长征文化国际传播是实现中华文化"走出去"战略中的重要一环，是提升中国文化软实力的重要举措，推动长征文化国际传播要深刻领会和紧紧依靠习近平新时代中国特色社会主义思想制定的中华文化"走出去"战略，这将为长征文化国际传播提供战略支持。

2. 在历史机遇方面

中国在新长征路上取得的伟大成就将为推动长征文化在全世界传播提供坚实的基础和不可多得的历史机遇，长征文化国际传播就要紧紧抓住这一历史机遇。中华文明曾对世界文明发展的进程产生过重大的影响，并且曾一度让世界各国所向往。伴随着中国改革开放步伐的坚定迈进，全面深化改革的持续推进下，中国特色社会主义制度的优越性逐渐彰显出来，推动中国经济社会持续、稳步、健康发展，中国"两个一百年"奋斗目标将会如期实现，将为中华文化"走出去"提供坚实的基础和广阔的空间等历史机遇。中国的国际地位和国际形象会大幅提升。内涵丰厚的长征文化会日益引起世界的广泛关注，因为世界需要运用长征文化蕴含的中国智慧和中国精神去解决全球化不断深入过程中出现的各种疑难问题，"长征文化热"持续升温，为长征文化国际传播提供广阔的空间，长征文化国际传播是时代的选择。长征文化中所蕴含的不畏艰险、患难与共、艰苦奋斗的长征精神正是解决世界疑难问题不可缺少的精神力量，这也为长征文化国际传播提供极好的历史机遇。

3."四个自信"将为长征文化国际传播奠定坚实基础

习近平总书记指出，"当今世界，要说哪个政党、哪个国家、哪个民族能够自信的话，那中国共产党、中华人民共和国、中华民族是最有理由自信的。"① 习近平同志在纪念中国共产党成立 95 周年大会上的讲话中提出"文化自信"，这是继党的十八大提出"道路自信、理论自信、制度自

___

① 习近平. 在纪念中国共产党成立 95 周年大会上的讲话［M］. 北京：人民出版社，2016：12.

信"之后创造性地补充和完善，形成了"四个自信"的重要论述。中华文化在对外传播中就要彰显"四个自信"，诠释中国特色社会主义的文化本质。习近平总书记强调，"文化自信，是更基础、更广泛、更深厚的自信"①。只有把握了中国特色社会主义的文化自信本质，我们对中国特色社会主义的道路自信、理论自信和制度自信才能获得更基础、更广泛、更深厚的力量之源。② 长征文化国际传播关键就是要抓住中国特色社会主义文化的本质。长征文化虽然是革命文化的一部分，但是它根源于中华优秀传统文化，发展于社会主义先进文化中。长征精神作为长征文化的精神内核，也是以中华民族精神为根源，如自强不息、艰苦奋斗等精神中汲取营养并升华为民族精神的最高体现，同时不断丰富时代内涵，衍生出"两弹一星"精神、抗震救灾精神、航天精神等时代精神。这些精神塑造的过程都体现出中国共产党人坚定"四个自信"，尤其是文化自信，正是因为中国共产党和中国人民坚定信念，所以才能推动中国特色社会主义事业不断前进。长征文化国际传播中要时刻彰显"四个自信"，凸显长征文化中不忘初心，坚定理想信念的文化本质，这样才能为长征文化国际传播提供更基础、更广泛、更深厚的力量之源。

4. 打造人类命运共同体需要长征文化

习近平主席多次在外交场合强调打造"人类命运共同体"，展现了中国负责任大国的形象，表达了中国追求和平发展的愿望。长征文化饱含着人类共同价值观。长征文化也为推动实现这一目标提供中国精神和中国力量，长征文化国际传播有利于推动这一重大目标的实现，这一目标的持续推进也极大地促进了长征文化国际传播。

推动长征文化国际传播是积极响应习近平新时代中国特色社会主义思想中"加强中外人文交流，以我为主、兼收并蓄"的文化发展号召。推动

---

① 习近平. 在纪念中国共产党成立 95 周年大会上的讲话 [M]. 北京：人民出版社，2016：13.

② 冯鹏志. 从"三个自信"到"四个自信"——论习近平总书记对中国特色社会主义的文化建构 [EB/OL]. http：//theory. people. com. cn/n1/2016/0707/c49150 - 28532466. html？10000skip = true.

长征文化国际传播正是坚持和践行文化自信的重要举措，让长征文化在国际文化交流和博弈中不断增强自身的生命力、感召力、影响力，更好地传播人类共同价值观，为世界人民提供精神指引。长征文化的文化长征道阻且长，当代中国共产党人和中国人民定能担当起新时代的文化使命，推动社会主义文化繁荣发展。

参 考 文 献

［1］［美］埃德加·斯诺. 红星照耀中国［M］. 李方准，梁民译. 石家庄：河北人民出版社，1992.

［2］［美］艾格妮丝·史沫特莱. 伟大的道路——朱德的生平和时代［M］. 梅念译. 北京：生活·读书·新知三联书店，1979.

［3］八集纪录片《长征》［EB/OL］. http：//tv. cctv. com/2016/10/09/VIDAvPIyqsLISTCYcsIvvPRK161009. shtml.

［4］布热津斯基. 寻访毛泽东的长征路［N］.（美国）生活，1981 – 10.

［5］"长征"成为红色旅游热词 八成游客向往［EB/OL］. http：//www. whjlw. com/2016/1202/43134. html.

［6］"长征出发地江西瑞金"雨伞拼图获吉尼斯认证［EB/OL］. http：//news. xinhuanet. com/politics/2015 – 09/08/c_128207120. htm.

［7］长征与国际纪实文学［N］. 中国艺术报，2006 – 10 – 20.

［8］长征中党和红军如何利用报纸发挥作用［EB/OL］. http：//news. xinhuanet. com/politics/2016 – 09/15/c_1119569298. htm.

［9］陈季君. 试论长征文化形成的历史特质和当代价值［J］. 学校党建与思想教育，2014（1）.

［10］陈嘉庚自述［M］. 合肥：安徽文艺出版社，2013.

［11］陈绿展. 电影《刮痧》所揭示的中美文化差异及和谐交际［J］. 电影评介，2014（8）.

［12］陈日农. 中国对外传播史略［M］. 北京：外文出版社，2010.

［13］陈日浓．长征的早期对外传播［J］．对外大传播，2007（4）.

［14］陈宇．外国人笔下的长征［J］．神州，2006（11）.

［15］陈云文选（第1—3卷）［M］．北京：人民出版社，1995.

［16］成仿吾．长征回忆录［M］．北京：人民出版社，2006.

［17］程曼丽．国际传播学教程［M］．北京：北京大学出版社，2006.

［18］重庆画家启动在全世界传播"长征精神"的活动［EB/OL］.
http：//news. sina. com. cn/c/2002 – 07 – 31/0224654698. html.

［19］崔金戎．长征记［M］．北京：商务印书馆，1989.

［20］崔新建．文化认同及其根源［J］．北京师范大学学报（社会科学版），2004（4）.

［21］邓小平文集（一九四九——一九七四年）（上、中、下三卷）
［M］．北京：人民出版社，2014.

［22］邓小平文选（第1—3卷）［M］．北京：人民出版社，1993.

［23］法国电视台摄制组来于都　聚焦长征70年［EB/OL］. http：//
news. sohu. com/20040822/n221663494. shtml.

［24］费侃如．红军长征的世界意义［C］．贵州省纪念红军长征胜利
70周年学术研讨会论文集，2006.

［25］冯鹏志．从"三个自信"到"四个自信"——论习近平总书记
对中国特色社会主义的文化建构［EB/OL］. http：//theory. people. com. cn/
n1/2016/0707/c49150 – 28532466. html？10000skip = true.

［26］冯莎，蒋家胜．弘扬长征精神建设社会主义文化强国［J］．毛泽东
思想研究，2015（1）.

［27］傅德根．威廉斯与文化领导权［J］．外国文学评论，2000（4）.

［28］感动世界的"红飘带"［EB/OL］. http：//history. people. com.
cn/n1/2016/1011/c404821 – 28769642. html.

［29］共产国际、联共（布）与中国革命文献资料选辑（1931 – 1937）
［M］．北京：中共党史出版社，2012.

［30］谷少杰．试论无产阶级文化领导权理论及其当代启示——从马

克思恩格斯、列宁到葛兰西 [J]. 天府新论, 2012 (2).

[31] 关世杰. 国际传播学 [M]. 北京: 北京大学出版社, 2004.

[32] 关于深化文化体制改革的若干意见 [EB/OL]. http://politics.people.com.cn/GB/1026/4023638.html.

[33] 郭德宏. 关于红军长征史研究中的若干问题 [J]. 安徽史学, 2007 (1).

[34] 郭德宏. 王明年谱 [M]. 北京: 社会科学文献出版社, 2014.

[35] 郭纪. 新闻自由与媒体责任——当今国际新闻传播秩序透视 [J]. 求是, 2009 (16).

[36] 郭庆光. 传播学教程 [M]. 北京: 中国人民大学出版社, 1994.

[37] [美] Helmut F. Stern, 唐小兵: 重新寻找资源讲述中国故事 [J]. 社会科学报, 2011 (6).

[38] [美] 哈里森·福尔曼. 北行漫记——红色中国报道 [M]. 路旦俊, 陈敬译. 长沙: 湖南出版社, 1993.

[39] [美] 哈里森·索尔兹伯里. 长征——前所未闻的故事 [M]. 过家鼎, 程镇球, 张援远译. 北京: 解放军出版社, 1986.

[40] 韩国老人背着行囊独自 "重走" 中国红军长征之路 [EB/OL]. http://internal.dbw.cn/system/2008/12/13/051654578.shtml.

[41] 杭孝平. 传播学概论 [M]. 北京: 中国书籍出版社, 2012.

[42] 郝先中. 红星报及其历史评价 [J]. 党史教学研究, 1998 (3).

[43] 何念选. 开国将帅在长征路上的故事 [M]. 北京: 解放军出版社, 2012.

[44] 红军长征精神感动美国学生 淄博长征图片展开展 [EB/OL]. http://news.163.com/06/0704/07/2L60ECM40001124J.html.

[45] 洪浚浩, 严三九. 中华文化国际传播的必要性、紧迫性与挑战性 [J]. 新闻与传播研究, 2014 (6).

[46] 侯东阳. 国际传播学 [M]. 广州: 暨南大学出版社, 2012.

[47] 胡海波, 郭凤志. 马克思恩格斯文化观研究 [M]. 北京: 中国

书籍出版社，2013.

［48］胡锦涛文选（第1—3卷）［M］．北京：人民出版社，2016.

［49］胡锦涛．在"三个代表"重要思想理论研讨会上的讲话［N］．人民日报，2003 - 07 - 01.

［50］胡锦涛．在中国文联第八次全国代表大会、中国作协第七次全国代表大会上的讲话［N］．人民日报，2006 - 11 - 11.

［51］胡乔木．回忆毛泽东［M］．北京：人民出版社，1994.

［52］胡孝文．他们向世界传播长征火种［J］．世界知识，2006（26）.

［53］胡再德．澳大利亚中国学研究——借鉴·引进·本土化［D］．上海：华东师范大学，2005.

［54］环球人物：毛泽东身后的国际影响力［EB/OL］．http：//news. china. com/zh_cn/news100/11038989/20060911/13618133_1. html.

［55］黄小坚．华侨对抗日战争的杰出贡献［J］．华侨华人历史研究，1995（3）.

［56］纪录片《长征》海外热卖　西方学者曾参与制作［EB/OL］．http：//ent. sina. com. cn/v/m/2006 - 11 - 07/12351317246. html.

［57］纪念长征胜利80周年　第十七届斯诺研讨会在京召开［EB/OL］．http：//gb. cri. cn/43871/2016/10/12/8531s5227293. htm.

［58］加拿大青年将骑马长征1.6万公里穿越12国［EB/OL］．http：//news. sina. com. cn/w/2012 - 07 - 10/051924744094. shtml.

［59］建国以来毛泽东文稿（第7册）［M］．北京：中央文献出版社，1992.

［60］建国以来重要文献选编（第10册）［M］．北京：中央文献出版社，1994.

［61］江泽民文选（第1—3卷）［M］．北京：人民出版社，2006.

［62］蒋建农．关于红军长征最早的宣传报道［J］．中华魂，2007（1）.

［63］科学发展观学习读本［M］．北京：人民出版社，2009.

[64]［美］肯尼斯·休梅克．美国人与中国共产党人［M］．简明译．长春：吉林文史出版社，1989.

[65] 雷颐，杜继东.60年来的海外中国近代史研究著作译介［J］．兰州学刊，2014（10）.

[66] 黎永泰．毛泽东与美国［M］．昆明：云南人民出版社，1993.

[67] 李安葆．长征与文化［M］．北京：党建读物出版社，2002.

[68] 李长春．努力构建现代传播体系　提高国内国际传播能力［N］．光明日报，2008－12－23.

[69] 李长春．文化强国之路（上、下）［M］．北京：人民出版社，2013.

[70] 李海文．中国工农红军长征亲历记［M］．成都：四川人民出版社，2005.

[71] 李后强，侯水平等．弘扬长征精神，建设文化强国［J］．毛泽东思想研究，2012（1）.

[72] 李淮春．马克思主义哲学全书［M］．北京：中国人民大学出版社，1996.

[73] 李辉．封面中国——美国《时代》周刊讲述的中国故事（1923—1946）［M］．北京：东方出版社，2007.

[74] 李惠国．当代韩国人文社会科学［M］．北京：商务印书馆，1999.

[75] 李琳．把长征精神融入社会主义核心价值体系［J］．毛泽东思想研究，2012（4）.

[76] 联合国教科文组织国际交流研究委员会编写．多种声音　一个世界［M］．北京：中国对外翻译出版公司，1981.

[77] 梁漱溟．东西方文化及其哲学［M］．上海：上海商务印书馆，1929.

[78] 梁漱溟．中国文化要义［M］．上海：学林出版社，2000.

[79] 梁晓涛．《我的长征》，一种新型节目的探索［J］．新闻战线，2007（4）.

[80] 梁怡. 国外研究中国革命史的历史考察——澳大利亚部分 [J]. 北京联合大学学报, 1999 (2).

[81] 梁怡. 国外研究中国革命史的历史考察——英国部分 [J]. 北京联合大学学报, 1997 (4).

[82] 梁怡. 国外研究中国革命史的历史考察——法国部分 [J]. 北京联合大学学报, 1998 (1).

[83] 梁怡. 国外研究中国革命史的历史考察——加拿大部分 [J]. 北京联合大学学报, 2000 (2).

[84] 列宁全集 (第 43 卷) [M]. 北京: 人民出版社, 1984.

[85] 列宁选集 (第 1 卷) [M]. 北京: 人民出版社, 2012.

[86] 列宁选集 (第 4 卷) [M]. 北京: 人民出版社, 2012.

[87] 林中雪. 美国友人看长征 [N]. 人民日报海外版, 2001 - 06 - 29.

[88] 刘继楠等. 国际传播与国家形象——国际关系的新视角 [M]. 北京: 北京广播学院出版社, 2002.

[89] 刘建明. 宣传舆论学大辞典 [M]. 北京: 经济日报出版社, 1992.

[90] 刘利群. 纪念埃德加·斯诺逝世 [M]. 北京: 新华出版社, 1984.

[91] 刘小莉. 十年内战期间中国红色革命信息的几种传播途径 [J]. 贵州文史丛刊, 2010 (4).

[92] 刘颖, 韦磊. 二战前日本对中共研究的特点 [J]. 理论月刊, 2015 (9).

[93] 卢毅. 外国学者笔下的长征 [N]. 人民日报, 2016 - 10 - 24.

[94] 路易·艾黎: 我所经历过的中国革命 [N]. 人民日报, 1981 - 06 - 20.

[95] [美] 罗伯特·福纳特. 国际传播: "地球都市" 的历史、冲突与控制 [M]. 刘利群译. 北京: 华夏出版社, 2000.

[96] 骆郁廷. 我国文化软实力的发展战略 [J]. 马克思主义研究,

2009 (4).

[97] 马克思恩格斯文集（第3卷）[M].北京：人民出版社，2009.

[98] 马克思恩格斯文集（第10卷）[M].北京：人民出版社，2009.

[99] 马克思恩格斯选集（第3卷）[M].北京：人民出版社，2012.

[100] 马克思恩格斯选集（第1卷）[M].北京：人民出版社，2012.

[101] 马克思恩格斯选集（第4卷）[M].北京：人民出版社，2012.

[102] 马来西亚评论家谢诗坚对毛泽东的评论 [EB/OL].http：//blog. sina. com. cn/s/blog_515e61630100qq8h. html.

[103] [英] 马林诺夫斯基.文化论 [M].费孝通等译.北京：中国民间文艺出版社，1987.

[104] 毛韵泽.葛兰西：政治家、囚徒和理论家 [M].北京：求实出版社，1987.

[105] 毛泽东1937年5月15日给西班牙人民及武装同志们的信 [N].国际通讯，1937 - 12.

[106] 毛泽东文集（第1、2、7、8卷）[M].北京：人民出版社，1999.

[107] 毛泽东选集（第1—4卷）[M].北京：人民出版社，1991.

[108] 茅忠群.中华优秀文化为构建人类命运共同体贡献中国智慧 [EB/OL].http：//world. people. com. cn/n1/2017/0409/c1002 - 29197695. html.

[109] 孟宪平.马克思恩格斯视野中的文化力量论析 [J].毛泽东邓小平理论研究，2010 (8).

[110] 描述红军长征穿越7省　这本美国杂志最早报道长征 [EB/OL].http：//www. sc. xinhuanet. com/content/2006 - 04/18/content_6770346. htm.

[111] [美] 莫里斯·迈斯纳.毛泽东的中国以及后毛泽东的中国 [M].杜蒲等译.成都：四川人民出版社，1992.

[112] 默罕默德·穆斯塔法·古奈姆.中国的新人 [N].(埃及) 消息报，1971 - 11 - 28.

[113] 南非驻华大使：曼德拉和毛泽东同样伟大 [N].(新加坡) 联

合早报，2013 - 12 - 12.

[114] 欧阳雪梅．中华文化国际影响力的现状及制约因素［J］．毛泽东邓小平理论研究，2014（3）．

[115] 全国政协文史和学习委员会．国民党将士话长征［M］．北京：中国文史出版社，2006．

[116] 全世界优秀青年代表一致同情中国人民的解放斗争［N］．救国时报，1936 - 09 - 18.

[117] 让人类命运共同体理念照亮未来——写在习近平主席二〇一七年首次出访之际［N］．人民日报，2017 - 01 - 15.

[118] 人类历史坐标中的亮丽风景——走向世界的长征［EB/OL］．http：//news. xinhuanet. com/2016 - 10/07/c_1119669627. htm.

[119] 人类命运共同体重大理念首载联合国人权理事会决议［EB/OL］．http：//news. xinhuanet. com/mrdx/2017 - 03/25/c_136156644. htm.

[120] 人民日报社评论部．论学习贯彻习近平总书记新闻舆论工作座谈会重要讲话精神［M］．北京：人民出版社，2016．

[121] 日本女孩独走长征路［EB/OL］．http：//news. sina. com. cn/s/2003 - 10 - 24/1109981335s. shtml.

[122] 阮洁卿．法国中国近代史研究先驱——雅克·纪雅玛［J］．国外社会科学，2012（6）．

[123] ［瑞士］R. A. 勃沙特．神灵之手：一个西方传教士随红军长征亲历记［M］．济南：黄河出版社，2006．

[124] ［美］塞缪尔·亨廷顿．文明的冲突与世界秩序的重建［M］．周琪等译．北京：新华出版社，2010．

[125] 沈壮海，佟斐．吸引力影响力文化软实力——中国特色社会主义文化建设［M］．武汉：武汉大学出版社，2014．

[126] 沈壮海．文化软实力的中国话语、中国境遇和中国道路［J］．马克思主义研究，2009（11）．

[127] 十八大以来重要文献选编（上、中）［M］．北京：中央文献出

版社，2014，2016.

［128］十六大以来重要文献选编（上、中、下）［M］. 北京：中央文献出版社，2005，2006，2008.

［129］十七大以来重要文献选编（上、中、下）［M］. 北京：中央文献出版社，2009，2011，2013.

［130］十四大以来重要文献选编（上册）［M］. 北京：人民出版社，1996.

［131］时代生活出版公司. 人类 1000 年［M］.21 世纪杂志社译. 上海：三联书店上海分店，1999.

［132］史上最伟大的七次撤退［EB/OL］. http：//www. todayonhistory. com/lishi/201604/36220. html.

［133］世界上最古老最受尊敬的报纸之一《泰晤士报》［EB/OL］. http：//news. sina. com. cn/o/2004 － 10 － 27/10264050728s. shtml.

［134］世界眼中的长征和长征精神［EB/OL］. http：//news. xinhuanet. com/politics/2016 － 10/18/c_1119742600. htm.

［135］［美］斯图尔特·R. 施拉姆. 毛泽东［M］. 北京：红旗出版社，1987.

［136］宋永华，伍宸. 一流大学国际化人才培养的共性特征［N］. 中国教育报，2016 － 12 － 19.

［137］孙英春. 跨文化传播学［M］. 北京：北京大学出版社，2015.

［138］他们让世界了解长征［N］. 人民日报，2006 － 10 － 17.

［139］推动社会主义文化大发展大繁荣——学习参考［M］. 北京：中央编译出版社，2011.

［140］外国人看中国长征展　感触颇深称应更好维护和平［EB/OL］. http：//news. xinhuanet. com/politics/2006 － 10/20/content_5227529. htm.

［141］［西德］王安娜. 中国——我的第二故乡［M］. 李良健，李希贤校译. 北京：生活·读书·新知三联书店，1980.

［142］王殿华. 长征：一次先进文化的传播——从传播学的角度［J］.

传承，2007（7）.

[143] 王建勤等. 全球文化竞争背景下的汉语国际传播研究 [M]. 北京：商务印书馆，2015.

[144] 王泠一. "史华慈与中国" 国际学术研讨会综述 [J]. 社会科学，2007（1）.

[145] 王强，罗大明等. 从长征路线申遗看木门军事会议的战略地位与作用等 [J]. 毛泽东思想研究，2012（5）.

[146] 王树增. 长征 [M]. 北京：人民文学出版社，2006.

[147] 王树增. 长征文化与文化长征 [J]. 新湘评论，2016（4）.

[148] 王树增. 长征文化与文化长征 [N]. 解放军报，2015 – 05 – 20.

[149] 王熙兰. 长征文化的深度挖掘与理论思考 [J]. 世纪桥，2010（7）.

[150] 王晓晖. 提高文化开放水平 [N]. 光明日报，2013 – 11 – 20.

[151] 王永贵，郑海祥. 建构中国特色社会主义的制度文化 [J]. 理论探讨，2012（4）.

[152] [美] 威尔伯·施拉姆. 传播学概论 [M]. 威廉·波特、何道宽译. 北京：中国人民大学出版社，2010.

[153] [美] 沃纳·塞佛林，小詹姆斯·坦卡德. 传播学的起源、方法、应用 [M]. 福州：福建人民出版社，1985.

[154] 吴启权. 红军长征过四川时的民族政策和民族工作 [J]. 中共党史研究，1991（6）.

[155] 吴瑛. 孔子学院与中国文化的国际传播 [M]. 杭州：浙江大学出版社，2013.

[156] 吴原元. 当代韩国中国学的历史与现状 [J]. 黑龙江史志，2008（16）.

[157] [法] 西蒙娜·德·波伏瓦. 长征——中国纪行 [M]. 胡小跃译. 北京：作家出版社，2012.

[158] 习近平. 决胜全面建成小康社会　夺取新时代中国特色社会主

义伟大胜利——在中国共产党第十九次全国代表大会上的报告 [M]. 北京：人民出版社，2017.

[159] 习近平. 迈向命运共同体　开创亚洲新未来——在博鳌亚洲论坛2015年年会上的主旨演讲 [EB/OL]. http：//news. xinhuanet. com/politics/2015 - 03/28/c_1114794507. htm.

[160] 习近平. 青年要自觉践行社会主义核心价值观——在北京大学师生座谈会上的讲话 [M]. 北京：人民出版社，2014.

[161] 习近平谈治国理政 [M]. 北京：外文出版社，2014.

[162] 习近平. 在纪念红军长征胜利80周年大会上的讲话 [M]. 北京：人民出版社，2016.

[163] 习近平在联合国教科文组织总部发表演讲　强调让中华文明同世界丰富多彩的文明一道，为人类提供正确的精神指引和强大的精神动力 [N]. 人民日报，2014 - 03 - 28.

[164] 习近平. 在庆祝中国共产党成立95周年大会上的讲话 [M]. 北京：人民出版社，2016.

[165] 习近平. 在文艺工作座谈会上的讲话 [M]. 北京：人民出版社，2015.

[166] 习近平. 在中国文联十大、中国作协九大开幕式上的讲话 [M]. 北京：人民出版社，2016.

[167] 厦大合唱团交响乐团　21日呈现《长征组歌》[N].（马来西亚）星洲日报，2013 - 06 - 21.

[168] 线性文化遗产 [EB/OL]. 百度百科 https：//baike. so. com/doc/7536577 - 7810670. html.

[169] 肖梦. 英国中学生崇拜毛泽东 [J]. 世界中学生文摘，2007 (7).

[170] 肖显社. 东方魅力——长征与外国人 [M]. 北京：中共党史出版社，2006.

[171] 肖裕声. 长征中的红星报 [N]. 中华读书报，2006 - 10 - 11.

[172] 辛文斌. 新民主主义论与中国文化现代化 [M]. 北京：中央编译出版社，2007.

[173] 新华社新闻研究所. 我国媒体海外人员本土化面临的问题与对策建议 [Z]. 国家社科基金成果要报，2011.

[174] 信仰的力量——外国军人眼中的长征 [EB/OL]. http：//news. xinhuanet. com/politics/2016 - 10/20/c_1119755973. htm.

[175] 薛庆超. 长征中的重大决策 [M]. 成都：四川人民出版社，2010.

[176] 杨先农. 马克思主义中国化与民族精神的升华研究 [M]. 成都：四川人民出版社，2008.

[177] 杨先农主编. 毛泽东思想的当代价值与中国特色社会主义道路的拓展研究 [M]. 成都：四川人民出版社，2015.

[178] 杨先农主编. 中国特色社会主义文化建设概论 [M]. 成都：四川人民出版社，2012.

[179] 杨振武. 把握对外传播的时代新要求——深入学习贯彻习近平同志对人民日报海外版创刊 30 周年重要指示精神 [EB/OL]. http：//theory. people. com. cn/n/2015/0701/c40531 - 27234272 - 2. html.

[180] 杨智勇. 论长征精神的"三个坚持"[J]. 党史文苑（下半月），2014（11）.

[181] 姚群民. 红军长征早期报道论述 [J]. 南京社会科学，2004（10）.

[182] 姚群民. 红军长征最早报道文献考略 [J]. 党史文汇，2006（1）.

[183] 一带一路文化交流合作路线图绘就 [N]. 光明日报，2016 - 12 - 16.

[184] 一个澳洲人的新长征路 时隔 26 年再次登上宝塔山 [EB/OL]. http：//www. sn. xinhuanet. com/2011 - 08/03/content_23380727. htm.

[185] 一个英国英雄的"长征"[EB/OL]. http：//news. sina. com.

cn/w/2007 – 03 – 06/090111348651s. shtml.

［186］一个加拿大人的环球长征［N］．南京周末报，2010 – 04 – 30.

［187］以长征精神成就中国梦［N］．解放日报，2014 – 10 – 17.

［188］以色列老兵武大卫：红军的领导力就是"中国魂"［EB/OL］．http：//news. xinhuanet. com/2016 – 10/20/c_129331201. htm.

［189］意大利诗人笔下的长征［EB/OL］．http：//blog. sina. com. cn/s/blog_4d3f082b0100b546. html.

［190］于继增．原始文献《红军长征记》揭秘［J］．文史精华，2013（4）.

［191］于微．当代韩国的中国学［J］．沈阳大学学报（社会科学版），2014（2）.

［192］［美］约瑟夫·奈．软实力［M］．马娟娟译．北京：中信出版社，2013.

［193］［美］约瑟夫·奈．权力大未来［M］．王吉美译．北京：中信出版社，2012.

［194］翟亚柳．二〇一三年国外中共党史研究述评［J］．中共党史研究，2014（11）.

［195］翟亚柳，乔君，陈鹤．二〇一〇年国外中共党史研究述评［J］．中共党史研究，2011（8）.

［196］张国祚．中国文化软实力研究论纲［M］．北京：社会科学文献出版社，2015.

［197］张国祚．中国文化软实力发展报告［M］．北京：北京大学出版社，2015.

［198］张宏明．论全面深化文化体制改革的基本原则、制约因素及对策建议［J］．山东社会科学，2015（12）.

［199］张洁．关于我国文化对外开放问题的思考［J］．湖南社会主义学院学报，2014（5）.

［200］张巨成．论长征文化的历史启示及其意义［J］．学术探索，

2001（1）.

[201] 张士海. 毛泽东"文化领导权"思想论纲 [J]. 科学社会主义，2012（4）.

[202] 张卫波. 星火征程中的一种特殊战力——长征中红军文化宣传工作的内容、特点及影响 [N]. 北京日报，2016 - 09 - 26.

[203] 张月萍. 论红色文化的科学传播 [J]. 新闻大学，2014（5）.

[204] 张正春. 长征精神与长征文化 [EB/OL]. http：//blog. ent. ifeng. com/archive/914995_201209 - 4. html.

[205] 张注洪. 八十年代国外对中共党史的研究 [J]. 北京党史研究，1990（3）.

[206] 赵宝云. 长征邮票蕴藏的长征文化 [J]. 毛泽东思想研究，2012（5）.

[207] 赵小波，陈杰，裴亮亮. 长征文化资源（四川段）集萃 [M]. 成都：四川人民出版社，2013.

[208] 郑海兵. 新形势下增强中华文化国际影响力的理论思考 [J]. 行政与法，2012（12）.

[209] 只身二万五千里长征　法国一副省长蹬自行车来华 [EB/OL]. http：//sports. sina. com. cn/s/2004 - 12 -20/0936447588s. shtml.

[210] 中共中央关于深化文化体制改革推动社会主义文化大发展大繁荣若干重大问题的决定 [M]. 北京：人民出版社，2011.

[211] 中共中央关于深化文化体制改革推动社会主义文化大发展大繁荣若干重大问题的决定 [N]. 人民日报，2011 - 10 -26.

[212] 中共中央文献研究室. 习近平关于全面深化改革论述摘编 [M]. 北京：人民出版社，2014.

[213] 中共中央文献研究室. 习近平关于实现中华民族伟大复兴中国梦论述摘编 [M]. 北京：中央文献出版社，2013.

[214] 中共中央文献研究室. 毛泽东邓小平江泽民论世界观人生观价值观 [M]. 北京：人民出版社，1997.

［215］中共中央宣传部．习近平总书记系列重要讲话读本［M］．北京：学习出版社，人民出版社，2016．

［216］《中国日报》报系简介．中国日报广告网站［EB/OL］．http：//appl. chinadaily. com. cn/adv/cd_resource/CD_JJ. htm.

［217］中国共产党党史（1921—1949）（上、下）［M］．北京：中共党史出版社，2011．

［218］中国共产党党史（1949—1978）（上、下）［M］．北京：中共党史出版社，2011．

［219］中国共产党十八届中央委员会第三次全体会议文献汇编［M］．北京：人民出版社，2013．

［220］中国人民解放军：研究解放军如何发展壮大［N］．解放军报，2006 – 09 – 19．

［221］中国社会科学院近代史研究所编译室．共产国际有关中国革命的资料（1929—1936）［M］．北京：中国社会科学出版社，1990．

［222］中国驻法国使馆举行活动纪念长征胜利 70 周年［EB/OL］．http：//news. sina. com. cn/o/2006 – 10 – 13/103410226244s. shtml.

［223］周宿锋．红色文化基本问题研究［D］．吉林大学，2014．

［224］朱伟．红色文化传播现状、问题与对策研究［D］．山东大学，2014．

［225］助推长征路线申遗：《长征》大型纪念邮册发行［EB/OL］．http：//scnews. newssc. org/system/2013/04/15/013760485. shtml.

［226］祝力新．《满洲评论》及其时代［D］．东北师范大学，2012．

［227］转引自中国新闻网．西媒：中国实施软实力战略面临挑战［EB/OL］．http：//www. chinanews. com/cj/2011/11 – 04/3438497. shtml.

［228］庄锡昌等．多维视野中的文化理论［M］．杭州：浙江人民出版社，1987．

［229］邹丽萍．毛泽东对外宣传思想研究［D］．中共中央党校，2015．

［230］26 名长征志愿者拟成立长征公司［EB/OL］. http：//news. sina. com. cn/c/2007 – 01 – 07/100510941871s. shtml.

［231］Backgrounds of the Other Communist Leaders Involved in the Long March, American Online.

［232］Boyd – Barrett, Media Imperialism Reforlated, in Thussu, D. , ed. , *Electronic Empire*, London：Aroold, 1998.

［233］Browne, Donald R. , *International Radio Broadcasting*：*The Limits of the Limitless Medium*, Praege, New York, 1982.

［234］Cherry, Lolin, World *Communication*：*Threat or Promise?* Revised Edition, John Wiley & Sons, Chichester, 1978.

［235］C N Trueman：The Long March 1934 to 1935, American Online.

［236］Cole, Robert edited, *International Encyclopedia of Propaganda*, *Fitzroy Publishs*, Chicago and London, 1998.

［237］Cunningham, Stanley B. , *The Idea of Propaganda*：*A Reconstruction*, Wesport, Connecticut, Praeger Publishers, 2002.

［238］Darke, William J. , *The Information Infrastructure Strategies for U. S. Policy*, The Twentieth century Fund Press, New York, 1995.

［239］Downing, John, *Internationalizing Media theory*：*Transition*, Power and Culture, London, Sage, 1996.

［240］Edelstein, Alex S. , *Total Propaganda*：*from Mass Culture to Popular Culture*, Magwah, NJ：Erlbaum, 1997.

［241］Frederick, Howard H. , *Global Communication and International Relations*, Belmont, C A：Wadsworth Publishing Co. , 1992.

［242］Gordon, Christopher&Mundy, Simon, *European Perspectives on cultural Policy*, UNESCO, Pairs, 2001.

［243］Gudykunst, William B. and Bella Mody, edited, *Handbook of International and Intercultural Communication*, second edition, Sage Publications, 2002.

[244] Hamid Mowlana, *International communication Research in the 21st Century: from Functionalism to Postmodernism and Beyond*, in Cees J. Hamelink and Olga Linne, edited, Mass Communication Research: On problems and Policies The Art of Asking the Right Questions, Ablex Publishing Corporation, New Jersey, 1994.

[245] Joseph S. Nye, Jr, *Soft Power*, *Foreign Policy* 1990 (80): 153 – 157.

[246] Joseph S. Nye, Jr, *Soft Power: The Means to Success in World Politics*, New York: Public Affairs, 2004.

[247] Joseph S. Nye, Jr, *The Challenge of Soft Power*, Time 1999. 2. 22: 21.

[248] The Editors of Encyclopædia Britannica: Long March – Chinese history, American Online.

[249] The Long March of the Communist Party of China 1934 – 35, American Online.